Der Historiker im Kampf um die Freiheit

Wolfgang Neugebauer

DER HISTORIKER IM KAMPF UM DIE FREIHEIT

Die preußischen Staatshistoriographen, Leopold (von) Ranke und sein Werk über Hardenberg

Impressum

Bibliografische Informationen der Deutschen Nationalbibliothek
Die Deutsche Nationalbibliothek verzeichnet diese Publikation in der Deutschen Nationalbibliografie; detaillierte bibliografische Daten sind im Internet über
http://dnb.d-nb.de abrufbar.

Grafisches Gesamtkonzept, Titelgestaltung, Satz und Layout:
Stefan Berndt, fototypo.de

ISBN: 978-3-86408-300-6

Coverabb.: Leopold von Ranke, aus Gartenlaube 1867, Gemeinfrei,
commons.wikimedia.org/w/index.php?curid=15601546

Inhalt

Zur Einführung

Wer schrieb in früheren Zeiten Geschichte? Wer konnte sie schreiben?

In nachantiken Epochen waren es lange Zeit Kleriker, die – im weitesten Sinne – historische Texte verfassten, Angehörige von Klöstern und Männer an Bischofskirchen, da, wo die erforderlichen Materialien zu solcher Produktion vorhanden waren. Annalen, Biographien und Chroniken sind so als Handschriften entstanden. Im späten Mittelalter kamen dann Stadtchroniken hinzu, Texte, die spezielle regionale Erinnerung, durchsetzt mit mancherlei Legenden, in Manuskripten tradierten, und das durchaus im Interesse der jeweiligen Kommune und der in ihr dominierenden sozialen Schichten. Sie konnten auf die Überlieferung der örtlichen Archive zurückgreifen und bieten auch heute noch wesentliche Informationen zur Historie der jeweiligen Region. Kaufleute etwa der nördlichen Hansestädte, die Informationen über Lage und Geschichte entfernter Räume besaßen, legten um 1500 große historische Werke vor, die bald gedruckt wurden.

In neueren Jahrhunderten kamen dann vermehrt Hausgeschichten hinzu, d.h. Erzählungen zu Herkunft und Taten großer Adels-, insbesondere der Fürstengeschlechter. Sie waren bestrebt, die Bedeutung der Dynastie durch möglichst hohes Alter zu begründen, verfolgten also herrschaftslegitimierende Absicht, zumal im Verhältnis zu Konkurrenten um Einfluss und Geltung. Legenden und gesicherte Nachrichten liegen da oft in buntem Gemenge. Verbreitet in ganz Europa war das Bestreben, die Herkunft der Herrscherfamilien bis in antike Zeiten zurückzuverfolgen – d.h. zu konstruieren. Für uns Heutige sagt dies manches aus über die Selbstinterpretation einer Dynastie, die Begründung geschichtlicher Bedeutung im jeweiligen kulturellen Kontext.

So wurden also Höfe zum Ort von Geschichtsschreibung, als – um 1500 – an den europäischen Universitäten noch kein einziger Lehrstuhl für Geschichte existierte. Die Entstehung quasi amtlicher Historiographen gehört in diesen weiten Kontext, vergleichsweise spät dann, wenn man die noch sehr viel ältere Tradition höfischer Geschichtsschreibung im alten China in die Betrachtung einbezöge. An europäischen Höfen des 16. bis 18. Jahrhunderts war „amtliche" Historiographie ein verbreitetes Phänomen.

In diesen weiten Zusammenhang gehört das spezielle Thema des vorliegenden Bandes. Auffallend spät haben die Hohenzollern Brandenburg-Preußens das, was *demonstrative Historizität* genannt werden könnte, gehandhabt. Diese Beobachtung gilt durchaus nicht nur für die Geschichtsschreibung. Längst hatten europäische Dynastien den politischen Wert der Memoria erkannt, wie er auch in der Sepulkralkultur, der künstlerisch aufwändigen und demonstrativen Gestaltung dynastischer Grablegen zum Ausdruck kam: Expression von Alter, Würde und politischer Bedeutung in Stein und edlerem Metall. Davon, dass dies längst zum politischen Instrumentarium gehörte, war im brandenburg-preußischen

Berlin noch in neuzeitlichen Jahrhunderten nichts zu spüren; die Grablege der Hohenzollern im alten Dom war schlechterdings nicht präsentabel. Im 18. Jahrhundert waren die Särge von Kurfürsten aus dem Reformationsjahrhundert nicht mehr aufzufinden – bis heute sind sie verschollen.

Das sagt: *Demonstrative Historizität* ist in Brandenburg und Preußen ein spätes Phänomen, Ausdruck einer gebrochenen Tradition. Es hat lange gedauert, bis die Hohenzollern dasjenige politische Instrumentarium zu handhaben wussten, das in- und außerhalb Europas längst Standard war. Erst zur Mitte des 17. Jahrhunderts haben die Hohenzollern (zunächst freilich nebenamtliche) Geschichtsschreiber berufen.

Hof- bzw. Staatshistoriographen konnten einerseits das Privileg gebrauchen, die sonst strikt geheimen Archive zu benutzen. Das war ihr Vorteil, wenn sie herrschaftsbegründende und -sichernde Erzählungen produzieren sollten. Das preußische Beispiel zeigt allerdings, dass allzu moderne Vorstellungen von geschichtsschreibender Auftragsarbeit für frühere Jahrhunderte fehlgehen können. Wir werden sehen, dass in Preußen-Berlin lange Zeit beachtliche Historiographenprodukte gar nicht publiziert, sondern im Archiv fest verschlossen und unsichtbar gehalten wurden; allenfalls durften sie in schwerem Gelehrtenlatein das Licht einer weiteren Öffentlichkeit erblicken. Die brandenburgischen und dann preußischen Hofhistoriographen befassten sich oft mit polnischer, mit niederländischer Geschichte, im frühen 19. Jahrhundert vor allem mit dem alten Rom, mit den Kreuzzügen oder mit skandinavischer Geschichte – und mit Preußen gerade nicht.

Das änderte sich erst in der Ranke-Zeit, d.h. um die Mitte des 19. Jahrhunderts, und nun stellt sich die Frage, wie die Ernennung zum Staatshistoriographen die Spielräume des Historikers veränderte: einerseits die Möglichkeit des Historikers durch privilegierten Zugang zu den sonst strikt arkanen und handschriftlichen Quellen erweiterte, andererseits aber vielleicht auch durch politisch-höfischen Druck, ja Instrumentalisierung verengte.

Die archivalischen Quellen zu Ranke und seinen „Auftraggebern", die dazu Antwort geben können, damit zu den spezifischen Arbeitsbedingungen Rankes und der Genese seines Geschichtsbildes, und auch dessen Prägung einer unabhängigen Geschichtswissenschaft, galten bislang als verloren, jedenfalls als verschollen. Sie sind jetzt gefunden und für dieses Buch erstmals ausgewertet worden; die wichtigsten Dokumente wurden im Editionsanhang buchstabengetreu mitgeteilt. Nun erst kann bis in das Detail erkannt werden, wie der Kampf des Historikers um seine Freiheit ausgefochten wurde – vor allem in Rankes Spätzeit, in den 1860er bis 1880er Jahren. Man sieht: Leopold (von) Ranke, an dessen monarchentreuer Haltung kein Zweifel besteht, hat gleichwohl um seine Wissenschaftsfreiräume gekämpft, und schließlich hat er diesen zähen Kampf gewonnen. Am Beispiel eines Hauptwerkes, desjenigen über den preußischen Staats- und Reformmann Hardenberg, wird der Unterschied zwischen der handschriftlichen Überlieferung und dem uns heute vorliegenden Werk präzis dokumentiert.

Nie hat Ranke als „Untertan“ klein beigegeben. Und als er – ohne dies irgend erstrebt oder betrieben zu haben – im Jahre 1841 zum Historiographen des Preußischen Staats ernannt wurde, hat er in höflicher und gewiss höfischer Form sogleich den Kampf um seine Freiheiten aufgenommen, ja aufnehmen müssen.

Das war der Höhepunkt einer jahrhundertelangen Geschichte, von der dieses Buch auf der Grundlage der archivalischen Überlieferung berichtet.

1. Rankes Ernennung zum Historiographen

Es gibt Ehrungen, die für den Betroffenen Erhebung und Belastung zugleich sind.

Leopold Ranke stand 1841 im 46. Lebensjahr, als er zum „Historiographen des Preußischen Staats“ ernannt wurde. Er hatte darum nicht gebeten. Rankes Mentor im preußischen Kultusministerium, der Vortragende Rat Johannes Schulze, hatte 1841 eine günstige Gelegenheit genutzt, allerhöchsten Orts, d. h. bei König Friedrich Wilhelm IV., für den Berliner Geschichtsprofessor die Beförderung zu beantragen.[1] Diese – neben dem Universitätsamt zu erfüllende – Historiographenfunktion sollte künftig für „die Geschichte des Preußischen Staats im Allgemeinen“ zuständig sein. „Angemessen der Würde des Preußischen Staats scheint es mir“, so schrieb der Ministerialbeamte an den Monarchen, und „wünschenswerth zur ermunternden Förderung der vaterländischen Geschichtsforschung“ sei es auch, „daß die Stelle des Historiographen für den preußischen Staat“ nach längerer Vakanz „wieder ins Leben gerufen und einem Manne übertragen werde, welcher sich als gründlicher Forscher, Schriftsteller und Lehrer auf dem Gebiete der Geschichte durch ausgezeich-

1 Nach den Akten des Kultusministeriums und des Königlichen Zivilkabinetts: Wolfgang Neugebauer, Die preußischen Staatshistoriographen des 19. und 20. Jahrhunderts, in: ders. (Hg.), Das Thema „Preußen“ in Wissenschaft und Wissenschaftspolitik des 19. und 20. Jahrhunderts (= Forschungen zur Brandenburgischen und Preußischen Geschichte, NF, Beiheft 8), Berlin 2006, S. 17–60, hier S. 41–46 mit Angabe der Archivsignaturen; der Mentor: Conrad Varrentrapp, Johannes Schulze und das höhere preußische Unterrichtswesen in seiner Zeit, Leipzig 1889, S. 457f.

nete Leistungen bewährt, und sein ungemeines Talent zu historischen Combinationen und Darstellungen, sowie die Reife und Gerechtigkeit seines historischen Urtheils und seine treue Anhänglichkeit für E[uer] Königliche Majestät und den preußischen Staat in gediegenen Werken wie in seinem ganzen Lebensgange beurkundet hat. Als einen solchen Mann glaube ich den ordentlichen Professor der Geschichte an der hiesigen Universität, Doctor Ranke Ew. Königlichen Majestät ehrfurchtsvoll bezeichnen zu können".

Der Bericht aus dem Kultusministerium lässt über dessen Motive keinen Zweifel:

„Die huldreiche Ernennung des p. Ranke zum Historiographen des Preußischen Staates würde ihm zu einer wohlverdienten Aufmunterung in seinem schwierigen Berufe gereichen und ihm eine erwünschte äußere Veranlassung geben, seine Muße auch insbesondere der Bearbeitung der Preußischen Geschichte, wozu er sich durch seine vieljährigen gründlichen Studien der allgemeinen deutschen Geschichte vorzugsweise befähigt hat, mit dem glücklichen Erfolge zuzuwenden, dessen er sich bisher überall, wohin er seine Forschungen richtete, in reichem Maße erfreuen konnte."[2]

Bisher gehörten preußische Themen nur ganz am Rande zu Rankes Repertoire.

Mit der Historiographenfunktion war ein kleines Zusatzsalär von 300 Talern verbunden, vor allem aber das höchst wertvolle, weil damals alles andere als selbstverständliche Recht, „daß ihm aus den Königlichen Archiven, soweit es zu seinen historischen Zwecken nötig ist, Urkunden und Akten mitgeteilt werden dürfen".[3]

Damals gingen Ernennungen rasch; gut zwei Wochen nach dem Vorschlag kam aus Sanssouci die königliche Order, „den ordentlichen Professor Dr. Ranke zum Historiographen des Preußischen Staats" mit einem (zunächst) aus dem königlichen Dispositionsfonds zu zahlenden (zusätzlichen) Jahresgehalt von 300 Talern zu ernennen.[4] Das

2 Immediatbericht, Konzept Schulzes, gez. (von Kultusminister Eichhorn) 30. Juni 1841, Geheimes Staatsarchiv Preußischer Kulturbesitz [im Folgenden: GStA PK], I. Hauptabteilung [I. HA], Rep. 76 Vc, Sekt. 2, Tit. 23, Lit. A Nr. 16, Bd. 1; Ausfertigung in den Akten des Königs: I. HA, Rep. 89, H, Nr. 21379.

3 Ebd. Zur langsamen Öffnung der (preußischen) Archive für die wissenschaftliche Benutzung im 19. Jahrhundert vgl. Wolfgang Neugebauer, Preußische Geschichte als gesellschaftliche Veranstaltung. Historiographie vom Mittelalter bis zum Jahr 2000, Leiden u. a. 2018, S. 235–255, S. 373–386; vergleichend ders., Die Kultur des Belegs: Ihre Genese in den historischen Wissenschaften vom 18. bis 20. Jahrhundert, in: Christiane Lahusen / Christoph Markschies (Hg.), Zitat, Paraphrase, Plagiat. Wissenschaft zwischen guter Praxis und Fehlverhalten, Frankfurt a. M./New York 2015, S. 97–108.

4 Die Ordre vom 17. Juli 1841: GStA PK, I. HA, Rep. 76 Vc, Sekt. 2, Tit. 23, Lit. A, Nr. 16, Bd. 1, Ausf.; in dieser Akte auch die Bestallung mit dem oben im Text folgend zitierten Passus, wie er freilich durchaus nicht nur bei der Ernennung von Historiographen, sondern bei der Berufung von Amtsträgern stets üblich war (in Analogie zu späteren Verpflichtungen auf die Verfassung); dies zu ergänzen zu: Günter Johannes Henz, Leopold von Ranke in Geschichtsdenken und Forschung, Bd. 1, Berlin 2014, S. 103 und Bd. 2, S. 204f., nach einer Abschrift in Rudolstadt.

erfolgte mit der bei öffentlichen Bestallungen stereotypen Formel unter der „Bedingung, daß derselbe", also Ranke, „Uns und Unserm Hause jederzeit treu und eifrig ergeben bleibe".

Das, was in seiner Zeit gewiss als wissenschaftliche Rangerhöhung gedacht war, hat Ranke seitdem den Verdacht eingebracht, ein geschichtswissenschaftlicher „Hofmaler" gewesen zu sein,[5] und in der Tat hat Ranke die Beförderung schon gleich bei der Ernennung mit gemischten Gefühlen kommentiert. Im vertrauten Briefwechsel ließ er keinen Zweifel aufkommen, dass dies nicht seinen Wünschen entsprochen hat.[6] Ranke, der die Hintergründe weder kannte noch ahnte, aber vermutete, dass die Initiative vom König selbst ausgegangen sei, richtete also an Friedrich Wilhelm IV. direkt einen Dankes- und Antwortbrief, der für den lebenslangen Kampf des Historikers um seine Forschungsfreiheit bezeichnend ist. Dabei spielte er dezent auf die Tatsache an, dass sich Monarch und Geschichtsforscher seit Jahren persönlich bekannt waren. Denn Ranke hatte den Herrscher schon 1828,

5 So z. B. Franz Schnabel, Die Geschichtswissenschaft und der Staat in den letzten hundert Jahren, zuerst 1961, wieder in: ders., Abhandlungen und Vorträge 1914–1965, hg. von Heinrich Lutz, Freiburg u. a. 1970, S. 330–343, hier S. 336; oder noch von ganz anderer Seite: Stephan Skalweit, Ranke und Bismarck, in: Historische Zeitschrift 176 (1953), S. 277–290, hier S. 290; Politikberatung als Staatshistoriograph: Otto Diether, Leopold von Ranke als Politiker. Historisch-psychologische Studie über das Verhältnis des reinen Historikers zur praktischen Politik, Leipzig 1911, S. 302f.; Dominik Juhnke, Leopold Ranke. Biographie eines Geschichtsbesessenen, Berlin 2015, S. 131.

6 Vgl. Eberhard Gotheim, Gustav Adolf Stenzel und Leopold von Ranke, in: Beilage zur Allgemeinen Zeitung 1892, Nr. 69 und Nr. 70, München 22./23. März 1892, S. 1–5 bzw. S. 1–3, hier im 1. Tl. S. 4; Ranke glaubte, dass der Impuls dazu vom König selbst ausgegangen sei, vgl. seinen Brief vom 3. August 1841 bei: Walther Peter Fuchs (Hg.), Leopold von Ranke. Das Briefwerk, Hamburg 1949, S. 310f.

noch als Kronprinz, in Venedig kennengelernt, während seiner Forschungsreise in Südeuropa.[7] Das war der Bezug, den Ranke wählte, als er Ende August 1841 an den König schrieb.

„Ew. Königliche Majestät haben mir vom ersten Augenblick an, daß ich das Glück hatte Höchst-Ihnen bekannt zu werden, Beweise der Gnade und des Vertrauens gegeben, niemals aber einen größeren, als indem Sie mich zum Historiographen des Preußischen Staates ernannt, und dadurch zugleich in ein näheres Verhältniß zu Allerhöchst-Ihrer Person, Ihrem Hause und der Monarchie gesetzt haben."

Sodann kam Ranke auf den heiklen Punkt – im gewiss zeittypischen Stil hofnaher Kommunikation:

„Darf ich wagen es auszusprechen? Es könnte Umstände geben, unter denen selbständige Forschung und Wissenschaft vor jeder offiziellen Beziehung zurückbeben [!] würden. Bei uns aber kann ein solches Bedenken nicht Statt finden. Wer könnte zweifeln, daß die Absicht der Majestät und der ächte Beruf der Wissenschaft vollkommen übereinstimmen? Ich würde auch in der Erkenntniß und Mittheilung der Wahrheit etwas geleistet zu haben

7 Näheres bei: Otto von Ranke, Leopold von Ranke in seiner Familie, in: Daheim 59 (1923), S. 11–13, hier S. 12; grundlegend weiterhin: Hans F. Helmolt, Leopold von Rankes Leben und Wirken. Nach den Quellen dargestellt, Leipzig 1921, S. 43, S. 89, S. 176; vgl. auch: Alfred von Reumont, Aus König Friedrich Wilhelms IV. gesunden und kranken Tagen, 2. Aufl. Leipzig 1885, S. 151.

glauben, wenn es mir gelingen sollte, auf diesem Gebiete" – dem der preußischen Historie – „jemals den Beifall Ew. Königl. Majestät zu erwerben. Das Haus Brandenburg ist vielleicht das erste, unter dessen Ägide, ja, auf dessen Veranlassung Geschichten naher Zeiträume mit voller Wahrhaftigkeit haben geschrieben werden dürfen."

Und nun folgte ein Exkurs in die Vorgeschichte der preußischen Staatshistoriographen.

„Unmittelbar nach dem Tode des Großen Kurfürsten ist die Geschichte seines politischen Lebens nach den geheimsten Papieren des Staatsarchivs bearbeitet und sofort bekannt gemacht worden. In der deutschen Geschichte wenigstens ist das Werk von Pufendorf[8] durch gründliche Kenntniß und Freimüthigkeit ohne Gleichen. Auch Ew. Majestät gehen von so großen Gesichtspuncten aus; meiner Ernennung haben Sie doppelten Werth verliehen durch die Weisung, daß den Historiographen die Königl. Archive geöffnet werden sollen. Um zu einer objektiven Anschauung zu gelangen ist es ohne Zweifel nothwendig, auch fremde Archive zu Rathe zu ziehen."

Ranke stand unmittelbar vor einer Forschungsreise nach dem Westen; „bei einer Reise, die ich nach dem Haag, wo man Jahrhunderte lang mit dem Königlichen Hause in der engsten Verbindung war, und nach Brüssel heute noch anzutreten gedenke, werde ich nicht versäu-

8 Siehe unten bei Anm. 44–65.

men, was eine künftige Benutzung der dortigen Archive zu dem angegebenen Zweck vorbereiten könnte."[9]

Das Spannungsfeld von Forschungsfreiheit und Historiographenfunktion hatte Ranke deutlich benannt, ein Thema, das für ihn Zeit seines Lebens zentrale Bedeutung behalten sollte. In höchst eigentümlicher Gestalt war es aber auch schon präsent in der Geschichte der älteren amtlichen Historiographen Brandenburg-Preußens.

9 Die eigenhändige Ausfertigung des Schreibens Leopold Rankes an den König vom 26. August 1841: GStA PK, I. HA, Rep. 89 H, Nr. 21379, ediert bei: Neugebauer, Staatshistoriographen (Anm. 1), S. 59f.

2.
Staatshistoriographen in Brandenburg-Preußen als Verspätungsphänomen (17./18. Jahrhundert)

Die amtlichen Historiographen, die es in Brandenburg-Preußen seit der Mitte des 17. Jahrhunderts gab, waren alles andere als eine auffällige Besonderheit.[10] Eher schon fällt auf, dass sie in der Hohenzollernmonarchie vergleichsweise spät entgegentreten. Und es ist noch sehr die Frage, ob sie so platterdings als „königliche Hoflieferanten in Sachen Geschichte" ironisiert werden können.[11] Die Probleme liegen tiefer, gerade in Brandenburg-Preußen.

In Westeuropa, zumal in der Hochkultur Burgunds, ist die Hofhistoriographie schon in mittelalterlichen Jahrhunderten entstanden;[12] bei den Habsburgern besaßen Historiographen im 16. Jahrhundert schon eine Tradition.[13] Die amtliche Historiographie im alten Bayern ging

10 Insofern irrig: Karlheinz Noack, Das Bild Friedrichs II. im bürgerlich-junkerlichen Geschichtsdenken während des Kampfes um die Reichsgründung, in: Horst Bartel / Ernst Engelberg (Hg.), Die großpreußisch-militaristische Reichsgründung 1871, Bd. 1, Berlin [Ost] 1971, S. 202–232, hier S. 212.

11 So aber: Thomas Stamm-Kuhlmann, Die Hohenzollern, Berlin 1995, S. 11f.

12 Aus der Speziallit.: František Graus, Funktionen der spätmittelalterlichen Geschichtsschreibung, in: Hans Patze (Hg.), Geschichtsschreibung und Geschichtsbewußtsein im späten Mittelalter (= Vorträge und Forschungen, Bd. 31), Sigmaringen 1987, S. 11–55, hier S. 22, S. 29; und Peter Moraw, Kaiser und Geschichtsschreiber um 1700, in: Die Welt als Geschichte 22 (1962), S. 162–203, Bd. 23 (1963), S. 93–136, hier 172f, S. 175 (seit dem 15. Jahrhundert).

13 Vgl. Felix Stieve, Rudolf II., deutscher Kaiser, zuerst 1889, wieder in: ders., Abhandlungen, Vorträge und Reden, Leipzig 1906, S. 93–124, hier S. 94; um 1500: Paul Joachimsen, Geschichtsforschung in Deutschland unter dem Einfluss des Humanismus, 1. Tl., Leipzig 1910, ND Aalen 1968, S. 199.

derjenigen in Kurbrandenburg um mehr als einhundert Jahre voraus.[14]

Für Hofhistoriographen wurde unlängst speziell von bayerischer Seite ein Kriterienkatalog entworfen: Neben „landesherrlichem Auftrag“ und „landesherrlicher Besoldung“ müssten „landesherrliche Hilfestellungen“ und ein „landesherrlich vorgegebene[s] Thema“ vorhanden sein, um diese Funktion als gegeben anzusehen. Die politische Funktion der historischen Argumentation versteht sich dann fast von selbst.[15] Nimmt man diesen Katalog, so könnten mancherlei Zweifel entstehen, wann – in diesem Sinne – in Brandenburg-Preußen die frühesten Historiographen zu datieren sind.[16] Die erste Bestallung, in der es – auch! – um die Funktion als „Historiographus“ ging, reicht ins Jahr 1650 zurück. Joachim Hübner stammte aus dem Klevischen und wurde als „Rath“, Bibliothekar und auch als Geschichtsschreiber berufen.

---

14 Hier exemplarisch. Näheres bei: Alois Schmid, Von der Reichsgeschichte zur Dynastiegeschichte. Aspekte und Probleme der Hofhistoriographie Maximilians I. von Bayern, in: Notker Hammerstein / Gerrit Walther (Hg.), Späthumanismus. Studien über das Ende einer kulturhistorischen Epoche, Göttingen 2000, S. 84–112, hier S. 88f.

15 Ebd., S. 95f, S. 98.

16 Zum Folgenden mit Nachweis der Quellen (bes. aus GStA PK, I. HA, Rep. 9), früher Drucke und der Spezialliteratur: Wolfgang Neugebauer, Staatshistoriographen und Staatshistoriographie in Brandenburg und Preußen seit der Mitte des 17. Jahrhunderts, in: Markus Völkel / Arno Strohmeyer (Hg.)., Historiographie an europäischen Höfen (16.–18. Jahrhundert). Studien zum Hof als Produktionsort von Geschichtsschreibung und historischer Repräsentation (= Zeitschrift für Historische Forschung, Beiheft 43), Berlin 2009, S. 139–154; ders. Preußische Geschichte (Anm. 3), S. 77–105; mit unsicheren Lesungen des Archivmaterials: Ernst Fischer, Die offizielle brandenburgische Geschichtsschreibung zur Zeit Friedrich Wilhelms, des großen Kurfürsten (1640–1688). Nach den Akten des geheimen Staatsarchives dargestellt, in: Zeitschrift für Preußische Geschichte und Landeskunde 15 (1878), S. 377–430, zu Hübner S. 379–387.

„Insonderheit aber", so heißt es in seiner Bestallung, „dieweil Wir befunden, daß vnsere Churf. Vorfahren löbliche Thadten vnd geschichte, wie auch waß sich in denen vnserem Chrf. hause zugewachsenen Landen, bißhero merkliches und denkwürdiges zugetragen, noch zur zeit der gebühr nach nicht beschrieben worden, vnd aber Vnß sein fleiß in erkundigung vnd zusammenbringung vieler hierzu dienlicher materi, sonders gerühmet worden; So soll er ihm laßen angelegen sein, daß er unsers gantzen Churhauses vnd derer darzu gehörigen Lande histori auffs förmlichste vnd beste, alß in seinem vermögen ist, lateinisch od[er] teutsch verfertige, zu welchem Ende dan Wir die gnädigste Anordnung thun wollen, daß ihm nicht allein auß vnsern Archiven alle ihm noch mangelnde zu solchem Werke nötige documenta durchzusehen, anvertrawet (welches alles aber, vnd zumal waß secreta vnseres Chur- und Fürstl. Hauses sein, er gleichwohl in höchster geheimb halten, vnd ohn vnser vorwißen vnd gn[ädigste] einwilligung nichts public machen soll)." [17]

Schon die Berufungsurkunde ließ allerdings erkennen, dass er auch ganz andere, unhistorisch-aktuelle Aufgaben übernehmen sollte. Die „oberinspection vnd direction aller vnserer bibliotheken, sie seyn allhier bey unsern hooffe

17 Druck der Vokation für Joachim Hübner, Cölln a. S. 6. Juli 1650, bei: Kurt Tautz, Die Bibliothekare der churfürstlichen Bibliothek zu Cölln an der Spree. Ein Beitrag zur Geschichte der Preußischen Staatsbibliothek im siebzehnten Jahrhundert (= Beihefte zum Zentralblatt für Bibliothekswesen, Beiheft 53), Leipzig 1925, Anhang 1, S. 231–233, Zitat: S. 231; zur Person: Peter Bahl, Der Hof des Großen Kurfürsten. Studien zur höheren Amtsträgerschaft Brandenburg-Preußens (= Veröffentlichungen aus den Archiven Preußischer Kulturbesitz, Beiheft 8), Köln u. a. 2001, S. 506.

od[er] sonst an einem orth in vnsern Landen“, mochte noch mit historiographischen Interessen kompatibel sein, wenn auch die Aufsicht über anzufertigende „richtige catalogi der bücher“ aus allen Wissensgebieten und Disziplinen darauf schließen ließ, dass die Historiographenfunktion nicht recht im Mittelpunkt der Aktivitäten des Rats Hübner stehen sollte.

„Im vbrigen, wan wir ihn in commissionen od[er] and[erer] verschickung gebrauchen wollen, od[er] ihm sonst etwas in vnsern gescheffften außzufertigen vnd zu papire zu bringen gn[ädigst] anbefohlen machen, soll er sich dazu iederzeit vnterthenichst willich vnd bereit finden laßen [...]. Vnd wan er von Unß verschicket wird, sol er iedesmahl mit nottürftiger fuhre und zehrgeld von Unß versehen werden.“[18]

Die erste Gefahr für die freie Historiographenpraxis lauerte also da, wo in der politischen Tagespraxis die geschichtsschreibende Funktion hinter ganz anderen Prioritäten zurückstehen musste. In der Tat zeigen die Akten zu politischen Verhandlungen der 1650er-Jahre, wie schon Hübner zu aktuellen Missionen außerhalb Brandenburg-Preußens ge- und verbraucht wurde.[19] Acht Jahre nach seiner Ernennung skizzierte er den Inhalt der von ihm ge-

18 Die Quelle bei Tautz, Bibliothekare (Anm. 17), S. 232.

19 Zum Beispiel: Bernhard Erdmannsdörffer (Hg.), Politische Verhandlungen, 4. Bd. (= Urkunden und Actenstücke zur Geschichte des Kurfürsten Friedrich Wilhelm von Brandenburg, Bd. 7), Berlin 1877, S. 635, S. 637, S. 656–702 u. ö.; in seiner Tätigkeit auf dem Reichsdeputationstag: Hübners Immediatbericht vom 15./25. Dezember 1658, GStA PK, I. HA, Rep. 9, K Litf. Fasc. 1, auch zum Folgenden.

planten „ChurBrandenburgischen Histori (!), streng nach den Markgrafen und Kurfürsten, ihren Krieges expeditionen oder andere importante Verrichtungen“, ihr „Leben, Thaten und Zufälle“, alles nach „glaubwürdigen“ Quellen, die fränkisch-hohenzollernschen Regenten mit inbegriffen, mit Blick auf „Zustände der Lande und Leuten“, und zwar von Tacitus‘ Zeiten an. Allerdings habe er die zur Materialbeschaffung zugesagten „mittel bis dato nicht zu erlangen vermocht“; die kurfürstliche Bibliothek besäße bei weitem nicht das, was er brauche, und die wichtigsten Teile des kurfürstlichen Archivs lagen auch zehn Jahre nach dem Dreißigjährigen Krieg „nicht zu Berlin, sondern [...] in der Vestung Küstrin“, von wo aus ihm, Hübner, „auch keine copien davon Zugesicht [ge]kommen“ seien. Vieles sei wohl „ganz für verlohren zu schätzen“. Da ihm sein zugesichertes Gehalt nur zu einem Teil ausgezahlt worden war, sei er außer Stande, fehlendes Material käuflich zu erwerben, und so war – Ende 1658 – „die von mir angefangene Historische Arbeit wegen mangel der mittel ins stocken gerathen“, als er dann auch noch zu Reichsverhandlungen nach Frankfurt am Main gebraucht worden war. Es sei also nicht seine Schuld, wenn er „noch nichts Volkommenes von meiner Historischen arbeit auffweisen können“, sondern solches sei „fürnemlich dem mangel der nötigen materialien, wie auch denen zu Herbeyschaffung derselben bequemem mitteln“ zuzuschreiben. Hübner taxierte die erforderliche Zeit für sein Werk auf weitere zwanzig bis vierzig Jahre.[20]

20 Hübners Bericht vom Dezember 1658 ebd.

Höheren Orts gab es aber keine Bereitschaft zu kräftiger Investition in die Geschichte des brandenburgischen Hauses, und die Rüge wegen mangelnden Fleißes konnte das Fehlende schwerlich ersetzen.[21] Hübner ließ erkennen, dass er an dem unrealistischen Projekt nicht hänge; und als dann auch noch der um 1660 sensible Punkt konfessioneller Konformität zu Bedenken Anlass gab, trennten sich wohl Ende 1660 die Wege von Kurfürst und Hofhistoriographen, ohne dass ein historisches Produkt geliefert worden wäre.[22]

Noch zu Zeiten Hübners wurde mit Joachim Pastorius ein neuer „Churfürstl. Historiograph[us]“ mit 200 Talern Jahresbesoldung bestellt, denn es ging die Kunde, dass er an einer „Polnischen Historie“ schreibe. Dabei blieb es, und Produkte zur brandenburg-preußischen Geschichte legte er nicht vor,[23] ja, er ist nicht einmal an den kurfürstlichen Hof übergesiedelt. Sein Nachfolger, Martin Schoock, geboren in den Niederlanden, war eigentlich Professor an der brandenburgischen Landesuniversität zu Frankfurt (Oder) und ein Spezialist der belgischen Ge-

21 Rüge: Konzept, gez. von Schwerin, 11. Januar 1659, GStA PK, I. HA, Rep. 9 K, Lit. f. Fasc. 1 und weitere Stücke dieser Akte; vgl. Fischer, Geschichtsschreibung (Anm. 16), S. 384.

22 Außer der Anm. 21 zit. Akte [Adolf Friedrich] Riedel, die Chatulleinrichtung des Großen Kurfürsten, in: Märkische Forschungen 2 (1844), S. 297–337, hier S. 306; Leopold von Orlich, Geschichte des Preußischen Staates im siebzehnten Jahrhundert mit besonderer Beziehung auf das Leben Friedrich Wilhelm's des Großen Kurfürsten, 2. Tl., Berlin 1839, S. 439f; Daniel Heinrich Hering, Beiträge zur Geschichte der Evangelisch-Reformirten Kirche in den Preußisch-Brandenburgischen Ländern, 2. Tl., Breslau 1785, S. 9.

23 Zum Historiographen Pastorius das Heft: GStA PK, I. HA, Rep. 9 K Lit. f. Fasc. 2; zu Pastorius: Christian Gottlieb Jöcher, Allgemeines Gelehrten-Lexicon, 3 Tl., Leipzig 1751, Sp. 1293.

schichte.[24] Im Jahre 1665, so berichtete Johann Christoph Bekmann, „ward ein gelehrter Mann und Professor Physicae zu Gröningen, Martinus Schoockius, von dar berufen die Märkische Historie zuschreiben", „bekam auch zu dem ende nebst einer ansehnlichen besoldung den beinamen eines Churfürstl. Rahts, Historiographi und Professoris Honorarii zu Frankfurt, wohin er sich auch A. 1666 begeben". Seine „antrittsrede" handelt davon,

„daß der Churfürst Friedrich Wilhelm ihm gedachte Historie, nachdem er bei 31 jahr theils zu Deventer, größtentheils aber zu Gröningen unterschiedene Professiones verwaltet, auf des damaligen Churfürstl. Hofpredigers Joh[ann] Kunschii von Breitenwalde vorschlag aufgetragen, er auch fast alle dazu gehörige materie schon zusammengetragen" habe, so dass er „nur noch aus dem Churfürstl[ichen] Archiv ergänzen müßte."[25]

In den letzten Jahren vor seinem Tode 1668 arbeitete er in Berlin, behindert freilich dadurch, dass er – so Bekmann – „der Teutschen Sprache" nicht kundig gewesen sei.

24 A.a.O., Tl. 4, Sp. 330–332; Johann Christoph Bekmann / Bernhard Ludwig Bekmann, Historische Beschreibung der Chur und Mark Brandenburg [...], 1. Tl., Berlin 1751, Sp. 326f; mit weiterer Literatur: Jürgen Splett, Schoock (Schoockius), Isaac, in: Lothar Noack / Jürgen Splett, Bio-Bibliographien. Brandenburgische Gelehrte der Frühen Neuzeit. Mark Brandenburg 1640–1713, Berlin 2001, S. 433 (zu Martin Schoock).

25 Bekmann / Bekmann, Beschreibung, 1. Tl. (Anm. 25), Sp. 326, das Folgende Sp. 328–330.

Seine Bestallung datierte vom Februar 1664,[26] als er noch in Groningen mit der brandenburgischen Arbeit begann. Sieht man genauer hin, so handelte es sich bei Schoock um eine Art von historiographischem Leiharbeiter, wandte sich doch der kurbrandenburgische Geheime Rat im Juni 1665 „An die Staaten von Frießland“ mit dem Ersuchen, „den Herrn chokium auf eine Zeitlang anhero zu dimittiren“, da Schoock „zu Unserm Historiographo bestellet und angenommen“ worden und ihm „dabey committiret“ worden sei, „zuforderst die Chur Brandenb[urgische] Historiam zu beschreiben; Nach dem wir aber nötig befunden, daß sich derselbe umb sich in einem und andern bey Unserm Archiv alhir umb so viel beßer zu informiren Selbst anhero begeben möge“, so bat der Geheime Rat zu Cölln an der Spree den bisherigen Arbeitgeber Schoocks in Groningen, ihn „auf eine Zeitlang anhero“ – also wohl: zu beurlauben.[27]

Ein Memorial Schoocks zeigt sein Programm, gegliedert nach Herrschern die brandenburgische Geschichte bis 1640 zu führen.[28] Die Geheimen Räte in der Residenz erhielten 1665 Weisung, mit dem Historiographen über

26 Schoocks Bestallung: GStA PK, I. HA, Rep. 9, K Lit. f. Fasc. 3; aus dieser Akte auch das Folgende; in dieser Akte ferner eine Bestallung vom 15. Januar 1666: Ernennung von Schoock „zum Churfürstl. Rath“ mit 500 Taler Gehalt, ebd. zu seiner Funktion als Historiograph.

27 Konzept, gez. von Schwerin, Cölln a. S. 14. Juni 1665 „an die Staaten von Frießland“, in der Akte a.a.O.; zu Friesland in der Verfassungsstruktur der vereinigten Niederlande z. B. Horst Lademacher, Geschichte der Niederlande. Politik – Verfassung – Wirtschaft, Darmstadt 1983, S. 78f, S. 102, u. ö.; in dem Werk von Ernst Walter Zeeden, Propyläen Geschichte Europas. Hegemonialkriege und Glaubenskämpfe 1550–1648, Frankfurt a. M. u. a. 1977, S. 392 (zu Friesland und Groningen, zusammengestellt von W. Neugebauer).

28 Gedruckt bei: Johann Carl Conrad Oelrichs, Ad commentationem de Historiographis Brandenburgicis Svpplementum, Berlin 1752, S. 2–8; vgl. Fischer, Geschichtsschreibung (Anm. 16), S. 396f.

sein Werk fleißig zu „conferiren, und dahin zusehen, wie es alles aufs füglichste und beste eingerichtet werde, undt Ihm zu solchem Ende mit aller nötigen information an die Handt zu geben".[29] Zugleich wurde sein „freyer acceß auf die Bibliothek" angeordnet. Am Ende des Jahres scheint schon „ein Ziemlicher Anfang seines Unterhabenden historischen wercks verfertiget" gewesen zu sein, ja, es wurde schon davon gesprochen, dass mit dem Druck begonnen werden könne, den die Herren Räte „mit fleiß durchzusehen" hätten, „und wo ihr eines oder anders dabey zu erinnern hettet, ihm desfals zu avertiren, und insonderheit genau acht zu geben, daß nichts so Uns oder Unserm Churf. Hause präjudicirlich seyn könte, inseriret werde, gestalt wir dan an Schookinum rescribiret, daß er sich darnach achten, u. eure erinnerung attendiren solle".[30] Im Januar 1666 wurde er mit festem Gehalt als kurfürstlicher Rat installiert; gleichzeitig wurden Amtsträger in den verschiedenen brandenburgischen Landschaften aufgefordert, dem Historiographen „dienliche Vrkunden und Briefschaften" mitzuteilen.[31]

Nach den Kriterien, die eingangs für Hofhistoriographen vorgestellt worden sind,[32] wird erst für Martin Schoock diese Qualität in Anspruch zu nehmen sein. Die erhaltenen Akten lassen einen Einblick zu, wie die Aufsicht der Geheimen Räte über dessen Arbeit gehand-

29 Konzept gez. v. Schwerin, 27. September 1665, GStA PK, I. HA, Rep.9, K Lit. f. Fasc. 3; und am selben Tag betreffend den Bibliotheksgebrauch.

30 Die Akte a.a.O., Konzept gez. Jena, dat. Kleve 11./21. Dezember 1665.

31 Vgl. oben Anm. 26; in der Akte ebd. die Materialien zu Zirkularen an Amtsträger und Städte der Mark Brandenburg, November 1666.

32 Siehe oben bei Anm. 14/15.

habt wurde und was als sensible Materie galt. Der „Herr Cantzler von Somnitz“, Wirklich Geheimer kurbrandenburgischer Rat, legte 1667 – also kurz vor Schoocks Tod – sein „unvorgreifliches Bedenken über deß Herrn Schookij Lebens [...] Sr. Churfürstl. Durchl[aucht] Unsers gnädigsten Herrn pp“ vor, ein Manuskript, das nach einer Kanzleinotiz bis in die ersten Regierungsjahre des Monarchen führte. Sehr ausführlich hatte der Geschichtsschreiber die dreißigjährigen Kriegszeiten und die Regierung Kurfürst Georg Wilhelms geschildert.

„Wann nun die oberzehlte Krieges und Friedens Handelungen an ihrem ohrt gebracht wird, halte ich nöhtig daß nicht mehr in die Merkische Historiam davon gerücket würde, alß was Sr. Churfürstl. Durchl. Hauß, Dero Lande, Consilia undt verrichtungen anginge, wan aber die außwärtige Sachen Sr. Churfl. Durchl. mit afficirten und darnach die Consilia publica zurichten gewesen, so nehmen Sie nur kurtz und so weit es fontes consiliorum Marchicorum sind, anzuführen und zwar also, daß die von Sr. Churfürstl. Durchl. Consilia intentiones und deren gründe fein [?] dabey fürgestellt würden.“

Schoock berichte aber nicht nur, was geschehen sei, sondern auch „warumb und aus was bedencken dieses oder jenes fürgenommen, zu welchem ende dem Historiographo die Protocolla consultationum, und relationes derer, so in den sachen negotiiet, nebst Ihren instructionen, zu communiciren“. Vor der „edition“ des Werkes müssten die Geheimen Räte dieses Werk gründlich durchsehen, und es sollte „was nicht dienlich zu publiciren, ausgelaßen werde[n]". Gegen die Benutzung des Archivs bestanden grundsätzlich keine Bedenken. Im Gegenteil: Schoock möge den Archivquellen vor den gedruckten Büchern den Vorzug geben und am Rand des Textes – in margine – die verwendeten Stücke benennen. „Ferner ist auch wohl in acht zu nehmen, daß in solcher erzehlung der gnädigsten Herrschaft respect und reputation wohl in acht genommen werde." Die vom schwedischen König gegen den Kurfürsten Georg Wilhelm erhobenen Vorwürfe der „unbeständigkeit" erschienen in diesem Lichte anzüglich und mithin „zu bedencken obs nöhtig, daß sie erzehlet werden". Ursachen und Motive für kurfürstliches Handeln müssten gewiss in die Schilderung einbezogen werden, doch stets nach Prüfung, ob dies auch „reputirlich" sei.[33]

Das war der eine zentrale Gesichtspunkt, unter dem historiographische Arbeit zu prüfen war. Der andere – er wird uns zu Ende des 17. Jahrhunderts erneut begegnen – war die Gefahr der außenpolitischen Kollateralschäden, wenn aus geheimen Archiven strikt vertrauliche Vorgänge aus der Welt von hoher Politik und Diplomatie an das Licht einer, und sei es im gelehrten Latein kommunizierenden Öffentlichkeit gerieten. „Auch sind außwertige Potentaten nicht anzüglich zu tractiren", und wenn Schoock nun schreibe, dass die Schweden „Deutschland

33 „Autor hüjüs der Herr Cantzler von Somnitz", o. D., liegt bei Akten aus 1667: GStA PK, I. HA, Rep. 9, K Lit. f. Fasc. 3; zur Person: Hans Saring, Lorenz Christoph v. Somnitz, ein Staatsmann des Großen Kurfürsten, in: Baltische Studien 35 (1933), S. 134–173, hier S. 149–161.

ihnen unterwürfig zu machen suchten, wie wohl Sie dennoch angesehen sein wollten, daß Sie einen gerechten Krieg führeten", so besaß eine derartige Deliberation in der politischen Welt der 1660er-Jahre noch einigen aktuellen Sprengstoff. Auch in Bezug auf Sachsen gebe es bei Schoock „anzügliche" Stellen.

„So hat man sich auch in religions-Sachen fürzusehen, daß man in der erzehlung nit waß setze, so denen principiis nachtheilig, so man in dieser Kirchen hat, oder sonsten Evangelischen insgemein einen Vorwurff veruhrsachen könten."[34]

Nur wenige Druckbogen, wohl in der Art von Probeabzügen, wurden noch hergestellt, darin enthalten Vermutungen zum Zustand der Mark zu Beginn der Zeitrechnung, zur Zeit Caesars, gefolgt von der Topographie, und dann – wie schon aus Somnitz' Gutachten zu entnehmen – zur jüngsten Geschichte bis in die Tage Friedrich Wilhelms.[35] Im Manuskript lag freilich sehr viel mehr vor: Kapitel zu den brandenburgischen Hohenzollern im 15. und über weite Strecken des 16. Jahrhunderts und für die neueste Zeit bis in die 1660er-Jahre. Dies alles

---

34 Gutachten von Somnitz (1667) im GStA PK, I. HA, Rep. 9, K Lit. f. Fasc. 3; es folgen Bemerkungen zum lateinischen Stil Schoocks. In dieser Akte die im Folgenden erwähnten Druckbogen seines Werkes.

35 Vgl. dazu: Georg Gottfried Küster, Bibliotheca Historica Brandenburgica [...], Breslau 1743, S. 368 f. (mit der Angabe „70 fol"); vgl. Karl Kletke, Die Quellenschriftsteller des Preußischen Staats, nach ihrem Inhalt und Werth dargestellt, Berlin 1858, S. 18; vgl. Anm. 34.

blieb ungedruckt, ein Faktum, das durch Schoocks Tod im Jahre 1668 allein nicht erklärt werden kann.[36]

Die Fluktuation in der jungen brandenburgischen Historiographenfunktion war ganz erheblich. Johann Baptista de Rocolles, geboren in Frankreich und vormals im geistlichen Fach,[37] war nur wenige Jahre – 1673 bis 1675 – als bestallter „Historiographus" des Großen Kurfürsten tätig, ohne an dessen Hof recht heimisch werden zu können. Als er im März 1675 wieder entlassen wurde, war von den „jetzigen beschwerlichen Zeiten in Dero Chur und Marck Brandenburg" die Rede,[38] der neue Jahre des Krieges bevorstanden. Rocolles hatte um den Abschied selbst gebeten, und trotz der kurzen Amtszeit hinterließ er einen stattlichen Handschriftenband zur Geschichte der Hohenzollerndynastie, die er – im Prinzip durchaus richtig – in der zweiten Hälfte des 11. Jahrhunderts beginnen ließ; aber er blieb durchaus nicht in den Zeiten dunkler Anfänge stehen und behandelte ausführlich das

36 Siehe die Bände (Signatur zur Zeit der Benutzung) GStA PK, I. HA, Rep. 94 III, 5 (alte Nr. 7), mit Darstellungen bis in die 1660er-Jahre (lt. fol. 573 v: auf der Basis von Archivalien); das Widmungsblatt datiert 16. Februar 1667; vgl. Fischer, Geschichtsschreibung (Anm. 16), S. 405–408, und besonders: Ernst Consentius, Von Druckkosten, Taxen und Privilegien im Kurstaat Brandenburg während des 16. und 17. Jahrhunderts, in: Forschungen zur Brandenburgischen und Preußischen Geschichte [im Folgenden: FBPG] 34 (1922), S. 175–238, hier S. 234 Anm. 1.

37 Zu ihm: Bahl, Hof (Anm. 17), S. 567; Tautz, Bibliothekare (Anm. 17), S. 227; Rocolles Bestallung vom 12. Juni 1673: GStA PK, I. HA, Rep. 9, K Lit. f. Fasc. 6; Teildruck (mit Verlesungen) bei: Fischer, Geschichtsschreiber (Anm. 16), S. 412.

38 Dekret (Konzept gez. v. Schwerin), dat. Kleve, 23. März 1675, in der in Anm. 37 zitierten Akte.

15. und 16. Jahrhundert, eine Arbeit, die wie diejenige seines Vorgängers im Archiv verschlossen worden ist.[39]

Nicht eigentlich fehlende Produktivität erklärt das magere Resultat der ersten dreißig Jahre brandenburgischer Hofhistoriographenpraxis. Erst seit Schoockius wurde den Geschichtsschreibern die Gelegenheit geboten, das vorhandene Material auch auszunutzen, oder, ohne dass höheren Orts eine entschlossene Strategie erkennbar wäre, die gelieferten Produkte repräsentativ zu nutzen. Die Professionalisierung der Historiographenfunktion war das eine, das andere war ein am brandenburgischen Hof mangelndes Verständnis dafür, was aus deren Ergebnissen zu machen, wie sie in die kommunikative Praxis der politischen Kultur ein- und umzusetzen seien. In einem Falle – dem des Ostpreußen Martin von Kempe, der um die Ernennung zum Historiographen als bloßem Titel gebeten hatte – ging das Manuskript, schon in seiner Zeit, verloren und blieb also gleichfalls ungedruckt.[40]

Die Professionalität historiographischer Praxis erreichte im späten 17. Jahrhundert in Brandenburg-Preußen mit Samuel von Pufendorf ihren vorläufigen Höhepunkt. Mit Pufendorf trat nun eine prominente Größe des europäischen Naturrechtsdenkens in die Geschichte der Hohenzollernmonarchie ein, und zwar in der Funktion eines

39 So Küster, Bibliotheca (Anm. 35), S. 365; ders., Accessiones ad Bibliothecam Historicam Brandenburgicam [...], Berlin 1768, Tl. 1, S. 198; das Manuskript: GStA PK, I. HA, Rep. 94 III, Nr. 3.

40 Mit allen weiteren (Archiv-)Nachweisen (aus GStA PK, I. HA, Rep. 7): Neugebauer, Preußische Geschichte (Anm. 3), S. 89–91; Oelrichs, Supplementum (Anm. 28), S. 23.

amtlichen Historiographen.[41] Wenige Jahre zuvor hatte er – noch im Interesse Schwedens – recht antibrandenburgische Flugschriften verfasst.[42] In Schweden hatte er von 1677 bis 1688 „als Historiograph und Geheimer Sekretär", und zwar derjenige der Königin Eleonore, gedient und auf der Basis der dortigen Archive Stattliches produziert. Ganz ohne Zweifel: Pufendorf war in den 1680er-Jahren eine europäische Zelebrität, und so geriet er in den späten Jahren des Großen Kurfürsten in dessen Blick, als dieser, aus eigenen Fehlern bitter lernend, in Hof und politische Performanz entschlossen investierte.[43] Seit der Mitte der 1680er-Jahre streckten auf Befehl des Kurfürsten brandenburg-preußische Diplomaten ihre Fühler nach dem schwedischen Historiographen aus,[44] der seiner-

41 Aus der fast uferlosen Literatur exemplarisch als Klassiker: Gerhard Oestreich, Calvinismus, Neustoizismus und Preußentum. Eine Skizze, in: Jahrbuch für die Geschichte Mittel- und Ostdeutschlands 5 (1956), S. 157–181, hier S. 173; und: Horst Denzer, Pufendorfs Naturrechtslehre und der brandenburgische Staat, in: Hans Thieme (Hg.), Humanismus und Naturrecht in Berlin – Brandenburg – Preußen. Ein Tagungsbericht (= Veröffentlichungen der Historischen Kommission zu Berlin, Bd. 48), Berlin/New York 1979, S. 62–75, hier S. 62–69, zu Pufendorfs (finanziellen) Motiven für seinen Wechsel nach Berlin S. 68.

42 Detlef Döring, Samuel von Pufendorfs Berufung nach Brandenburg-Preußen, zuerst 1996, wieder in: ders., Samuel von Pufendorf in der Welt des 17. Jahrhunderts. Untersuchungen zur Biographie Pufendorfs und seinem Wirken als Politiker und Theologe (= Studien zur europäischen Rechtsgeschichte, Bd. 269), Frankfurt a. M. 2012, S. 131–154, hier S. 135f; folgendes Zitat: ders., Pufendorf-Studien. Beiträge zur Biographie Samuel von Pufendorfs und zu seiner Entwicklung als Historiker und theologischer Schriftsteller (= Historische Forschungen, Bd. 49), Berlin 1992, S. 34f, vgl. auch S. 143.

43 Zum großen politischen Hintergrund mit Lit.: Wolfgang Neugebauer, Brandenburg-Preußen in der Frühen Neuzeit. Politik und Staatsbildung im 17. und 18. Jahrhundert, in: ders. (Hg.), Handbuch der Preußischen Geschichte, Bd. 1, Berlin/New York 2009, S. 113–407, hier S. 234f.

44 Siehe die Stücke ab 1686 bei: Max Hein (Hg.), Politische Verhandlungen, Bd. 14 (= Urkunden und Actenstücke zur Geschichte des Kurfürsten Friedrich Wilhelm von Brandenburg, Bd. 22), Berlin/Leipzig 1926, S. 450 ff, S. 461ff, S. 486ff (Franz von Meinders); vgl. Döring, Pufendorf-Studien (Anm. 42), S. 37f.

seits also schon gute Kontakte zu führenden Amtsträgern des Hohenzollern besaß, als die Verhandlungen Anfang 1688, kurz vor dem Tod des Großen Kurfürsten, in das entscheidende Stadium traten. Ganz offenbar hatten die Verhandlungen, Pufendorf in „Ihrer Churfl. Durchl. dienste" treten zu lassen, vier Jahre zuvor begonnen. Damals war er bereits auf dem Wege nach Berlin-Cölln. Er schrieb über die „schwierigkeiten", die „ich [habe] müssen überwinden, ehe ich permission erhalten mich aus Schweden an ihren hoff in so weit zuverfügen".[45] Sein weiter Ruf war das eine, die damit verbundenen europäischen Feindschaften das andere, und nicht zuletzt war es ihm darum zu tun, einen Protektor für sich und seine literarischen Pläne zu gewinnen, „weil ich weis, daß so wohl am Kayserlichen als ChurSächsischen Hofe viel feinde habe[,] weil ich in meiner Schwedischen Historie beyderseits conduite und actiones ohne etwas zu deguisiren also vorgestellet, wie die acta archivi Regij mir an die hand gegeben, und eines historici amt ist, der so wenig von allen leuten gloriose schreiben kann, als aller menschen actiones mit den regeln der klugheit und tugend übereinstimmen".[46]

45 Das eigenhändige Schreiben Samuel von Pufendorfs vom 19. Januar 1688 (an Paul von Fuchs) hat sich in den die Staats- bzw. Hofhistoriographen der Frühzeit betreffenden Akten erhalten: GStA PK, I. HA, Rep. 9, K Lit. f, Fasc. 7; gedruckt bei: Detlef Döring (Hg.), Samuel Pufendorf. Briefwechsel (= Samuel Pufendorf. Gesammelte Werke, Bd. 1), Berlin 1996, S. 171–173, Nr. 123; zu Pufendorfs Motiven detaillierter: Döring, Pufendorfs Berufung (Anm. 42), S. 132f.

46 Der in Anm. 45 zit. Brief bei: Döring, Briefwechsel (Anm. 45), S. 172; vgl. noch F. von Salpius, Paul von Fuchs, ein brandenburgisch-preußischer Staatsmann vor 200 Jahren, Leipzig 1877, S. 65.

Wir sahen schon, dass die Berufung von Personal, das, offenbar rar gesät, für historiographische Arbeiten prädestiniert erschien, gegebenenfalls leihweise geschehen konnte, wie dies bei Schoock zumindest anfangs der Fall war.[47] Nur lehnsweise, so ließ Pufendorf im Januar 1688 wissen, lasse ihn der schwedische König für eine gewisse Zeit ziehen,[48] weil Pufendorf, wie wir heute wohl sagen würden: mit seiner Kenntnis der schwedischen Archive ein Geheimnisträger des nordischen Königs war. Die Beziehungen Brandenburgs und Schwedens waren im 17. und auch noch im 18. Jahrhundert alles andere als spannungsfrei, Pufendorf hatte sich denn auch eidlich verpflichten müssen, in seinen brandenburgisch-preußischen Funktionen keine schwedischen Arcana preiszugeben. In einem Handschreiben der schwedischen Königin Eleonore aus Stockholm, gerichtet an den Kurfürsten, war also von einer vorzeitigen Entlassung Pufendorfs mit keinem Wort die Rede. Man wünsche, so ließ sie wissen, gutes Einvernehmen mit dem Brandenburger, weshalb der König die Transaktion genehmigt habe. „Demnegst habe ich gemelten Pufendorf versicherung gethan, daß alle seine zu Ew. Churfl. Durchl. Vergnügen gereichende Dienste nicht anders als Mir selbst geleistet angesehen werden sollten."[49]

47 Vgl. oben bei Anm. 27.

48 Schreiben Pufendorfs aus Greifswald, 19. Januar 1688, GStA PK, I. HA, Rep. 9 K Lit. f. Fasc. 7, in dem er erwähnte, dass er in seiner „historia Caroli Gustavi" von Schweden schon „solche Moderation gebrauchet" und das Manuskript dem brandenburgischen Gesandten in Stockholm (vor dem Druck) vorgelegt habe; das Folgende: Döring, Pufendorfs Berufung (Anm. 42), S. 141 f (mit Verweis auf GStA PK, I. HA, Rep. 11), auch zur Vereidigung.

49 Handschreiben (Ausf.) Eleonores (an den Großen Kurfürsten), Stockholm, 29. Januar 1687, GStA PK, I. HA, Rep. 9, K Lit. f. Fasc. 7.

In der Sicht der brandenburgischen Räte sah dies alles etwas anders aus, war doch davon die Rede, dass Pufendorf „in Dero Diensten Beständig verbleiben“ solle, denn, so schrieb der Geheime Rat Paul von Fuchs im Januar 1688,

„das eintzige was Uns bis jetzo fehlt, und welches alle, die es mit Ew. Churfl. Durchl. Gloire treu meinen, hertzlich verlangen ist, daß die gloriense actiones Ew. Churfl. Durchl. und dero Zu ewigen Zeiten preiswürdiges Leben durch eine tüchtige Feder verewiget werde, und hierzu ist kein Mensch in der Welt capabler als dieser Mann; denn gleichwie ein gemeiner Historienschreiber einem großen Helden in Beschreibung seiner Thaten mehr schande als Ehre machet, also ist auch nichts höher zu achten, als wann herrliche Thaten ihrer würdigkeit nach beschrieben werden. Ich habe dem He. Pufendorff auf solche arth geantwortet“.[50]

Pufendorfs Bedingungen für den Wechsel seines Arbeitgebers, und zwar als „Hof- und Cammergerichtsrat“ und mit der zusätzlichen Funktion als Historiograph, waren hoch, allein als jährliches Salarium verlangte er nach den Maßstäben der Zeit stattliche 2.000 Taler, um nur den finanziellen Kern zu nennen.[51] Sein Rang in der

50 Immediatbericht Paul von Fuchs' aus Hamburg, 25. Januar 1688, in der zuletzt in Anm. 49 zit. Akte.

51 Pufendorf an Paul von Fuchs, 22. Februar 1688, bei: Döring, Briefwechsel (Anm. 45), S. 178, Nr. 127, und das Reskript des Kurfürsten an Pufendorf vom 8. Februar 1688, in dem „Schutz und protection“ zugesagt wird, GStA PK, I. HA, Rep. 9. K Lit. f. Fasc. 7 (und Döring a.a.O., S. 175, Nr. 125), mit Verweis auf die Geheimen Räte Meinders und Fuchs; Pufendorfs Forderungen 1686 in der Anm. 49 zit. Akte.

Berlin-Cöllner Amtshierarchie wurde als der eines Hof- und Kammergerichtsrats bestimmt, die Historiographenfunktion stand also nicht im Mittelpunkt. „Erst in einem Nachsatz wird bemerkt, der Hof- und Kammergerichtsrat von Pufendorf sei auch zum ‚Historiographus primarius' ernannt worden und sei daher im Archiv in jeder erdenklichen Weise zu unterstützen." Der Historiographentitel allein besaß nicht das Ansehen, um Pufendorfs Stellung am Hof ausreichend zu stärken.[52] Aber dass er in Berlin-Cölln „Historiam Marchicam" schreiben sollte, stand auf der Seite der brandenburg-preußischen Verhandler von Anfang an außer Frage.[53]

Aber selbst Pufendorf blieb es nicht erspart, auch in ganz anderen, aktuell-politischen Missionen zum Einsatz zu kommen.[54] Zur Arbeit am Kammergericht sollte er freilich nur insoweit hinzugezogen werden, als dabei die historiographische Produktion nicht litt. Deren Schwerpunkt erfuhr allerdings eine eingreifende Veränderung nach dem Tod von Kurfürst Friedrich Wilhelm bald nach der Berufung Pufendorfs; „und da Kurfürst Friedrich Wilhelm schon den 29. April" 1688 „starb, so schlug der Staats-Minister Otto Graf von Schwerin dem neuen

52 Analyse von: Döring, Pufendorfs Berufung (Anm. 42), S. 139; zu den hier nicht im chronologischen Verlauf zu rekonstruierenden, da komplizierten Verhandlungen ders., Briefwechsel (Anm. 45), S. 179 zu Nr. 127; die Konfirmation vom 23. März 1689 spricht weiter nur vom „Hoff- und Cammergerichts Rath Samuel von Puffendorff" (in der Akte wie Anm. 51); nach wie vor wichtig: Johann Gustav Droysen, Zur Kritik Pufendorfs, zuerst 1864, wieder in ders., Abhandlungen zur neueren Geschichte, Leipzig 1876, S. 309–386, hier S. 316–318.

53 Vermerk an einer Eingabe Pufendorfs vom 18. August 1686, GStA PK, I. HA, Rep. 9, K Lit. f. Fasc, 7.

54 Döring, Pufendorf-Studien (Anm. 42), S. 36f.

Kurfürsten vor, dem Historiographen Pufendorf nicht die brandenburgische Geschichte, sondern die Geschichte des großen Kurfürsten selbst aufzugeben".[55]

Das war also das Vorbild, von dem Leopold Ranke anlässlich seiner Ernennung zum Historiographen des preußischen Staats sprechen sollte.[56] Denn Pufendorf erhielt Zugang auch zu geheimen Berliner Aktenbeständen der neuesten Zeit, und das in einer Weise, die schon wenig später in Berlin nicht mehr möglich erschien.[57] Für die Studien zur jüngsten brandenburg-preußischen, ja, eigentlich der Zeitgeschichte nutzte er aber keinerlei Informationen, die ihm in seinen schwedischen Jahren zugeflossen waren, sondern schilderte die politischen, d. h. die diplomatisch-militärischen Ereignisse aus dem 17. Jahrhundert ganz aus der diesseitigen Quellenüberlieferung und Perspektive. Anderes trat nur aus den gedruckten Schriften hinzu. Nicht die Person des Großen Kurfürsten, sondern seine Res gestae wurden geschildert, die Handelsbeziehungen nur da, wo die außenpolitischen Konstellationen, diejenigen der maßgebenden europäischen Potenzen, berührt wurden. Die innere Struktur dessen, was alsbald

55 Siehe den aus guter Quellenkenntnis geschriebenen Beitrag von: (Johann David Erdmann) P(reuß), Zur Erinnerung an die Ernennung des ersten brandenburgischen Historiographen, den 6. Juli 1650, in: Beilage zum Preußischen Staats-Anzeiger Nr. 183, Sonnabend 6. Juli (1950), S. 1168; gemeint ist Otto v. Schwerin d. J.; ebenfalls: (Anton Balthasar König), Versuch einer Historischen Schilderung der [...] Residenzstadt Berlin, 3. Tl., Berlin 1795, S. 345f.

56 Siehe oben bei Anm. 8.

57 Bekmann / Bekmann, Historische Beschreibung, Bd. 1 (Anm. 24), Sp. 343f; ein lateinischer Katalog der für Pufendorfs Werk aus dem Archiv bestimmten Bestände im GStA PK, I. HA, Rep. 9, K Lit. f. Fasc. 7; Döring, Pufendorf-Studien (Anm. 42), S. 144; Hans Rödding, Pufendorf als Historiker und Politiker in den „Commentarii de rebus gestis Friderici Tertii" (= Historische Studien, Heft 2, Halle a. S. 1912, S. 1.

Staat genannt wurde, war nicht sein Thema, auch nicht eigentlich die Ereignisse an sich, wohl aber Motive in der Reaktion auf die politische Bewegung im Europa seiner Zeit. Personen standen nicht im Vordergrund.

„Die Situation wird verallgemeinert; der Charakter des Geschäftsganges geflissentlich beseitigt, das Individuelle der Situation, der Debatte, des dramatischen Verlaufs, die ganze Localfarbe verwischt, von den immerhin untergeordneten, aber doch mitwirkenden Faktoren des Persönlichen, des Gelegentlichen und Zufälligen, der kleinen Dinge kommt so gut wie nichts in die Darstellung. Diese fasst durchaus nur das Wesentliche auf, in der Zuversicht, damit ein Bild des Ganzen zu geben".[58]

Die jüngere Forschung hat gezeigt, dass der Arbeit durchaus eine politische Tendenz zugrunde lag, nämlich die, die Rolle Frankreichs als eine Gefahr – und zwar für die europäische Politik an sich – aufzuzeigen, vor allem diejenige einer Suprematie, gegen die sich zu stellen die historische Aufgabe des brandenburgischen Kurfürsten sei.[59] Dagegen wurden die Strukturen Brandenburg-

58 Nach wie vor unverzichtbar: Droysen, Zur Kritik (Anm. 52), S. 324–326, S. 335 f, S. 343, S. 349 f, S. 373 (Zitat); zu Vorarbeiten, die Pufendorf nutzte, vgl.: Orlich, Geschichte, Bd. 2 (Anm. 22), S. 440f.

59 Döring, Pufendorfs Berufung (Anm. 42), S. 148–152; Wilfried Nippel, Das „forschende Verstehen", die Objektivität des Historikers und die Funktion der Archive. Zum Kontext von Droysens Geschichtstheorie, in: Stefan Rebenich / Hans-Ulrich Wiemer (Hg.), Johann Gustav Droysen. Philosophie und Politik – Historie und Philologie (= Campus Historische Studien, Bd. 61), Frankfurt a. M. / New York 2012, S. 337–391, hier S. 359 Anm. 108; Stände: Samuel von Pufendorf, De rebus gestis Friderici Wilhelmi Magni, Electoris Brandenburgici, commentariorum libri novendecim, Bd. 1, (benutzt in der Ausgabe:) Leipzig / Berlin 1733, S. 452–454, S. 462f.

Preußens selbst – die inneren Kräftekonstellationen, die Stellung der Landstände zur Politik des Monarchen – nur dann erwähnt, wenn ein größerer politischer Zusammenhang bestanden hatte. Der Hallenser Historiker und Reichsjurist Johann Peter Ludewig berichtete später davon, Pufendorf selbst noch darüber berichten gehört zu haben, dass diese Schwerpunktsetzung sich nicht allein eigenen thematischen Präferenzen verdankte. Denn „die Policey und wirthschaftlichen Dinge, welche damals zum Besten und Aufnehmen der Churfürstlichen Lande, veranstaltet worden", wurden deshalb nicht erwähnt, weil daran höheren Orts ganz offenbar kein Interesse bestand. „Wobey er dann, als ich", Ludewig, „selbsten bezeugen kann, die Beschwehrung geführet: daß ihme die acta, von Policey und Cammer-Sachen nicht vorgeleget worden. Welchen Fehler er nachhero selbsten erkannt und bereuet."[60] Hier lagen also Grenzen der Forschungsfreiheit bei, nach Maßstäben der Zeit, weitestgehendem Zugang zu den geheimen Archiven, und dies mit Wirkung auf Darstellungsstruktur und Argumentation.

Ein guter Bekannter aus der obersten Amtsträgerschicht Brandenburg-Preußens, der schon bei Pufendorfs Berufung seine Hände im Spiel gehabt hatte, Paul von Fuchs, hatte mit anderen die Zensur des Manuskripts zu

60 Johann Peter Ludewig, Gelehrte Anzeigen [...] Welche vormals in denen Wöchentlichen Hallischen Anzeigen einverleibet worden, Halle 1743, S. 866.

leisten,[61] von dem der Autor kurz vor seinem Tode 1694 noch den ersten Druckbogen gesehen hatte.

Als das starke Foliowerk dann 1695 erschien, erregte es innerhalb und außerhalb Preußens nicht nur Aufmerksamkeit, sondern auch massive Bedenken, ja, Beschwerden. „Pufendorfs ‚Enthüllungen' aus dem brandenburgischen Archiv in seiner Geschichte des Kurfürsten Friedrich Wilhelm haben den Regensburger Reichstag in Aufregung versetzt."[62] Die „heftigen Vorwürfe von anderen Höfen" trübten sofort die Freude an dem Historiographenprodukt, Beschwerden aus Preußen sollten bei späteren Ausgaben kürzend berücksichtigt werden. Aber zu diesen kam es damals, um 1700, nicht, auch nicht zu einer zunächst geplanten Übersetzung aus dem anspruchsvollen Gelehrtenlatein ins Französische und Deutsche. Hier drohte – nach dem Tode des Verfassers – eine wirksame Nachzensur, und Personal unterschiedlichen Ranges suchte nach „schädlichen" Stellen in dem Buch, etwa bedenklichen Passagen zur polnischen Frage, zur brandenburg-französischen Allianz, zu einer Konven-

61 Preuß, Zur Erinnerung (Anm. 55), S. 1168, zu „Stellen, welche vor dem Drucke unterdrückt worden"; Preuß bemerkt, dass sich das „Pufendorffische Original-Manuskript der Geschichte des großen Kurfürsten [...] im Archive" befand; vgl. zu der das Manuskript prüfenden Kommission Johannes Bolte, Martin Friedrich Seidel, ein brandenburgischer Geschichtsforscher des 17. Jahrhunderts, Berlin 1896, S. 22; unklar, ob Veränderungen gewünscht: Rödding, Pufendorf (Anm. 57), S. 4.

62 So: Moraw, Kaiser (Anm. 12), S. 173; folgendes Zitat: Helga Fiechtner, Die Öffnung des Preußischen Geheimen Staatsarchivs für die wissenschaftliche Forschung im 19. Jahrhundert. Abschlußarbeit für die Staatsprüfung zum Diplomarchivar am Institut für Archivwissenschaft Potsdam 1958 (Ms.), S. 3; Droysen, Kritik (Anm. 52), S. 313.

tion mit Holland im Jahr 1678.[63] Besser sei es jedenfalls, eine Weiterverbreitung durch Übersetzung gänzlich zu unterlassen. Der fünfzehn Jahre später gedruckte kleine Band des Schulmannes Erdmann Uhse gab nicht vor, eine deutsche Übersetzung des Pufendorf zu bieten, sondern einen Abriss, der sich im wesentlichen „auf des Herrn Barons von Pufendorf gegründet" habe.[64]

Wir hatten gesehen, dass die Produkte früher brandenburgischer und preußischer (Hof-)Historiographen lange Zeit eben nicht das Licht der Publizität erreichten und dass die politische Technik der Hohenzollern gar nicht verstand, wie diese geschichtsschreibenden Produkte in der Repräsentationskultur dieser Epoche einzusetzen seien. So gab es denn, wie Johann Gustav Droysen mitteilte, im Sommer 1699 ernsthafte Überlegungen, dass „die ausgegebenen Exemplare Pufendorfs zurückgekauft und das ganze Werk aus der Welt geschafft" werden sollte.[65]

Gleichwohl: Für rund eineinhalb Jahrhunderte blieb Pufendorfs Historiographenwerk unerreicht in seiner Quellennähe auf den Feldern der Staats- und Politikgeschichte, sodass die wissenschaftliche Erschließung der Archive in den 1860er-Jahren ganz unmittelbar an

63 Dazu: Rödding, Pufendorf (Anm. 57), S. 5; Alfred Dove, Die amtliche Zeitgeschichtsschreibung in Preußen, zuerst 1890, wieder in: ders., Ausgewählte Schriftchen vornehmlich historischen Inhalts, Leipzig 1898, S. 361–368, hier S. 364; zu den Übersetzungsprojekten Einzelheiten in der Akte GStA PK, I. HA, Rep. 9, K Lit. f. Facs. 7; zu 1696/99, u. a. Bericht des Justizrats Johann Sigismund von Sturm (zum Folgenden).

64 (Erdmann Uhse), Friederich Wilhelms des Grossen / Chur-Fürstens zu Brandenburg Leben und Thaten, Berlin / Frankfurt a. M. 1710, Vorwort „An den Leser", unpag.; zum Verfasser: Johann Carl Conrad Oelrichs, Erläutertes Chur-Brandenburgisches Medaillenkabinett [...], Berlin 1773, S. VI.

65 So: Droysen, Kritik (Anm. 52), S. 375f.

Pufendorf anknüpfen wollte. Im Vorfeld der Planungen zu großen akademischen Akteneditionen zum 17. Jahrhundert gab es die Absicht, eine Neuausgabe und deutsche Übersetzung des auch damals nur in schwerem Latein zugänglichen Buchs von Pufendorf über den Großen Kurfürsten zu veranstalten, als Basis für alle weiteren Forschungen, eine Absicht, die dann freilich doch nicht umgesetzt werden konnte.[66]

Mit Pufendorf erlebte die junge Geschichte der brandenburgisch-preußischen Hofhistoriographen ihren singulären Höhepunkt, weil in diesem Falle das Produkt nicht im Archiv weggeschlossen, sondern recht repräsentativ veröffentlicht worden ist. Aber eine fortwirkende Tradition wurde damit in Preußen nicht begründet – auch wenn sich Ranke später auf Pufendorf berief. Eine direkte Fortsetzung der Pufendorf'schen Funktion hat es auch nicht gegeben, denn Leibniz, der sein Interesse an dessen Nachfolge bekundet hatte, ließ das dann doch – nicht untypisch für ihn – an der leidigen Gehaltsfrage scheitern.[67] So erfreute sich ein ungleich kleineres Kaliber fortan eines Historiographentitels: der aus einer Beamtenfamilie des Languedoc stammende Antoine Teissier, ein „unbedeutender Literat französischer Herkunft", der vor allem durch die Übersetzung einer in den 1620er-Jahren erschienenen Genealogie der brandenburgischen Kur-

66 Nach den Akten Wolfgang Neugebauer, „Großforschung" und Teleologie. Johann Gustav Droysen und die editorischen Projekte seit den 1860er Jahren, in: Rebenich / Wiemer, Droysen (Anm. 59), S. 261–292, hier S. 268f.

67 Dazu Adolf Harnack, Geschichte der Königlich Preußischen Akademie der Wissenschaften zu Berlin. Im Auftrage der Akademie bearbeitet, 1. Bd., 1. Hälfte, Berlin 1900, S. 42f.

fürsten an die Öffentlichkeit getreten war.[68] Gleichzeitig wurde der Diplomat und magdeburgische Regierungsrat Johann Friedrich Cramer,[69] der auch ein Gutachten über Pufendorf geschrieben hatte, zum „Ersten Historiographum" ernannt, aber mit dem Auftrag „die Historie der Printzen von Orange zu beschreiben", und zwar, wie es in seiner Bestallung 1704 heißt, weil dem neugekrönten preußischen König Friedrich I. das „Souveräne Fürstenth[um] Orange" erblich zugefallen sei „und Sie dahero aus einer besonderen estime für die Regenten und Printzen solches Landes in Gnaden resolviret haben, derselben Historie in lateinischer Sprache beschreiben zu laßen". Cramer wurde also befohlen, „bey seiner Anwesenheit in Holland gedachte Historie derer Souveränen Fürsten von Orange [...] vom Anfang her" bis auf die Gegenwart

„theils aus denen alten Urkunden und andern Nachrichten, so man ihm deshalb zu fourniren suchen wird, theils aus andern historicis, so entweder expresse von Orange geschrieben, oder aber der Orangeschen Sachen sonst erwehnung gethan, mit Fleiß und exactitude auch

68 So Victor Loewe, Ein Diplomat und Gelehrter. Ezechiel von Spanheim (1620–1710) (= Historische Studien, Heft 160), Berlin 1924, ND Vaduz 1965, S. 131f; und mit Lit. J(ürgen) S(plett), Teissier (Teisserius), Antoine, in: Lothar Noack / ders., Bio-Bibliographien. Brandenburgische Gelehrte der Frühen Neuzeit, Berlin-Cölln 1688–1713, (Berlin 2000), S. 468–473; nach: Droysen, Kritik (Anm. 52), S. 320f., fertigte Teissier eine Übersetzung des Pufendorf an, die dann nicht publiziert wurde; seine Schriften: Küster, Bibliotheca (Anm. 35), S. 314, S. 351, S. 500, S. 572; in der Serie der Bestallungen im GStA PK, I. HA, Rep. 9, K Lit. f. fehlt Teissier.

69 Zu ihm: GStA PK, I. HA, Rep. 9, K Lit. f., Fasc. 9: „Acta betreffend Historiographen Regierungsrat Joh. Friedr. Cramer 1700–1704 [...]"; zu Cramer Material im GStA PK, VI. HA, NL Preuß. Nr. 5a; zu seinen Schriften: Jöcher, Gelehrten-Lexicon (Anm. 23), Tl. 1, Sp. 2169; vgl. Küster, Biblioteca (Anm. 35), S. 502.

nach den requisitis einer glaubhaften und anständigen Historie zusammen tragen und in Lateinischer Sprache [zu] schreiben".

Nebenher hatte er noch die Aufgabe, im Auge zu behalten, auch eine mit Medaillen-Reproduktionen ausgestattete „historie Metallorum", und zwar vom Großen Kurfürsten, zu produzieren. Freilich sollte nichts davon ohne „Special-permission" öffentlich bekannt gemacht werden.[70]

Gar nichts davon ist erschienen, zumal man am Hof des ersten Königs auf den schon beim ersten Historiographen in den 1650er-Jahren gemachten Irrtum verfiel, geschichtsschreibende Produktion lasse sich mit allerlei Hauptaufgaben in europäischer Diplomatie und innerer Verwaltung kombinieren. Immerhin ist es bemerkenswert, dass in der Zeit Friedrichs I. ein Erster Historiograph primär mit einem Projekt zur niederländischen Geschichte beauftragt wurde.

Im Falle des berühmten Autors der *Kirchen- und Ketzer-Historie*, Gottfried Arnold, fehlte das geschichtsproduzierende Anliegen ganz, als er 1702 zum Königlichen Historicus ernannt wurde. Er befand sich damals in Sachsen-Eisenachs Diensten, in einer konfessionell recht unbehaglichen Umgebung und bat – wohl den Geheimen Rat Paul von Fuchs – um eine Charge, damit er als „Unterthan und Bedienter" des preußischen Königs im

70 Konzept gez. v. Wartenberg, dat. Cölln a. S. 15. Oktober 1704, GStA PK, I. HA, Rep. 9, K Lit. f. Fasc. 9.

Thüringischen vor Nachstellungen geschützt sei.[71] 1701 hatte er eine kleine Lobschrift auf Friedrich I. herausgebracht,[72] dem folgte aber Einschlägiges nach seiner Ernennung nicht mehr, auch nicht, als der Historiograph auf kurmärkische Pfarrstellen im Lande des Hohenzollern in Sicherheit gebracht worden war. Es handelte sich also tatsächlich um einen Titel ohne Funktion, und es ließe sich darüber streiten, ob Arnold überhaupt im Sinne der eingangs zitierten Kriterien[73] in die Reihe der brandenburgischen Hofhistoriographen gehört, obwohl für ihn eine Bestallung in der Aktenserie der Hofhistoriographen vorliegt.

Sie fehlt hingegen bei Jacob Paul von Gundling. Er trug zu Zeiten des ersten Königs den Titel eines Historiographen des für die Genealogie zuständigen Oberheroldsamtes, das bis 1713 bestand. Eine noch von Friedrich I. in Auftrag gegebene Schrift zum 15. Jahrhundert publizierte Gundling als Hoff-Rath und Historiographus, bei seinen zahlreichen späteren Büchern hat der sonst titelfreudige

71 Knapp: Neugebauer, Preußische Geschichte (Anm. 3), S. 101; die Akte: GStA PK, I. HA, Rep. 9, K Lit. f. Fasz. 10, vor allem: eighd. Schreiben Arnolds vom 17. Januar 1702, und seine Bestallung vom 27. Februar.

72 Bei: Küster, Bibliotheca (Anm. 35), S. 537; Pfarre: Jürgen Buchsel, Gottfried Arnold. Sein Verständnis von Kirche und Wiedergeburt (= Arbeiten zur Geschichte des Pietismus, Bd. 8), Witten 1970, S. 161, und die Bibliographie S. 206–210.

73 Wie oben Anm. 14/15; für den Hallenser Juristen und Geschichtsschreiber Johann Peter Ludewig fehlt eine Überlieferung in der zuletzt in Anm. 71 zit. Reihe, es wird aber 1704 eine Ernennung zum „Doctor Juris und Historiographus" erwähnt bei: Johann Christoph Dreyhaupt, Pagus Neletici ed Nvdzici [...], 2. Tl., Halle 1755, S. 660; Reinhold Koser, Ludewig, Johann Peter, in: Allgemeine Deutsche Biographie, Bd. 19, Leipzig 1884, S. 379–381, hier S. 379.

Autor letztere Qualität nicht mehr erwähnt.[74] Eine im Auftrag Friedrich Wilhelms I. von ihm in mehreren Bänden geschriebene Darstellung des ersten Königs blieb ungedruckt. Er starb 1731, und fest steht, dass unter Friedrich Wilhelm I. und Friedrich II. keine Hof- bzw. Staatshistoriographen mehr ernannt worden sind.

74 Mit allen weiteren Nachweisen: Neugebauer, Preußische Geschichte (Anm. 3), S. 102f; vgl. dagegen: Martin Sabrow, Herr und Hanswurst. Das tragische Schicksal des Hofgelehrten Jacob Paul von Gundling, Stuttgart / München 2001, S. 37, S. 90f, S. 233 u. ö.; im GStA PK, I. HA, Rep. 9 K Lit. f Fasc. 7, ein eighd. Schreiben Gundlings (an Minister v. Ilgen), Potsdam, 29. April 1724, zum Auftrag des Königs zu einer „Geschichte König Friedrichs des ersten"; das Werk blieb ungedruckt: Rödding, Pufendorf (Anm. 57), S. 7[illegible].

3.
Die Staatshistoriographen um 1800 und in der Zeit bis Leopold (von) Ranke

Der Neuanfang der amtlichen preußischen Historiographen war unscheinbar im letzten Jahrzehnt des 18. Jahrhunderts, und es ließe sich darüber streiten, ob sie ohne Weiteres in die ältere Tradition gestellt werden können.

Der frühere Hessen-Kasseler Bibliothekar Ernst Wilhelm Cuhn hatte sich im Januar 1792 an den König, an Friedrich Wilhelm II. gewandt mit der Bitte um Anstellung als Historiograph im Departement der auswärtigen Angelegenheiten, eine Bitte, die er mit seinem Enthusiasmus für Preußen begründete.[75] Wenige Tage später hatte er in der Tat seine Bestallung, unterzeichnet von nicht weniger als drei Ministern. Sie verwies auf seine bekannten „vorzügliche[n] historische[n] Kenntniße". Künftig solle er „die historischen Ausarbeitungen, Deductiones, Auszüge aus den Acten, und überhaupt alle anderen Aufträge und Expeditiones, welche unsern Geheimen Etats-

75 Supplik (datiert Berlin, 5. Januar 1792) und positiv bescheidende Kabinettsorder an den Minister v. d. Schulenburg: GStA PK, I. HA, Rep. 9. K Lit. f. Fasc. 12, sodann der Immediatbericht Schulenburgs vom 10. Januar 1792, I. HA, Rep. 96, 239 D; dort auch diverse Stücke zur Einstellung Ermans als zweiter Historiograph, der aus Mitteln der Akademie der Wissenschaften zu bezahlen sei; in erstgenannter Akte Cuhns Bestallung vom 12. Januar 1792; zu ihm vgl. Carl Wilhelm Cosmar, Geschichte des Königlich-Preußischen Geheimen Staats- und Kabinettsarchivs bis 1806, hg. von Meta Kohnke (= Veröffentlichungen aus den Archiven Preußischer Kulturbesitz, Bd. 32), Köln u. a. 1993, S. 65 Anm. 83; Johann Georg Meusel, Fünften Nachtrags Erste Abtheilung zu der vierten Ausgabe des Gelehrten Teutschlandes, Lemgo 1795, S. 251f, zu seinen Schriften; Handbuch über den Königlich Preußischen Hof und Staat auf das Jahr 1794, Berlin o. J., S. 57: „Königlicher Historiograph beim Cabinettsministerio Hr. Cuhn, E. W. Kriegsrath".

und Cabinets-Ministres ihm auftragen werden, mit dem größten Fleiß u. nach seiner besten Einsicht anfertigen; die Acten-Stücke, Urkunden und Papiere, welche ihm werden anvertraut werden, auf das sorgfaltigste bewahren" und überhaupt die Geheimhaltung – nicht die Veröffentlichung seiner Studien – zum Prinzip machen. Als ersten Auftrag hatte er eine „Einleitung zu der Geschichte der Staatsunterhandlungen des Königl. Preußischen Cabinets im Jahre 1781" vorzulegen, eine Arbeit, die die Außenminister mit Zufriedenheit, und doch mit der Forderung von Nachbesserungen entgegennahmen.[76]

„Die Absicht unseres Cabinets-Ministerii", so schrieben ihm die Minister Schulenburg und Alvensleben, „ist: dadurch reine Begriffe von dem Gange, so wie von dem Zeitpunkt der verschiedenen Negociationen u. ihrem Ausgang zu erhalten; darauf quoad antecedentia recurriren zu können, und bey neuen Unterhandlungen aus den vorhergegangenen Licht zu erhalten, ohne nöthig zu haben, die ganzen Acten selbst durchzulesen. Es kommt also darauf an, gewisse feste Puncte zu haben, an welchen [!] man sich halten kann."

Vor allem um die Vorgeschichte der preußisch-russischen Beziehungen in der Spätzeit Friedrichs II. war es den Ministern zunächst zu tun.[77]

---

76 Alles nach der Akte GStA PK, I. HA, Rep. 9, K Lit. f. Fasc. 12, aus 1792; ferner die Akte des Zivilkabinetts: GStA PK, I. HA, Rep. 96, 239 D.

77 Erlass an Cuhn, 17. Juni 1792, GStA PK, I. HA, Rep. 9, K Lit f. Fasc. 12.

Cuhns Hauptwerk wurde etwas ganz anderes. Nach zwei Jahren, also 1794, wurde er beauftragt, eine genaue Darstellung zu erarbeiten, wie es eigentlich zur preußischen Krone, insbesondere zum Krontraktat vom November 1700, gekommen sei. Eine detaillierte Analyse dieser Historie war bis dato nie versucht worden, obwohl die Konvolute der Dignitätsakten[78] dazu eine vorzügliche Materialbasis boten – und bis heute bieten. Cuhn hat, wie sich noch rekonstruieren lässt, von dem ihm gegebenen Archivzugang in großem Maße Gebrauch gemacht, um die preußischen Aktionen im Zusammenhang mit der politischen Lage Europas zu schildern und das Verhältnis des Kurhauses zu den dominierenden Mächten zu erhellen. Um die Voraussetzungen des Kronerwerbs präzise zu rekonstruieren, griff er weit zurück in die Geschichte des 17. Jahrhunderts, bis in die 1650er-Jahre zumal: „Es kommt bei dieser Geschichte sehr auf eine genaue pragmatische Darstellung des Friedens zu Welau und Oliva an", denn Pufendorfs Darstellung reiche dazu nicht aus.[79] Es handelt sich dabei durchaus um Forschung, gewiss noch in vorkritischer, also in vorrankischer Methode. Aber das Produkt ließ und lässt sich sehen, eine *Geschichte der Erwerbung der Königlichen Würde von*

78 Heute: GStA PK, I. HA, Rep. 132, dazu nur: Jürgen Kloosterhuis (Hg.), Tektonik des Geheimen Staatsarchivs Preußischer Kulturbesitz (= Veröffentlichungen aus den Archiven Preußischer Kulturbesitz. Arbeitsberichte, Bd. 12), Berlin 2011, S. 29 (V2 94).

79 Zur Arbeit(sweise) Cuhns siehe GStA PK, I. HA, Rep. 132, Bd. 22a, mit den Stücken von 1794, aus denen hervorgeht, was Cuhn über die Dignitätsakten hinaus herangezogen hat (u. a. „Zwanziger Incrementa"); in dieser Akte Cuhns Schilderung seiner Methode vom 10. September 1794; das Zitat: Brief Cuhns (an den Archivar Klaproth) 7. Dezember 1794; Wehlau und Oliva: z. B. Neugebauer, Brandenburg-Preußen (Anm. 43), S. 185, S. 219 (Lit.).

Preußen nach Acten und Urkunden entworfen von Ernst Wilhelm Cuhn Königlich Preußischer Kriegsrath, Historiograph in dem Departement der auswärtigen Geschäfte, und Mitglied der Königlichen Academie der Wissenschaften.[80] Die Urschrift umfasst in Lagen 823 Seiten und stellt auch nach heutigen Maßstäben eine erstaunliche Leistung dar, lesenswert immer noch nach der Archivforschung von zwei Jahrhunderten. Die innere Struktur Preußens, ein Aggregat von Provinzen, wird geschildert und ein halbes Jahrhundert (europäisch-)preußischer Politik nach dem Westfälischen Frieden. Das die neueste Geschichtsschreibung so sehr faszinierende kulturgeschichtliche Moment, nicht nur des Staatsrechts, sondern vor allem das „neue Staats Ceremoniell", hat schon Ernst Wilhelm Cuhn in seiner Bedeutung erkannt und in die Analyse einbezogen, den Zusammenhang von „Rang, Etiketten und Ceremoniell" geschildert, nicht als äußerliche Form, sondern als Substanz von Politik selbst. „Ueber die Form des Einzuges, die Arth des Empfanges, die Rückgabe [!] des Besuchs, die Oberhand, die Gleichhaltung des ersten und zweyten Gesandten", von den Konflikten über derartige Praktiken hat Cuhns Darstellung anhand der preußischen Aktenüberlieferung eingehend gehandelt, ferner vom Ranggefüge der Könige unter sich, von ihrem Verhältnis zu den Kurfürsten und von anderem mehr. Er beschrieb, wie schon der Große Kurfürst nach Erlangung der preußischen Souveränität die Gleichstellung seiner

80 GStA PK, I.HA, Rep. 132, Bd. 22b, eigenhändiges Konzept.; zum Folgenden das Ms: GStA PK, I. HA, Rep. 94 III, Jb. 3.; vgl. Buchblock Nr. Jb 3a, mit einem Manuskript von 320 Seiten.

Gesandten mit denen der Könige zum zentralen Anliegen seiner Politik machte und machen musste, auf dem heiklen Feld streitiger Zeremonialkämpfe. England z. B. wollte von Kurbrandenburg keine „Ambassadeurs sondern nur Envoyes anerkennen", mit Folgen für die politische Qualität des entstehenden brandenburg-preußischen Staats. Der Kampf um die Gleichstellung in Bezug auf England, Spanien, Schweden und Frankreich war nicht äußerlicher Schein, es handelte sich um zentrale Probleme der hohen Politik. Aber alles Erreichte stand noch auf unsicherem Boden. „So weit war also das Churbrandenburgische Haus vorgerückt, als der Congres zu Ryswyck [1697] wieder alles zerstörte."[81] Und überhaupt: „Die ewigen Streitigkeiten hinderten die Gesandten des Churfürsten in dem Fortgange und Betreibung ihrer Aufträge". Das waren Bedingungen und Motive der Kronpolitik, die nun – über die Methode Pufendorfs hinausführend – aus der Perspektive der Akteure, z. B. eines Eberhard von Danckelman, Paul von Fuchs und dann Rüdiger von Ilgens, quellennah geschildert wurden. Schließlich behandelt Cuhn den Kampf um die Anerkennung der neuen Krone durch das Reich und die europäischen Mächte, namentlich durch England, die Niederlande, Frankreich, Spanien und Portugal sowie die italienische Staatenwelt, schließlich das Verhalten Polens, Russlands, Dänemarks und Schwedens, nicht ohne die hohen Kosten der Kronpolitik darzulegen.

81 GStA PK, I. HA, Rep. 94, IV Jb 3a, Bl. 6, zum Folgenden Bl. 8ff, zuletzt Bl. 320v.

Gleichwohl ist Cuhn als Historiograph bald nach dem Herrscherwechsel und dem Regierungsantritt des sparsamen Friedrich Wilhelm III. mit Kabinettsdekret vom 4. August 1798 wieder entlassen worden, denn wenn im preußischen Außenamt zu sparen war, so gehörte der Historiograph ganz gewiss zu denen, die es traf. Der neue König fand diese Funktion, wie er im September offenherzig schrieb, „ganz überflüssig",[82] seine Weiterbeschäftigung „unnötig", weshalb er ihn, unter Belassung einer kleinen Pension von jährlich 300 Talern, aus dem Amt entließ. So blieb noch die Möglichkeit, ihn mit Nachbesserungen an seiner Krönungsgeschichte zu beauftragen, einer Arbeit, die er durchaus zur Zufriedenheit des Kabinettsministeriums erledigte. Jahrelang schwebten dann Überlegungen und Korrespondenzen zur Bitte Cuhns, die Krönungsgeschichte publizieren zu dürfen, aber der damalige starke Mann des Außenamts, Hardenberg, war strikt dagegen.[83] Der vom König denn doch genehmigte Weg, das Werk gegebenenfalls nach gründlicher Durchsicht und Zensur seitens des Auswärtigen Departements herauszubringen, führte zu keinem Resultat. Cuhn hatte sich zwar im November 1805 bereit erklärt, auf allzu plastische „Charakterzeichnungen damaliger Hauptpersonen, die dama-

82 Abschrift des Kabinettsdekrets vom 4. August 1798: GStA PK, I. HA, Rep. 9, K Lit. f. Fasc. 12, und das Dekret an Cuhn vom 4. September 1798: GStA PK, I. HA, Rep. 9, L 4a, Fasc. 20.

83 Immediatbericht Hardenbergs vom 25. Februar 1805 und Kabinettsorder vom 3. März 1805, mit der Cuhn zur Anerkennung einmalig 100 Friedrichsdor extra bewilligt wurden: GStA PK, I. HA, Rep. 9, K Lit. f., Nr. 12, diese Akte weiter bis 1809, Cuhn Änderungsvorschläge dort (28. November 1805); Todesnachricht Cuhns: Berlinische Nachrichten von Staats- und gelehrten Sachen, Nr. 70, 13. Juni 1809.

ligen Verhältnisse des hiesigen Hofs, und seine[r] bei der KronErwerbung angewendeten Mittel" zu verzichten und betreffende Passagen zu reinigen, vor allem da, wo dies „in einem jetzt noch anstößigen Lichte" erscheine. Sei es, dass das auswärtige Departement zum Jahreswechsel 1805/06 Wichtigeres zu tun hatte, als sich durch Cuhns Folianten durchzuarbeiten, sei es, dass die Bereitschaft dazu auch nach königlicher Ordre nicht wirklich ausgeprägt war: Es blieb bei Vorbereitungen zur Drucklegung, ohne dass es vor Jena und Auerstedt dazu gekommen wäre. Im Jahre 1808 wurde das Manuskript an das Archiv geschickt, das Ministerium befand sich zu dieser Zeit gar nicht in Berlin, die Arbeiten am Manuskript wurden bis zur Rückkehr nach Berlin sistiert, und Cuhn starb 1809.[84] Das – eigentlich staunenswerte – Werk gelangte also dahin, wo schon mancherlei Historiographenprodukte aus Brandenburg-Preußen in vergangenen Jahrhunderten abgelegt worden waren. Spätere Staatshistoriographen Preußens und Brandenburgs haben von diesem Werk sehr wohl Notiz genommen, darunter wohl auch Leopold Ranke, der bei seinen Vorlesungen der frühen Jahre, d. h. bevor er selbst an die preußische Geschichte ging, Synthesen wie die des

84 Wie Anm. 83. Cuhn arbeitete seit 1801 an einer Geschichte des Großen Kurfürsten; siehe das ungedruckte Fragment: GStA PK, I. HA, Rep. 94 IV Ha, Nr. 3.

Historiographen Cuhn schätzte. Jedenfalls weisen Gerüchte aus den 1840er-Jahren in diese Richtung.[85]

Und doch darf man fragen, ob eigentlich schon mit Cuhn die junge Tradition preußischer Historiographen wieder aufgenommen worden ist. Fast gleichzeitig mit Cuhn bat der Professor am Berliner Französischen Gymnasium, Johann Peter Erman, mit Verweis auf Vorgänger des 17. Jahrhunderts, namentlich Rocolles und Teissier, um den, wie er schrieb, ehrenvollen Historiographentitel, und tatsächlich wurde er 1792 zum (zweiten) Historiographen bestellt. Zahlungen hatte die Akademie der Wissenschaften zu leisten. Erman war es ganz um den Titel zu tun, ohne Zugang zum Archiv zu erstreben und zu erhalten.[86] Die Geschichte der brandenburg-preußischen Hugenotten stand im Zentrum des Schaffens dieses „His-

85 Vgl. den Vermerk des „brandenburgischen" Historiographen Johann David Erdmann Preuß, Berlin, 6. Mai 1843: „Als ich heute im Archive arbeitete, schickte der Herr" Archivar „v. Raumer, Cuhn Geschichte der Erwerbung der Königl. Würde von Preussen" zurück. Herr [Staatsarchivar] Klaatsch zeigte mir das sauber, splende und sehr leserlich geschriebene fleißige Manuskript – einen starken Folioband, gebunden." Dabei bemerkten die Archivare: „Herr Prof. Ranke habe zu seiner akademischen Vorlesung über eben diesen Gegenstand keine Archiv-Akten gehabt und nicht gesucht. Das habe [Hausminister] Fürst Wittgenstein auch dem Könige gesagt, als ruchbar geworden, daß SE. Maj. HE Ranke in d. Akademie gefragt, ob er die eigenhändige Instruction Fr III. gesehen? In Folge dieser Frage ist HE Ranke ins Archiv gekommen und hat sich diese Königl. Instruction zeigen lassen. Ob er HE v. Raumer dem Prof. Ranke die Cuhnsche Geschichte mitgeteilt", konnten die Archivare „nicht sagen", GStA PK, VI. HA, NL Preuß Nr. 5a.

86 Die Akte des Königlichen Kabinetts: GStA PK, I. HA, Rep. 96, 239 D, mit diversen Stücken von 1792; Abschrift von Ermans Supplik vom 22. März 1792: GStA PK, I. HA, Rep. 9, K Lit. f., Fasc. 13, und VI. HA, NL Preuß Nr. 5a. Viviane Rosen-Prest, L'Historiographie des Huguenots en Prusse au temps des Lumières. Entre mémoire, histoire et légende: J. P. Erman et P. C. F. Reclam, Mémoires pour servir à l'histoire des Réfugiés françois dans les Etats du Roi (1782-1799), Paris 2002, S. 89 ; S. H. Catel, Johann Peter Erman. Eine biographische Skizze, bei Gelegenheit seines am 9ten December gefeyerten Amtsjubiläums, Berlin 1804, seine Arbeiten: S. 12f, S. 18, S. 23f, S. 26f (Sophie Charlotte und andere Arbeiten zur Geschichte der Hohenzollern).

toriographe du Brandenbourg", wie sein Titel lautete. Der Minister Graf Hertzberg wies ausdrücklich darauf hin, dass dabei „nicht von Bestallung eines neuen wirklichen Historiographen mit Zutritt zu den Archiven, sondern blos von einem litterarischen Titel die Rede" sei.[87]

Noch zu Ermans Lebzeiten wurde 1803 mit Frédéric Ancillon – zunächst Theologe und Lehrer des späteren Friedrich Wilhelm IV. und schließlich noch Staatsminister – ein weiterer Historiographe du Brandenbourg aus hugenottischem Hause ernannt, diesmal sogar mit dem Recht der Archivbenutzung unter Aufsicht des Kabinettsministeriums. Er hat Zeit seines Lebens eine umfangreiche politische und, wie er es nannte, philosophische Publizistik betrieben, aber ohne erkennbaren Bezug zu seiner Historiographenfunktion – und ohne Produkte auf dem Felde der brandenburgischen Geschichte.[88] Es fällt übrigens auf, dass sowohl Erman als auch Ancillon in den preußischen Staatshandbüchern von 1805 bzw. 1806 stets

87 Kommunikat des Ministers Hertzberg an das Departement der auswärtigen Angelegenheiten, Berlin 27. März 1792; ferner Abschrift einer Kabinettsordre, Potsdam, 25. März 1792, in der Akte wie Anm. 88.

88 GStA PK, I. HA, Rep. 9, K Lit. f. Fasc. 13, und Fasc. 16; ferner das Material a.a.O. VI. HA, NL Preuß Nr. 5a; vgl. aus der Lit. z. B.: Leopold von Ranke, Friedrich Wilhelm IV. König von Preußen, zuerst 1878, wieder in: ders., Abhandlungen und Versuche. Neue Sammlung, Leipzig 1888, S. 403–474, hier S. 414, auch zu seinen „nicht tiefe(n)", aber großen historischen Kenntnissen; Paul Haake, Johann Peter Friedrich Ancillon und Kronprinz Friedrich Wilhelm IV. von Preußen (= Historische Bibliothek, Bd. 42), München / Berlin 1920, S. 9-11, zu seinem „Tableau des révolutions du système politique de l'Europe depuis le XV siècle" von 1803/05; später insbes. Friedrich Ancillon, Zur Vermittlung der Extreme in den Meinungen, Berlin 1828/1831, bes. Tl. 1: „Geschichte und Politik" (ohne Bezug zu seiner Historiographenqualität); Otto Tschirch, Geschichte der öffentlichen Meinung in Preußen vom Baseler Frieden bis zum Zusammenbruch des Staates (1795–1806), Bd. 2, Weimar 1934, bes. S. 161f.

ohne ihren Historiographentitel aufgeführt wurden.[89] Gleichwohl erhielt Ancillon für seine Historiographenstellung zusätzlich 200 Taler im Jahr. An seiner sehr allgemeinen, aber weder spezifisch brandenburgischen noch preußischen Geschichtsproduktion sollte sich auch in Zukunft nichts ändern, und das obwohl per Erlass des Innenministeriums im Jahre 1811 daran erinnert wurde, dass Ancillon von „Sr. Königl. Majestät vor etwa fünf Jahren [...] theils als Beweis Höchstdero Zufriedenheit mit seinen historischen Schriften, theils um ihn zur Bearbeitung der vaterländischen Geschichte aufzumuntern, zum Historiographen von Brandenburg ernannt“ worden war.[90]

Es kann geradezu als Signum der Historiographen in diesen Jahrzehnten angesehen werden, dass sie sich mit vielerlei Themen der allgemeinen Geschichte befassten, aber ganz zuletzt nur mit Problemen der Historie Preußens. Johannes von Müller, der mit seiner *Schweizergeschichte* Aufsehen erregte, wurde als historiographische Zelebrität 1804 nach Preußen gezogen, schon ein Beispiel für eine neue wissenschaftliche Schwerpunktbildung in Berlin in der langen Vorgeschichte der späteren Universitätsgründung. Müller wurde „Historiograph des Hauses

89 Handbuch über den Königlich Preußischen Hof und Staat für das Jahr 1805, Berlin o. J., die Stellen im Register S. 491, S. 504; ibid. Jg. 1806, S. 463, S. 477.

90 Erlass des (Sektionschefs) Schuckmann an die Generalstaatskasse vom 10. Oktober 1811, GStA PK, I. HA, Rep. 151 I C, Nr. 7117.

Brandenburg mit Geheime[m] Raths Character"[91], was auf eine thematische Nuancierung im Vergleich zu Erman und Ancillon verweisen konnte. Die Geschichte der Schweiz und sodann die Universalhistorie standen freilich auch weiterhin im Mittelpunkt der Arbeit dieses brandenburg-preußischen Historiographen, und die kleinen Texte zur Zeit Friedrichs des Großen, eine Rezension und ein Akademievortrag,[92] blieben bis 1806 das einzige, was bei Müller neben Plänen und Projekten auf Preußisches hindeutete. Im Juli 1806 bat er in einer Bittschrift an Friedrich Wilhelm III. um Quellen zu Friedrich II. aus den öffentlichen Depots,[93] und der König wies auch noch die Ministerialinstanzen an, Müller die Akten zugänglich zu machen, was freilich bei den Archivaren und in den Departements auf massive Bedenken stieß, könnten doch „Dinge" publiziert werden, die dazu nicht geeignet seien, vielmehr Schaden für den Staat heraufbeschwören würden. Die Archivare erhielten die Befugnis, zu entscheiden, was dem Historiographen Müller vorgelegt werden dürfe. Am 9. Oktober 1806, keine Woche vor Jena und Auerstedt, wurde Müller in Eid genommen, keine Geheimnisse zu publizieren, die schädlich für Staat und Königliches Haus sein könnten. Das famose Gehalt von

91 Abschrift: Kabinettsordre vom 28. Juli 1804, GStA PK, I. HA, Rep. 9 K, Lit. f., Fasc. 15 („Ich habe den berühmten Geschichtsschreiber Joh. v. Müller, nunmehrigen ordentl. Mitgliede der Academie der Wissenschaften, zum Historiographen des Hauses Brandenburg [...] ernannt"); Druck der Bestallung bei: Matthias Pape, Johannes von Müller. Seine geistige und politische Umwelt in Wien und Berlin 1763–1806, Bern / Stuttgart 1989, S. 312, mit der Verpflichtung zur Geheimhaltung der ihm mitgeteilten Papiere.

92 Mit Nachweisen: Neugebauer, Preußische Geschichte (Anm. 3), S. 131f.

93 Immediatsupplik Müllers, Berlin, 1. Juli 1806, GStA PK, I. HA, Rep. 9 K, Lit. f., Fasc, 15; aus dieser Akte auch das Folgende.

jährlich 3.000 Talern kam also mehr der Schweizer als der preußischen Geschichte zugute, und im September 1807 ließ Müller wissen, dass sein Gehalt nun eingespart werden könnte, da er außerhalb Preußens – er sprach von einem Angebot aus Württemberg – ein angenehmes Angebot erhalten habe; mit der Entscheidung des Königs aus Memel am 22. September 1807 erhielt Müller den erbetenen „Abschied".[94]

Vielleicht orientieren sich die heutigen Vorstellungen über Hofhistoriographen der früheren Zeit[95] bewusst oder unbewusst an modernen Erfahrungen politiknaher und auftragsbeflissener Dienstbarkeit historischer Produktion. Der preußischen Realität im 17., 18. und eben auch im 19. Jahrhundert werden sie, das lässt sich jetzt schon resümieren, schwerlich gerecht.

Barthold Georg Niebuhr hat brieflich gleich zu Beginn seiner großzügig honorierten Historiographenexistenz ausgesprochen, dass er gar nicht beabsichtige, sich der preußischen Geschichte zu widmen.

„Denke Dir übrigens nicht[,] dass ich den Beruf des Historiographen so gewissenhaft angenommen hätte[,] dass daraus auch nur die Absicht folge, unsere Geschichte zu schreiben. Ich nehme diesen Titel in dem indulgen-

94 Das von Müller gez. Eidesformular vom 9. Oktober 1806, ebd., und das Weitere bis 1807; als Müller von den Plänen einer Universitätsgründung hörte, versuchte er in Preußen zu bleiben.

95 Siehe oben bei Anm. 11 und – seriöser – bei Anm. 14/15.

testen Sinn, wie Robertson,[96] nachdem er die schottische Geschichte geschrieben hatte, welche ihm die Stelle verschaffte, aber nicht Frucht derselben war [...]. Ich bin mir bewußt so viel geleistet zu haben, daß ich eine Pension, trotz jemanden, verdient hätte, und daß ich sie nehmen kann, weil ein länger fortgesetztes Geschäftsleben mich um Leib und Seele bringen würde."

Niebuhr beabsichtigte, nach Jahren des dänischen und dann preußischen Staatsdienstes – und zwar im Finanzfach – zu seinem ursprünglichen Beruf, also dem Studium der Antike, zurückzukehren.[97] Das war seine Absicht, als er, im Konflikt mit Hardenberg, zur Jahresmitte 1810 aus dem Verwaltungsdienst ausschied, um sich ganz seinen Vorlesungen und seiner Römischen Geschichte zu widmen, die mit ihren ersten Teilen 1811 und 1812 erschien. Er hatte Hardenberg unter dem 12. Juni 1810 darum gebeten, die „Ernennung zum Historiographen mit meinem bisherigen, dem des verstorbenen Müller gleichen Gehalt" zu bewirken „mit der Befugnis zu Reisen ins Ausland um Bibliotheken und Archive zu benutzen, und Arbeiten auszuführen[,] welche bei dem Wert[,] den die höchste Regierung des Staats bisher auf vorzüglich wichtige wissenschaftliche Werke gelegt hat, ihr kein leerer Tand scheinen können". Die gleichzeitige

96 Vgl. nur: Eduard Fueter, Geschichte der neueren Historiographie, 3. Aufl., besorgt von Dietrich Gerhard und Paul Sattler, Zürich / Schwäbisch Hall 1985, S. 367–369, zu William Robertson.

97 Brief Niebuhrs an Graf Adam Moltke, Berlin 3. Juli 1810, in: Dietrich Gerhard / William Norvin (Hg.), Die Briefe Barthold Georg Niebuhrs, Bd. 2 (= Das Literatur Archiv, Bd. 2), Berlin 1929, S. 127f, Nr. 339.

Verwendung im diplomatischen Dienst, so wie sie später in Rom erfolgte, hielt Niebuhr sehr wohl für möglich.[98] Zwei kleine Schriften zur aktuellen Politik 1814/15[99] und die tragende Mitarbeit an einem Tageszeitungsunternehmen[100] wird man schwerlich als Erfüllung der Historiographenfunktion gelten lassen können, auch wenn er versucht hat, den König von Plänen zu überzeugen, die er im privatem Briefwechsel mit Freunden so drastisch wiederrufen hatte. Allerdings:

„Eine Arbeit über die vaterländische Geschichte konnte ich mit gutem Gewissen nicht beschleunigen: ich bereite mich zu derselben", so behauptete er 1811 gegenüber Friedrich Wilhelm III., „und ich glaube die zweckmäßigste gewählt zu haben, da es mein Vorsatz ist, sobald die dazu erforderlichen Vorarbeiten weit genug

98 Ebd., S. 116f, Nr. 333, mit der Ergänzung: „Ernennung zum Professor der Geschichte an der hiesigen Universität: allerdings ein mühsamer Beruf; aber auch dieser würde mich zu den Wissenschaften zurückführen, bei denen allein ich aufleben kann, und die ich nie hätte verlassen sollen" (12. Juni 1810); Hardenbergs Antrag vom 16. Juni 1810 für Niebuhr zur „Ernennung zum Historiographen" ebd., S. 120 Anm. 1; Erwin Nasse, Die preußische Finanz- und Ministerkrisis im Jahre 1810 und Hardenbergs Finanzplan, in: Historische Zeitschrift 26 (1871), S. 282–342, hier S. 311 mit Anm. 1, S. 314; Max Lehmann, Niebuhr's Plan einer brandenburgisch-preußischen Geschichte, in: a.a.O., 61 (1889), S. 292–295, hier S. 292f.

99 Insbesondere B. G. Niebuhr, Preußens Recht gegen den sächsischen Hof, 2. verm. Aufl. Berlin 1815, das Vorwort (S. 4) vom Dezember 1814; scharf S. 17ff.

100 Der erste Jahrgang: Der Preußische Correspondent Nr. 1–153, 2. April – 24. Dezember 1813; dazu Andrea Hofmeister-Hunger, Pressepolitik und Staatsreform. Die Institutionalisierung staatlicher Öffentlichkeitsarbeit bei Karl August von Hardenberg (1792–1822) (= Veröffentlichungen des Max-Planck-Instituts für Geschichte, Bd. 107), Göttingen 1994, S. 259–284; unverzichtbar nach wie vor Herrmann Dreyhaus, Der Preußische Correspondent von 1813/14 und der Anteil seiner Gründer Niebuhr und Schleiermacher, in: FBPG 22 (1909), S. 375–446, hier S. 381f, S. 386, S. 391–396, „Anteil Niebuhrs": S. 404–421.

gediehen sein werden, eine authentische Geschichte der innern Herstellung der damaligen brandenburgischen Staaten nach dem dreißigjährigen Kriege auszuarbeiten: ein Gegenstand von praktischer Wichtigkeit und tröstlich bei dem Anblick der jetzigen Leiden des Vaterlandes."[101]

Auch Jahre nach Niebuhrs Tod fand sich unter seinen Papieren nichts, was auf eine Ausführung dieses Vorhabens oder irgendwelche Vorarbeiten dazu hingedeutet hätte[102] und was als Gegenleistung zu seinem Historiographengehalt von 3.000 Talern p. a. anzusehen wäre.

Ein landesherrlicherseits vorgegebenes Historiographenthema[103] hatte es seit Pufendorfs Zeiten nicht mehr gegeben, und die Förderung preußischer Historiographen kam tatsächlich lange Zeit allem anderen als Themen der brandenburg-preußischen Geschichte zugute. Daran sollte sich bis in Rankes Jahre auch nichts ändern. Noch zu Niebuhrs Lebzeiten – er starb 1831 in Bonn – wurde der an der neu begründeten Berliner Universität tätige

101 Schreiben Niebuhrs an Friedrich Wilhelm III., Berlin, 1. Juli 1811, bei: Lehmann, Niebuhrs Plan (Anm. 98), S. 293f.

102 Dazu Korrespondenzen aus dem Jahre 1841 (auch mit der Familie Niebuhrs) in den Akten des Kultusministeriums: GStA PK, I. HA, Rep. 76 Vc, Sekt. 2, Tit. 23, Lit. A Nr. 16, Bd. 1, bes. Brief Dore Henslers vom 24. März 1841; siehe auch: Lehmann, Niebuhrs Plan (Anm. 98), S. 292: „Ob Niebuhr das geplante Geschichtswerk in Angriff genommen hat, steht dahin: die Bruchstücke seines Nachlasses […] enthalten nichts, was darauf Bezug hätte."

103 Im Sinne des Kriterienkatalogs für Hofhistoriographen wie oben Anm. 14/15.

Historiker Friedrich Rühs,[104] der lange im schwedisch-pommerschen Greifswald gelehrt hatte, zum Historiographen des preußischen Staats ernannt – das ist der Titel, den zweieinhalb Jahrzehnte später dann Leopold Ranke erhielt. Rühs hatte wohl im Herbst 1816 in Korrespondenz mit Staatskanzler Hardenberg gestanden und sein neuestes Produkt übersandt, ein 860-seitiges *Handbuch der Geschichte des Mittelalters.*[105] In diesem Zusammenhang hatte Rühs dem Staatskanzler seine Absicht, künftig (auch) die preußische Geschichte zu seinem Arbeitsgebiet zu machen, kundgetan. Dies geht aus Hardenbergs Antwort an Rühs hervor: „Mit vielem Interesse habe ich Ew. Wohlgeboren Werk über die Geschichte des Mittel-Alters gelesen, und danke Ihnen verbindlich für das mir unter dem 2ten d. M. übersandte Exemplar. Ihr Vorsatz, sich jetzt dem Studio der Preußischen Geschichte vorzugsweise zu widmen, hat meinen ganzen Beifall, und es wird

104 Zur Person vgl. Heinz Duchhardt, Fachhistorie und „politische" Historie: der Mediävist, Landeshistoriker, Kulturhistoriker und Publizist Friedrich Rühs, in: Paul-Joachim Heinig u. a. (Hg.), Reich, Regionen und Europa in Mittelalter und Neuzeit. Festschrift für Peter Moraw, Berlin 2000, S. 715–730, Berlin: S. 717f, S. 719: Schwerpunkt in der nordosteuropäischen Historie; Manfred Menger, Christian Friedrich Rühs – ein Wegbereiter Greifswalder Nordeuropaforschung, in: Wissenschaftliche Zeitschrift der Ernst-Moritz-Arndt-Universität Greifswald. Gesellschaftswissenschaftliche Reihe 34 (1985), Heft 3/4, S. 68–72, hier S. 69 (Schwedische Geschichte, 5 Bde. 1803–15), jeweils mit weiterer Lit.; Heinz-Otto Sieburg, Deutschland und Frankreich in der Geschichtsschreibung des neunzehnten Jahrhunderts (= Veröffentlichungen des Instituts für Europäische Geschichte Mainz, Bd. 2), Wiesbaden 1954, S. 108–111; Theodor Pyl, Rühs, Christian Friedrich, in: ADB, Bd. 29, Leipzig 1889, S. 624–626, hier S. 625.

105 Friedrich Rühs, Handbuch der Geschichte des Mittelalters, Berlin 1816, mit geradezu weltgeschichtlichem Ausgriff, z. B. S. 134–230.

mir angenehm seyn, wenn ich Gelegenheit erhalten sollte, hierbei zur Beförderung Ihrer Wünsche beizutragen."[106]

Das heißt: Die Initiative ging von dem jungen Professor Friedrich Rühs aus, er bat gleichsam um das neue Arbeitsfeld und dafür um Unterstützung. Im selben Monat, noch im Oktober 1816, hatte er sich in dieser Sache auch an Innenminister von Schuckmann gewandt und mitgeteilt, dass er „sich hauptsächlich dem Studium und der Bearbeitung der preußischen Geschichte zu widmen" gedenke. Zwar sei „im Einzelnen und in einzelnen Theilen manches für sie geschehen, doch nach dem jetzigen Standpunkt der historischen Wissenschaften" bedürfe dies „einer gänzlichen Revision".

„Ich glaube jene [seine] früheren Arbeiten namentlich die Geschichte Schwedens und das Handbuch der Geschichte des Mittelalters als Beweise anführen zu dürfen, daß ich nicht ohne Vorbereitung an ein Geschäft gehe, deßen hohe Bedeutung ich in seinem ganzen Umfange erkenne. Um mein Ziel desto vollkommener zu erreichen, wünsche ich mir ein bestimmtes Verhältniß; ich weiß (,) daß seit des seeligen Geh. Raths Erman Tode" – das war 1814 – „noch die Stelle eines Historiographen unbesetzt und ein von Ihm in dieser Eigenschaft bezogenes Gehalt von 300 Rl. in dem Fonds der wißenschaftlichen Anstal-

106 Ein echter Nachlass Rühs scheint nicht zu existieren; das Stück Hardenbergs, dat. aus Glienicke, 18. November 1816, wurde im Jahre 2007 im Autographenhandel erworben, faksimiliert mitgeteilt bei: Wolfgang Neugebauer, Traditionen und Programme. Preußische Geschichte an der Universität unter den Linden, in: ders. (Hg.), Oppenheim-Vorlesungen zur Geschichte Preußens an der Humboldt-Universität zu Berlin und der Berlin-Brandenburgischen Akademie der Wissenschaften, Berlin 2014, S. 9–26, hier S. 12f.

ten erledigt ist. Daß letzteres mir ertheilt werde, glaube ich mit desto größerer Zuversicht von Euer Exzellenz erbitten zu können, da mir ein hohes Ministerium des Innern [...] bei Gelegenheit verschiedener an mich ergangener, und ohne alle Unterhandlungen abgelehnter auswärtiger Anträge die Versicherung ertheilt hat, ‚bei einer schicklichen Gelegenheit auf die Verbeßerung meiner äußern Verhältnisse bedacht zu seyn'. Zuerst werde ich mich mit der Ausarbeitung eines Handbuchs der preußischen Geschichte beschäftigen, das zunächst als Anleitung zum Studium desselben dienen soll, wenn mir die Vorsehung lange genug das Leben erhält, würde ich in der Folge vielleicht ein ausführlicheres für das Volk bestimtes Werk etwa in der Art meiner schwedischen Geschichte hinzufügen. Unverzüglich werde ich mich mit der Anfertigung eines vollständigen kritischen Urkundenverzeichnisses über unsere gesamte Geschichte und eine kritische Literatur derselben [...] beschäftigen. Hiermit werde ich eine genaue Verzeichnung sämtlicher sich auf die preußische Geschichte beziehender Handschriften auf der Königlichen Bibliothek, so wie des Vorraths von gedruckten Sachen verbinden, um auf diese Weise die möglichste Vollständigkeit herbeizuführen."

Für dieses kompakte Forschungsprogramm erbat Rühs die Ernennung.

„Das Amt eines Historiographen würde mich auch in den Stand setzen, einen freiern Zutritt zu den Königlichen Archiven zu erhalten, wenigstens zu allen Theilen derselben, die eigentlich historisch sind: es versteht sich[,] daß ich mich feierlich verpflichten werde, ohne Genehmigung und Prüfung [ei]ner höhern Behörde nichts in den Druck zu geben, das sich auf die preußische Geschichte bezieht."[107]

In der Tat ging im Sinne Rühs' ein Immediatbericht an Friedrich Wilhelm III. Rühs habe sich für die Historiographenstelle gemeldet. Seine Schriften zur Geschichte Schwedens und des Mittelalters seien „mit Beifall aufgenommen" worden, und so wurde seine Ernennung beantragt einschließlich der „Erlaubnis[,] die Königl. Archive[,] soweit es zu seinen historischen Zwecken nützlich ist[,] zu benutzen".[108] Auch Minister Schuckmann unterstützte diesen Antrag, mit der Folge, dass der König mit Ordre vom 23. Januar 1817 den Antrag genehmigte.

Freilich deuteten die Zeichen der Zeit nicht auf Liberalisierung, und Hardenberg, der Rühs eben noch so entgegenkommend jede Unterstützung und Förderung seiner preußischen Forschungen angeboten hatte, reagierte wenige Monate später auf die entsprechende Bitte Rühs' um Quellenzugang ausgesprochen restriktiv; „im Betreff der dem Professor Rühs als Historiographen des Preußischen Staats, durch die Allerhöchste Cabinettsorder vom 23. Januar c. bewilligten Erlaubnis, aus dem Geheimen Staats-

107 Supplik von Rühs an Schuckmann, 12. (?) Oktober 1816, GStA PK, I. HA, Rep. 76 Vc, Sekt. 2, Tit. 23 Lit. A, Nr. 16, Bd. 1.

108 Konzept zum Immediatbericht vom 16. Oktober 1816, gez. Uhden, ebd.; in dieser Akte ferner Konzept zu einem Immediatbericht gez. Schuckmann, Berlin 9. Dezember 1816. Diese Akte auch zum Folgenden.

Archiv Urkunden und Akten, zu historischen Zwecken zu benutzen“, entschied er nun, „daß eine Verabfolgung aus dem Geheimen Archiv ad aedes“, d. h. in seine Wohnung, „nicht statt finden“ kann. Es wurde also die „Anordnung getroffen, daß wenn Rühs über eine oder die andere noch nicht hinlänglich aufgeklärte Thatsache eine Erläuterung aus Archivquellen wünscht, mir“, d. h. Hardenberg, „von demselben dergleichen Punkte anzuzeigen sind, worauf ich die Aufklärung aus archivischen Quellen veranlassen und das Resultat dem p. Rühs mittheilen werde“.[109]

Rühs gehörte zu jenen Gelehrten, die sich nicht schonten. In den letzten Jahren vor seinem frühen Tode 1820 legte er nur noch eine kleine programmatische, freilich bis zum heutigen Tage sehr lesenswerte und gedankenreiche Schrift vor: *Ueber das Studium der preußischen Geschichte.*[110] Aber seinen Arbeitsschwerpunkt hatte sie nie gebildet, und auch Rühs' Nachfolger, der Historiker und Bibliothekar Friedrich Wilken, besaß seinen Arbeitsschwerpunkt weit ab. Seit Jahren ließ er eine vielbändige Geschichte der Kreuzzüge erscheinen, die lebenslang im

109 Reskript Hardenbergs an Schuckmann, 2. April 1817, in der Akte wie Anm. 107; mit dem Zusatz: „Sobald künftighin das Locale erlauben wird, welches jetzt noch nicht der Fall ist, daß der p. Rühs sich auf dem Archiv in den Stunden, da es offen ist, einfinden könne, werde ich die Einleitung [!] treffen, daß demselben der Geheime Staats- und Cabinetts-Archivar über jene Punkte Nachrichten ertheile, wobey jedoch derselbe“ die „allgemein vorgeschriebenen Regeln, über Mittheilung von Nachrichten aus dem Archiv zu befolgen haben wird“.

110 Friedrich Rühs, Ueber das Studium der preußischen Geschichte. Zur Ankündigung seiner Vorlesungen über dieselbe, Berlin 1817, bes. S. 17–20 und der Entwurf S. 24-31; dazu (Gustav Adolf Harald) Stenzel, Ueber die Behandlung der Geschichte des preußischen Staates, in: Jahrbücher für Geschichte und Politik, Jg. 1837, Bd. 1, Leipzig o. J., S. 114–136, bes. S. 117–120.

Mittelpunkt seines Schaffens stand.[111] Der Professor und Oberbibliothekar Wilken war unter denen, die sich um die Nachfolge Rühs' selbst bewarben. Er wies auf seine *Studien der allgemeinen deutschen Geschichte* hin, „wozu schon früher Neigung sowohl als mein Beruf mich veranlaßte", auch auf seinen Wunsch, zu einzelnen Forschungen besonders der „älteren Geschichte des Preußischen Staats" überzugehen,[112] wovon allerdings sein Publikationsverzeichnis nichts aussagte.[113]

„Zu dieser Aufgabe", so versicherte er im Dezember 1820, „fühle ich mich gegenwärtig um so lebhafter hingezogen, als die Geschichte des Preußischen Staates nunmehr die Geschichte meines Vaterlandes ist, und zu der Bearbeitung derselben in der sehr reichhaltigen Sammlung von handschriftlichen Quellen für die Preußische Geschichte, welche sich in der Königlichen Bibliothek befindet, treffliche Hülfsmittel mir zu gebote stehen."

Sein Versprechen – die „Bearbeitung einer vollständigen und kritischen Geschichte des Preußischen Staa-

---

111 Zu ihm Adolf Stoll, Der Historiker Friedrich Wilken, in: Königliches Friedrich-Gymnasium zu Cassel. Jahresbericht über das Schuljahr 1893/94, Kassel 1894, S. 23, Akademierede über Friedrich II: Tl. 2, Kassel 1895, S. 71, Werkverzeichnis: a.a.O., Tl. 3, Kassel 1896, S. 89–93; ders., Wilken, Friedrich, in: ADB, Bd. 43, Leipzig 1898, S. 236–241, bes. S. 236f, Beiträge zur Berliner Geschichte: S. 239f; Josef Engel, Die deutschen Universitäten und die Geschichtswissenschaft, in: HZ 189 (1959), S. 223–378, hier S. 316.

112 Supplik Wilkens vom 27. Dezember 1820, GStA PK, I. HA, Rep. 76, Vc, Sek. 2, Tit. 23, Lit. A, Nr. 16, Bd. 1.

113 Vgl. Stoll, Wilken (Anm. 111), Tl. 3, S. 89–91; 1819 hatte er sich mit der Geschichte der Afghanen beschäftigt.

tes"[114] – hat er in den folgenden zwei Jahrzehnten ebenso wenig wie sein Vorgänger erfüllt. Auch in den folgenden, von mancherlei Erkrankungen geprägten Jahren, blieb die Geschichte der Kreuzzüge sein zentrales Arbeitsfeld; gelegentliche Aufsätze zur Berliner Geschichte und eine *Geschichte der Königlichen Bibliothek zu Berlin*[115] waren ja nicht das, was er 1820 als sein Ziel benannt hatte, bevor er, wie es bei seiner Ernennung dann hieß, „zum Historiographen des Preußischen Staats, insbesondere der brandenburgischen Geschichte" ernannt wurde.[116] Immerhin schien er um 1820 den Intentionen seines Amtes noch besser zu entsprechen als mancher Mitbewerber. Von einem schrieb Staatskanzler Hardenberg ganz unbefangen, dass er durch die Ernennung zum preußischen Staatshistoriographen in die Lage versetzt werden sollte, als „Familien Vater" seine ökonomische Lage zu verbessern.[117]

114 Wie Anm. 112.

115 Berlin 1828, 242 Seiten.

116 Ausfertigung der Kabinettsordre vom 10. Februar 1821, GStA PK, I. HA, Rep. 76 Vc, Sekt. 2, Tit. 23, Lit. A, Nr. 16, Bd. 1.

117 Weiteres bei: Neugebauer, Preußische Geschichte (Anm. 3), S. 143 (v. Raumer).

4.
Leopold Ranke als Historiograph und die Grenzen der Wissenschaftsautonomie

Das war die Situation, als Leopold Ranke im Jahre 1841 zum Historiographen des preußischen Staates bestellt wurde, als Nachfolger von Friedrich Wilken,[118] aber ohne sich, wie dieser und seine Vorgänger, selbst darum beworben zu haben. Unter den „gediegenen Werken" Rankes, die das Kultusministerium 1841 so lobte,[119] waren bis dahin keine, die die preußische Geschichte irgend berührt hätten.

Der Vorgang von Rankes Historiographenernennung zeigt, dass die leitenden Herren des Kultusministeriums – nicht etwa Friedrich Wilhelm IV. – beabsichtigten, den seit nun gut anderthalb Jahrzehnten an der Friedrich-Wilhelms-Universität zu Berlin tätigen Gelehrten sanft auf das Arbeitsfeld der preußischen Geschichte zu leiten; für die brandenburgische Geschichte wurde damals ein eigener Historiker als Historiograph bestellt.[120]

Leopold Ranke, 1795 im sächsischen Ackerbürgerstädtchen Wiehe geboren, trat nach dem Studium an der Universität Leipzig zunächst in den Schuldienst, nun auf preußischem Boden, nämlich als Oberlehrer in Frank-

118 Stoll, Wilken (Anm. 111), Tl. 2, S. 46f.

119 Siehe oben bei Anm. 2.

120 Alles Weitere oben unter 1; Ranke neben Johann David Erdmann Preuß: Neugebauer, Staatshistoriographen (Anm. 1), S. 139–142.

furt (Oder).[121] Dort entstanden seine Erstlingswerke zur Geschichte der als Einheit interpretierten germanisch-romanischen Völker um 1500 und, als methodologische Grundlegung, seine *Kritik der neueren Geschichtsschreiber*,[122] die, wiewohl unter den Arbeitsbedingungen fernab großer Bibliotheken und gar Archive entstanden, die Aufmerksamkeit auch der Berliner Amtsträger und Eliten auf ihn lenkten. Ranke hat selbst beschrieben, wie er durch frühes Studium der althistorischen Schriften des (uns schon bekannten) Barthold Georg Niebuhr zu seiner quellenkritischen Methode geführt worden ist, d. h. zur Prüfung der Echtheit und – nach inneren Kriterien – der Glaubwürdigkeit zunächst der zeitgenössischen bzw. -nahen Geschichtsschreiber, zur Analyse des Quellenwerts und der Zuverlässigkeit der Überlieferung (erzählender Traditionsquellen), nach der erst das geleistet werden konnte, was Ranke in seiner Darstellung der Epoche von

121 Aus der quellengestützten älteren Lit.: Hermann Oncken, Aus Rankes Frühzeit. Mit Briefen Rankes an seinen Verleger Friedrich Perthes und andern unbekannten Stücken seines Briefwechsels, Gotha 1922, Erstlingswerk in der Frankfurter Zeit: S. 18f (insbesondere zur Quellenfrage); (Conrad) Rethwisch, Leopold von Ranke als Oberlehrer in Frankfurt a. O. (= Wissenschaftliche Beilage zum Jahresbericht des Königl. Kaiserin-Augusta-Gymnasiums zu Charlottenburg, Ostern 1908), Berlin 1908, S. 11–48; Justus Hashagen, Rankes Hinwendung zu Preußen, in: FBPG 48 (1936), S. 391–395, hier S. 391f.

122 Die Vorrede aus dem Oktober 1824, Leopold (von) Ranke, Geschichte der romanischen und germanischen Völker von 1494 bis 1515, 3. Aufl. (= Sämmtliche Werke, Bd. 33/34), Berlin 1885, S. V–VIII („Einheit Europas", S. V); Leopold Ranke, Zur Kritik neuerer Geschichtsschreiber. Eine Beilage zu desselben romanischen und germanischen Geschichten, Leipzig / Berlin 1824, methodisch etwa S. 18f.

1500 als Weltgeschichte schreiben wollte.[123] Dieses Erbe Niebuhrs, nun transponiert in die neuere Geschichte, war die Grundlage für Rankes Objektivitätspostulat.

„Man hat der Historie", so schreibt er schon 1824, „das Amt, die Vergangenheit zu richten, die Mitwelt zum Nutzen zukünftiger Jahre zu belehren, beigemessen: so hoher Aemter unterwindet sich gegenwärtiger Versuch nicht: er will blos zeigen, wie es eigentlich gewesen."[124]

Bekanntlich war sich Ranke der Grenzen dieses Ideals hinsichtlich seiner Realisierbarkeit sehr wohl bewusst. Er setzte später den Wunsch, die Subjektivität, die Standortgebundenheit des Historikers zu minimieren, in einen bezeichnenden Konjunktiv.

„Ich wünschte mein Selbst gleichsam auszulöschen, und nur die Dinge reden, die mächtigen Kräfte erscheinen zu lassen, die im Laufe der Jahrhunderte mit und durch einander entsprungen und erstarkt, nunmehr gegen einander aufstanden und in einen Kampf geriethen, der, indem

123 Leopold von Ranke, Zur eigenen Lebensgeschichte, hg. von Alfred Dove (= Sämmtliche Werke, Bd. 53/54), Leipzig 1890, S. 47, S. 62; Rethwisch, Ranke als Oberlehrer (Anm. 121), S. 5, „Weltgeschichte": S. 18 f; Max Lenz, Leopold von Ranke, zuerst 1885, wieder in: ders., Kleine historische Schriften, München / Berlin 1910, S. 1–13, hier S. 5f; zu den theologischen Grundlagen Rankes Carl Hinrichs, Leopold von Ranke, zuerst 1956, wieder in: ders., Preußen als historisches Problem. Gesammelte Abhandlungen, hg. von Gerhard Oestreich (= Veröffentlichungen der Historischen Kommission zu Berlin beim Friedrich-Meinecke-Institut der Freien Universität Berlin, Bd. 10), Berlin 1964, S. 319–341, hier S. 327–329; Vorgängerschaft Niebuhrs: Theodor Schieder, Das historische Weltbild Leopold von Rankes, zuerst 1950, wieder in: ders., Begegnungen mit der Geschichte, Göttingen 1962, S. 105–128, hier S. 107, S. 109.

124 Ranke, Romanische und germanische Völker (Anm. 122), S. VII.

er sich in blutigen und schrecklichen [...] Schlägen entlud, zugleich für die wichtigsten Fragen der europäischen Welt eine Entscheidung in sich trug."[125]

Es war das Zusammenspiel von individuellem politischen Ereignis und allgemeinen Tendenzen, der „Zusammenstoß des Allgemeinen und des Besonderen",[126] was Ranke lebenslang faszinierte. Gerade dieser Blick auf die „universale Verflechtung"[127] der nationalen Historien war ein Indiz für die gewünschte weite Perspektive auch bei der Rekonstruktion singulär-individueller Ereignisse.

Mitte der 1820er-Jahre legte der Oberlehrer Leopold Ranke gleichzeitig also zwei bemerkenswerte Bücher vor. Er besaß zu dieser Zeit einflussreiche Gönner in mehreren Zentralinstanzen, Männer der Reformfraktion unter dem Beamtentum und solche streng konservativer Observanz.[128] Ranke hatte sofort nach Escheinen seiner

125 Leopold von Ranke, Englische Geschichte vornehmlich im siebzehnten Jahrhundert, Bd. 1, 3. Aufl. (= Sämmtliche Werke. Zweite Gesamtausgabe, Bd. 14), Leipzig 1870/75, S. 103; aus der Lit.: Rudolf Vierhaus, Rankes Begriff der historischen Objektivität, in: Reinhart Koselleck / Wolfgang J. Mommsen (Hg.), Objektivität und Parteilichkeit in der Geschichtswissenschaft (= Beiträge zur Historik, Bd. 1), München 1977, S. 63–76, hier S. 67, S. 69, S. 75.

126 Ranke, Englische Geschichte, Bd. 1 (Anm. 125), S. X.

127 Vgl. so Paul Joachimsen, Einleitung des Herausgebers, in: Leopold von Ranke, Deutsche Geschichte im Zeitalter der Reformation, Bd. 1 (= Gesamtausgabe der Deutschen Akademie), München 1925, S. V-CXVII, hier S. LXV.

128 Fuchs, Einleitung, in: ders. (Hg.), Ranke Briefwerk (Anm. 6), S. XLVI (Kamptz, J. Schulze); Varrentrapp, Johannes Schulze (Anm. 1), S. 457; Max Lenz, Geschichte der Königlichen Friedrich-Wilhelms-Universität zu Berlin, Bd. 2, 1. Hälfte, Halle a. S. 1910, S. 255–258 (Berufung Rankes), vgl. Wolfgang Hardtwig, Neuzeithistorie in Berlin 1810–1918,in: Heinz-Elmar Tenorth (Hg.), Geschichte der Universität Unter den Linden 1810–2010, Bd. 4, Berlin 2010, S. 291–315, hier S. 297–299; Helmolt, Ranke (Anm. 7), S. 28, S. 169 Anm. 43; Förderung durch Ancillon: Georg Kaufmann, Ranke und die Beurteilung Friedrich Wilhelms IV., in: HZ 88 (1902), S. 436–473, hier S. 448.

Erstlingsschriften Exemplare nach Berlin versandt, auch an Kultusminister Altenstein.[129] Der ließ begutachten, und zwar mit positiver Tendenz. In Berlin bestand, zumal an der Universität, deshalb personeller Bedarf, weil Wilkens labile Gesundheit eine Verstärkung in der Philosophischen Fakultät verlangte. Im Ministerium war die Stimme von Johannes Schulze entscheidend; auch an ihn hatte Ranke seine Bücher gesandt. Und so wurde Ranke im März 1825 zum außerordentlichen Professor für das Fach Geschichte ernannt.[130] Gerade die kleine Beigabe zur *Kritik neuerer Geschichtsschreiber*, d. h. die Methode kritischer Quellenprüfung, wurde als Argument für Rankes Bestellung hervorgehoben.

Politisch hatte es keine Beanstandungen gegeben, wiewohl schon in diesen Jahren darauf gesehen wurde, dass „polizeilich" – d. h. auch gesinnungspolizeilich[131] – nichts zu monieren war. Leopold Ranke ließ auch fortan keinen Zweifel aufkommen, dass er auf dem Boden der bestehenden Ordnung stand, insbesondere derjenigen der

129 Dazu die Akten vom Jahreswechsel 1824/25: GStA PK, I. HA, Rep. 76 Vf, Lit. R, Nr. 10, Bd. 1; Rethwisch, Oberlehrer (Anm. 121), S. 48f.; C(onrad) Varrentrapp, Briefe an Ranke von älteren und gleichaltrigen deutschen und französischen Historikern, in: HZ 105 (1910), S. 105–131, hier S. 113f.

130 Hintergründe 1823/24: GStA PK, I. HA, Rep. 76 Va, Sekt. 2, Tit. IV, Nr. 5, Bd. 10, und Bd. 11, aus dem die entscheidende Rolle Johannes Schulzes hervorgeht; hier auch die Bestallung Rankes vom 31. März 1825 „im Extract" (Zitat); und Altensteins Erlass an Ranke vom 25. März 1825: GStA PK, I. HA, Rep. 76 Vf, Lit. R, Nr. 10, Bd. 1; Rankes Dank an das Ministerium: Bernhard Hoeft / Hans Herzfeld (Hg.), Leopold von Ranke. Neue Briefe, Hamburg 1949, S. 63f.

131 Das zeigen die Berufungsakten gerade dieser Jahre sehr deutlich, vgl. die in Anm. 131 zitierten Konvolute.

ersten Hälfte des 19. Jahrhunderts.[132] Nach 1848 wuchs seine Distanz zur Politik seiner Epoche, zeitweilig hat er, wie aus seiner Familie bezeugt ist, für die Kreuzzeitung geschrieben,[133] und zur Politik Bismarcks blieb Rankes Distanz sehr viel größer, als die ältere Ranke-Forschung annehmen wollte.[134] Die Restaurationspolitik Otto von Manteuffels, Ministerpräsident nach der Revolution, war ihm sehr viel näher. Rankes Ablehnung des Nationalismus machte ihn schon in seinen mittleren Jahren unmodern; „bei der Masse der Studenten war er nicht beliebt", da er ihnen – dies war erkennbar – in politischer Beziehung nicht fortschrittlich-liberal genug war. [135] Rankes Bekanntenkreis, um nicht von Freundeskreis zu sprechen, veränderte sich entsprechend schon in Vormärzzeiten; seine Abwendung vom Liberalismus, so wurde es beschrieben, wurde mit gesellschaftlichen Distanzierungen beantwortet, während im späteren Verlauf persönliche Verbindun-

132 Vgl. generell Hans Herzfeld, Politik und Geschichte bei Leopold von Ranke im Zeitraum von 1848–1871, zuerst 1950, wieder in: ders., Ausgewählte Aufsätze, Berlin 1962, S. 3–25, hier S. 18 ff; Rudolf Vierhaus, Die Idee der Kontinuität im historiographischen Werk Leopold von Rankes, zuerst 1988, wieder in: ders., Vergangenheit als Geschichte. Studien zum 19. und 20. Jahrhundert, hg. von Hans Erich Bödeker (= Veröffentlichungen des Max-Planck-Instituts für Geschichte, Bd. 183), Göttingen 2003, S. 337–345, hier S. 338, S. 340 (Ablehnung des Fortschrittsbegriffs); nützlich: Kurt von Raumer, Ranke als Spiegel der Geschichtsschreibung im 19. Jahrhundert, in: Die Welt als Geschichte 12 (1952), S. 242–258, hier S. 258; Helmut Berding, Leopold von Ranke, in: Hans-Ulrich Wehler (Hg.), Deutsche Historiker, Bd. 1, Göttingen 1971, S. 7–24, hier S. 17–19.

133 So Friduhelm von Ranke, Aus dem Leben Leopold von Rankes, in: Deutsche Revue 28 (1903), S. 6–17, S. 188–202, hier S. 199.

134 Siehe schon Wilhelm Mommsen, Stein – Ranke – Bismarck. Ein Beitrag zur politischen und sozialen Bewegung des 19. Jahrhunderts, München 1954, S. 81f, S. 160, S. 166f, S. 169; Stephan Skalweit, Ranke und Bismarck, in: HZ 176 (1953), S. 277–290, hier S. 279f, S. 286; Juhnke, Ranke (Anm. 5), S. 156; Jürgen Elvert, Der Historiograph des preußischen Staats als Geschichtsschreiber Europas?, in: Historische Mitteilungen 27 (2015), S. 139–145, hier S. 141.

135 Ranke, Leben (Anm. 133), S. 15.

gen geknüpft wurden, die Rankes Beziehungen zum Hof stabilisierten.[136] Die Freundschaft zum hochkonservativen General Edwin von Manteuffel, den man sogar als Hörer in Rankes Vorlesungen sah, besaß durchaus auch eine politisch-programmatische Konnotation.[137] Diese schon vor 1848 erkennbare Position wird, wie wir sehen werden, Folgen haben für seine wissenschaftliche, gerade auch seine preußische Produktion, freilich zunächst eine durchaus hemmende.

Rankes Mentor im Ministerium, Johannes Schulze, hat schon bald nach der Berufung des Frankfurter Oberlehrers auf die Berliner Geschichtsprofessur bekannt, dass es ihm dabei durchaus nicht allein auf eine Verstärkung der historischen Kompetenz an der Friedrich-Wilhelms-Universität angekommen war. Nach den aufsehenerregenden Publikationen des Jahres 1824 hatte man im Ministerium vielmehr ganz wesentlich die Absicht, Rankes Wunsch zu entsprechen, von der Position eines akademischen Amtes aus seine Forschungen zu fördern, „und zwar hier, wo sie die zu Ihren historischen Forschungen nöthigen litterarischen Hülfsmittel zu finden hoffen".[138] Vor allem: Ranke hatte sehr bald erkannt, dass es für sein in gewisser Hinsicht fundamentalistisches Programm, jeweils zu den gesicherten Traditionen und besten Quellen

136 Vgl. die Beobachtungen bei Gisbert Bäcker, Leopold von Ranke und seine Familie. Kulturgeschichtliches Bild aus einer deutschen Gelehrtenfamilie im 19. Jahrhundert, Phil. Diss. Bonn 1955 (masch.), S. 94–133, Zitat: S. 95.

137 Bäcker, Leopold von Ranke (Anm. 136), S. 141–153; Diether, Ranke (Anm. 5), S. 94f, S. 283f, S. 299; vgl. auch S. 297 Anm. 1.

138 Erlass an Ranke, 29. Oktober 1825 (abgez. von Schulze): GStA PK, I. HA, Rep. 76 Vf, Lit. R, Nr. 10, Bd. 1, im Konzept.

vorzudringen,[139] gelte, über die bekannten erzählenden Quellen hinaus zum ungedruckten Material vorzustoßen. Es ist ein staunenswertes Element vormärzlicher Wissenschaftsförderung, die in der mehrjährigen Beurlaubung des Extraordinarius Leopold Ranke kurz nach seiner Berufung in die Hauptstadt entgegentritt: eine dadurch erst ermöglichte Archivreise von Ende 1827 bis Anfang 1831, die ihn fernab von Preußen nach Wien und nach Italien führte – Voraussetzung für die südeuropäische Produktion Rankes in den 1830er-Jahren. Finanzielle Sonderzuweisungen an den jungen Gelehrten, u. a. solche aus dem königlichen Dispositionsfonds, ermöglichten ihm nicht nur seine Archiv- und Bibliothekskampagnen, sondern auch mancherlei Manuskripterwerbungen, die seiner lebenslangen Produktion die Grundlage lieferten.[140] Auch in späteren Jahren ist Ranke wiederholt Urlaub für seine Archivreisen ins Ausland bewilligt worden, so 1857 und erneut 1865 für Forschungen in englischen Archiven.[141]

Vielleicht war es für Leopold Ranke zunächst leichter, außerhalb Preußens Archivzugang zu finden als innerhalb

139 Im Sinne von J. G. A. Pocock, The Origins of Study of the Past: A Comparative Approach, in: Comparative Studies in Society and History 4 (1961/62), S. 209–246, hier S. 243: „there is a fundamentalist movement for return to the original Source of a tradition".

140 Statt der Lit. die einschlägigen Aktenstücke, beginnend mit Rankes Urlaubsgesuch vom 23. Oktober 1827: GStA PK, I. HA, Rep. 76 Vf, Lit. R, Nr. 10 Bd. 1, hier auch zu Sonderzahlungen an Ranke; Fuchs, Ranke Briefwerk (Anm. 6), S. 114–234; vgl. noch Eduard Muir, The Leopold von Ranke Manuscript Collection of Syracuse University, Syracuse / New York 1983, etwa S. XIII.; Leopold von Ranke, Die römischen Päpste, ihre Kirche und ihr Staat im sechzehnten und siebzehnten Jahrhundert, Bd. 1–3 (= Fürsten und Völker von Süd-Europa, Bd. 3–4), Berlin 1834–1836, zu den Wiener und italienischen Quellen (bes. Venedig) S. VI–XIV.

141 Immediatbericht Rankes und Kabinettsordre im GStA PK, I. HA, Rep. 76 Vf, Lit. R, Nr. 10, Bd. 1; dazu Henz, Ranke (Anm. 4), Bd. 2, S. 68f.

der Monarchie.[142] Nichts deutet darauf hin, dass König, Hof oder Kultusverwaltung etwa daran Anstoß genommen hätten, dass sich der immer besser bezahlte Berliner Professor mit der Geschichte der Osmanen, Spaniens und dann – dreibändig – mit der Historie von Päpsten und Kirchenstaat im 16. und 17. Jahrhundert beschäftigte und nicht etwa mit derjenigen Brandenburgs oder Preußens. In den 1820er-Jahren hatte Ranke für seine Forschungen zum 16. Jahrhundert vergeblich um Zugang zum Geheimen Staatsarchiv ersucht; später, für seine deutsche Reformationsgeschichte, ist ihm die Benutzung dieser Bestände gestattet worden.[143]

Ihn interessierten in alledem die „großen Weltverhältnisse",[144] und nur in diesen, und zunächst ganz am Rande, dann auch Preußen, freilich mit ganz eigentümlicher und damals alles andere als beifallsheischender Wendung. Denn Ranke stellte Preußen in seinem programmatisch kurzen Fragment *Die großen Mächte*, das zuerst 1833 in

142 Vgl. die Stücke aus 1824 und – schon nach seiner Berufung – 1825, jetzt bei: Leopold von Ranke, Briefwechsel. Historisch-kritische Ausgabe, Bd. 1, 1810–1825, neu bearb. von Dietmar Grypa, Berlin / Boston 2016, S. 708f, Nr. 246, und dann (18. April 1825) S. 791f, Nr. 275. Ranke bat um Archivzugang zur europäischen Politik Brandenburgs im 16. Jahrhundert; Herzfeld, Politik und Geschichte (Anm. 132), S. 11; ergänzend: 76 Vf, Lit. R, Nr. 10, Bd. 1 (März 1825); kein Archivzugang in Berlin 1826: Hoeft / Herzfeld, Neue Briefe (Anm. 130), S. 91f.

143 Brief Rankes vom 19. März 1837, noch zu benutzen in der Edition von Hoeft / Herzfeld, Neue Briefe (Anm. 130), S. 236; vgl. damit Ranke, Reformation (vgl. Anm. 127), Bd. 1, S. 78, S. 87 Anm. 1; vgl. zu Rankes archivischer Arbeitspraxis die nicht kritiklose Schilderung (aus eigener Anschauung) bei Ottokar Lorenz, Leopold von Ranke. Die Generationenlehre und der Geschichtsunterricht (= Die Geschichtswissenschaft in Hauptrichtungen und Aufgaben kritisch erörtert, Tl. 2), Berlin 1891, S. 47–49, S. 66f, S. 82, S. 122, und zu den 1870er-Jahren S. 134.

144 Statt weiterer Lit. vgl. Vierhaus, Objektivität (Anm. 125), S. 71f, mit Stellenverzeichnis (auch aus dem Hardenberg-Werk).

der von ihm besorgten, freilich nicht recht lebensfähigen Historisch-politischen Zeitschrift[145] erschienen ist, als eine der „Großen Mächte" vor, die sich vor der Französischen Revolution gebildet hatten, ein historisches Individuum mit eigentümlicher Entwicklung und mit spezifischem Charakter, „deutsch-protestantisch", neben Österreich mit seiner „katholisch-deutschen" Prägung.[146] Mitnichten wurde also Preußen ein Monopol auf das Deutsche zugesprochen; England wurde von Ranke als „germanisch-maritim" charakterisiert. Den „Schutz der politischen Unabhängigkeit von Deutschland" sah er in einer „freien und fest begründeten Vereinigung" von Österreich und Preußen gesichert,[147] was mit der politischen Realität der Gegenwart, derjenigen des Deutschen Bundes, gut vereinbar war, aber nationalliberalen Wünschen nach kleindeutsch-preußischer Führung in einem Nationalstaat ohne Österreich widersprach.[148] Preußen war also nicht schlechthin ein deutsches Phänomen;

145 Vgl. dazu: Siegfried Baur, Versuch über die Historik des jungen Ranke (= Historische Forschungen, Bd. 62), Berlin 1998, S. 125–127, S. 153 („Die großen Mächte"); ders., Die Freiräume der Historie. Anmerkungen zu Aufstieg und Fall der Historisch-politischen Zeitschrift Rankes, in: Ulrich Muhlack (Hg.), Historisierung und gesellschaftlicher Wandel in Deutschland im 19. Jahrhundert (= Wissenskultur und gesellschaftlicher Wandel, Bd. 5), Berlin 2003, S. 61–85, hier S. 71–78, S. 84; Helmolt, Ranke (Anm. 7), S. 68–75.

146 Leopold (von) Ranke, Die großen Mächte (Fragment), zuerst 1833, wieder in: ders., Abhandlungen und Versuche. Erste Sammlung (= Sämmtliche Werke, Bd. 24), Leipzig 1877, S. 3–40, hier S. 20–29, bes. S. 28.

147 A.a.O., S. 26; vgl. grundsätzlich: Georg Küntzel, Einleitung des Herausgebers, in: Leopold von Ranke, Zwölf Bücher preußischer Geschichte, hg. von Georg Küntzel, Bd. 1 (= Gesamt-Ausgabe der Deutschen Akademie), München 1930, S. V–CLII, hier S. LXIX.

148 Zum Aufkommen dieses Programms, ganz wesentlich von außerhalb Preußen, vgl. in Kürze: Wolfgang Neugebauer, Die Fiktion des Einheitsstaates. Zur historischen Argumentation in der Reichsgründungszeit, erscheint in einem Konferenzband des Instituts für Zeitgeschichte: 150 Jahre Nationalstaat und Föderalismus in Deutschland (1871–2021).

wichtiger war seine europäische Stellung und Qualität, an der Ranke lebenslang festgehalten hat,[149] sodass auch in seinen preußischen Werken die Kategorie des Nationalen – für seine Jahrzehnte untypisch und unpopulär zugleich – in den Hintergrund trat.

Damit hatte Ranke ein Programm skizziert, aber seine Forschungsinteressen blieben doch andere. Denn nach der Darstellung von Papsttum und Kirchenstaat widmete er sich nach Archivforschungen in Frankfurt am Main 1836 seiner mehrbändigen *Deutschen Geschichte im Zeitalter der Reformation*,[150] die seit 1839 erschien und für die auch die Aktenbestände in Weimar und in Dresden die Grundlage boten.

Das also war die Situation, in der Ranke – wir wissen es schon[151] – zum Historiographen des Preußischen Staats ernannt wurde, um ihn und seine Energien, mitten in der Arbeit an ganz anderen großen Vorhaben, doch auf das Arbeitsfeld der preußischen Geschichte zu lenken, von dem er vor langen Jahren im privaten Kreise schon einmal bemerkt hatte, dass auch dies ein „großer Gegenstand" sei,[152] ohne dass es aber Konsequenzen für seine Schwerpunktsetzung erhalten hatte. Mit der Ernennung zum

149 Leopold von Ranke, Genesis des Preußischen Staates. Vier Bücher Preußischer Geschichte, Leipzig 1874, S. X; gut gesehen bei Dirk Blasius, Einleitung. Preußen in der deutschen Geschichte, in: ders. (Hg.), Preußen in der deutschen Geschichte (= Neue Wissenschaftliche Bibliothek, Bd. 111, Geschichte); Königstein/Ts. 1980, S. 9–46, hier S. 25.

150 Siehe oben Anm. 127/143; dazu Joachimsen, Einleitung (Anm. 127), S. XXXIV, S. CXIV, Quellenbasis: S. XXX, S. XXXV, S. LXVIf.

151 Siehe oben in Teil 1.

152 Brief Rankes an Varnhagen, Wien, 8. April 1828, bei Fuchs, Ranke Briefwerk (Anm. 6), S. 152: „Die Geschichte von Preußen seit dem großen Kurfürsten wäre wohl ein großer Gegenstand und vaterländisch dazu."

Staatshistoriographen war auch, so konnte er hoffen, ein privilegierter Archivzugang gegeben. Jedenfalls gehörte dieser von alters her zu den besonderen Rechten eines Historiographen.[153] So erhielt er die Möglichkeit, auch Material aus jüngeren, nachreformatorischen Epochen zu verwenden.[154] Im Frühjahr 1844 wandte sich Ranke an die Minister, die mit der Aufsicht über die preußischen Archive betraut waren:

„Gleich nachdem ich durch die Gnade Sr. Majestät des Königs zum Historiographen des Preußischen Staates ernannt worden war, beschloß ich, auch meine schwachen Kräfte so bald und so viel, als bei den sonstigen Pflichten meiner Stellung möglich, der vaterländischen Geschichte zu widmen. Auf einer Reise, die ich im vorigen Sommer nach Frankreich und England unternahm, war ich nun glücklich genug, in den dortigen Staatsarchiven, die mir mit großer Zuvorkommenheit eröffnet wurden, so reiche Materialen für eine Geschichte der" – das also war der Kern seines Interesses: – „Regierung König Friedrichs des Zweiten zu finden, daß ich wohl den Mut fassen konnte, eine solche Geschichte zu schreiben. Ich verkenne die großen Schwierigkeiten nicht, welche dieses Unternehmen hat, und weiß sehr wohl, wieviel Studien für mich noch notwendig sein werden, ehe ich an die Abfassung

153 Vgl. für die Jahre 1848/1858 die Akten in der Kultusministerialüberlieferung: GStA PK, I. HA, Rep. 76 Vc, Sekt. 2, Tit. 23, Lit. A, Nr. 16, Bd. 1; die Budgetkommission des Abgeordnetenhauses hatte sich der Frage angenommen, aus welchem Etatposten die jährlich 300 Taler fließen sollten; ebd. zum Archivprivileg; die Mittel flossen offenbar fortan aus denen des Kultusministeriums.

154 Vgl. Fiechtner, Öffnung (Anm. 62), S. 20f.

des Werkes gehen kann, allein ich bin entschlossen, diese zu machen, und eben dazu, damit dies geschehen könne, nehme ich mir die Freiheit, Ew. Durchlaucht und [...] Excellenzen um die Erlaubnis, das Königliche Geheime Staats- und Kabinettsarchiv für eine Geschichte der Regierung König Friedrichs des Zweiten, sowie seines Lebens überhaupt, zu benutzen, ganz gehorsamst zu ersuchen."

Ranke präzisierte seine Bitte, und diese erklärt auch die spätere Struktur seines Werkes.

„Zunächst geht meine Absicht nur auf die früheren Jahre, für welche ich auch allein Materialien in Paris und London zu sammeln Zeit hatte, allein ich sehe sehr wohl, wie genau alles zusammenhängt, wie das Spätere oft zur Erläuterung des Früheren dient, und ich kann den Wunsch nicht unterdrücken, mit Gottes Hilfe nach und nach die ganze große Periode zu umfassen."[155]

Der Antrag war insofern brisant, als Ranke Jahrzehnte vor der Öffnung der (preußischen) Archive für die

155 Hoeft / Herzfeld, Neue Briefe (Anm. 130), S. 308f: Ranke an die Minister Fürst Wittgenstein, Graf Stolberg-Wernigerode und Freiherrn von Bülow, Berlin, 21. Februar 1844.

wissenschaftliche Forschung[156] nach Quellenbeständen fahndete, die damals noch zur neuesten Vergangenheit, fast noch zur Zeitgeschichte Auskunft gaben. Die Chancen für einen nicht privilegierten Antragsteller wären minimal gewesen. Ranke versicherte, sich ansonsten den Bestimmungen zu fügen.

„Es versteht sich von selbst, daß ich mich der in dem Archiv eingeführten Ordnung unterwerfe, überzeugt, daß ich durch dieselbe in den wesentlichen Forschungen nicht gehindert werden kann. Ich mache keinen Anspruch darauf, die eigentlichen Hausgeheimnisse zu erfahren; meine Absicht ist hauptsächlich auf die Kenntnis der äußeren und inneren Politik des großen Fürsten gerichtet."[157]

Seitens des Hausministeriums wurde umgehend mit dem gleichfalls für die Archive zuständigen Außenminister Bülow Kontakt aufgenommen:

„Der Antragsteller verdient gewiß alles persönliche Vertrauen[,] und von seinem Unternehmen kann nur et-

156 Mit weiterer Lit.: Neugebauer, Preußische Geschichte (Anm. 3), Kapitel 10 und 16; ohne die – zum Zeitpunkt des Erscheinens publizierte – Vereidigung Rankes für die Archivarbeit (vgl. bei Anm. 160) zu kennen Philipp Müller, Geschichte machen. Historisches Forschen und die Politik der Archive, Göttingen 2019. Wie ich in meiner in Anm. 160 nachgewiesenen Studie gezeigt habe, war das Verbot, ausgeschöpfte Provenienzen präzise nachzuweisen, nicht auf Berliner oder preußische Archive beschränkt, sondern entsprach einer allgemeinen (europäischen) Praxis. Deshalb wäre noch zu prüfen, ob nicht z. B. auch Johann Gustav Droysen entsprechend gebunden war und der Vorwurf, er habe die Benutzung bestimmter Archive „verschwiegen" und Provenienzen „unkenntlich" gemacht, an den zeitüblichen Benutzungsbedingungen vorbeigeht; so aber kürzlich (gegen Droysen) Philipp Müller, Kopf und Herz. Die Forschungspraxis von Johann Gustav Droysen, Göttingen 2023, S. 99–107.

157 Wie Anm. 155.

was Gediegenes und Treffliches erwartet werden, so daß alle solche Beschränkungen und Besorgnisse [...] hier durchaus nicht Platz finden."

Der Bescheid sollte also nur diejenigen Modalitäten enthalten „als welche die Verhältnisse unumgänglich zu gebieten scheinen".

„Demnach würde der Director der Archive autorisiert seyn, dem Professor Ranke alle, nicht zu den eigentlichen Haus-Angelegenheiten zu rechnende Correspondenzen und Acten vorzulegen, in sofern ihm nicht Hinsichts des einen oder andern Actenstückes oder einer Correspondenz besondere Bedenken obzuwalten scheinen möchten, als in welchem Falle vorher bei uns Anfrage zu halten seyn würde."

Ranke müsste aber verpflichtet werden, „alle seine Auszüge und Abschriften vorzulegen, damit erfahren werde, ob nicht diese oder jene Stelle oder irgend ein Document von dem Abdrucke auszunehmen sein würde". Ranke sollte aber nicht gehalten sein, „das Manuscript seines Druckwerkes selbst vorzulegen". Sein Buch sollte jedenfalls ein „Privat-Unternehmen" sein.

„In dieser Beziehung möchte es auch angemessen seyn, den Professor Ranke zu seiner Zeit darauf aufmerksam zu machen, daß er in seinem herauszugebenden Buche nicht speciell darauf hinweisen möge, daß er dieses oder jenes dem hiesigen Archive entnommen habe. Es führt dies oft auf [!] weitere Nachfragen und Schlußfolgerungen, welche besser vermieden werden und im vorliegenden Falle um so mehr vermieden werden können, als der Professor Ranke mehrere große Archive benutzt hat, so daß man nicht wird entnehmen können, ob er seine Mittheilungen der einen oder der anderen Quelle verdankt."

Unter diesen Konditionen würde das Gesuch befürwortet.[158] Der Außenminister stimmte zu, und so erging noch am 1. März 1844 der Bescheid mit der – für die Forschungspraxis immanent wichtigen – Ergänzung, dass Ranke auch die Findmittel, die Repertorien vorgelegt werden sollten, damit er selbst aus dem Vorhandenen die Auswahl treffen könnte. Die von ihm angefertigten Abschriften und Auszüge mussten von ihm freilich „uns von Zeit zu Zeit vorgelegt werden", um sodann das „bezeichnen" zu können, was die Minister „von der Veröffentlichung ausgeschlossen zu sehen wünschen müssen". Außerdem sollten die Auszüge nach ihrem Gebrauch in das Archiv zurückgeliefert werden, damit sie nicht später etwa „in das Publicum gelangen".[159]

Einen Monat später nahm Professor Ranke seinen Weg in das Ministerium des Königlichen Hauses. Dort wurde er von dem Archivar von Raumer in aller Form auf diejenigen Bestimmungen vereidigt, die in dem Bescheid

158 Überliefert in den gut erhaltenen Beständen des Außenministeriums: GStA PK, III. HA, Abt. III, Nr. 18211, Ausf., Anschreiben von Wittgenstein und Stolberg an Außenminister von Bülow, Berlin, 1. März 1844.

159 A.a.O., Abschrift: Bescheid an Ranke, gez. Wittgenstein, Stolberg, Bülow, Berlin, 1. März 1844.

umrissen waren und aus denen die Arbeitsmöglichkeiten und -grenzen privilegierten historiographischen Tuns im vormärzlichen Preußen hervorgehen.[160] Er wurde ausdrücklich als Historiograph des preußischen Staats vereidigt, nachdem er in aller Form versichert hatte,

„daß er sich diesen ihm gestellten Bedingungen unterwerfe", u. a. „daß er alle und jede von ihm aus den vorzulegenden Archivalien zu machenden Auszüge u. Abschriften ohne alle Ausnahme von Zeit zu Zeit dem hohen Archivcuratorium zur Bestimmung darüber, ob nicht das eine oder andere Excerpt oder Abschrift von der Publikation ausgeschlossen werden müße, vorlegen wolle", und „daß er zu seiner Zeit u. nachdem er diese Abschriften und Auszüge bei dem von ihm herauszugebenden Werke benutzt haben werde, er solche insgesammt und ohne Ausnahme in das Archiv zurückliefern wolle, damit nicht solche Sachen, die er selbst nicht benutzen haben wollen, in Privatbesitz verbleiben".

Es folgte das schon im amtlichen Bescheid ausgesprochene Verbot speziellen Nachweisens und Zitierens der im Archiv befindlichen Archivalien, um zu vermeiden, dass „hierdurch allerhand weitere Anfragen veranlaßt werden könnten".[161]

160 In den Restbeständen des Hausministeriums: GStA PK, I. HA, Rep. 100, Nr. 1720, Berlin, 1. April 1844, ediert bei Wolfgang Neugebauer, Historische Anmerkungen über das Fußnotenmachen, in: Hans-Christof Kraus / Frank-Lothar Kroll (Hg.), Historiker und Archivar im Dienste Preußens. Festschrift für Jürgen Kloosterhuis, Berlin 2015, S. 27–46, hier S. 45f, dort wird der Bescheid an Ranke auf den 16. März 1844 datiert.

161 Ebd.

Das also waren die Bedingungen, unter denen Leopold Ranke fortan in den Räumen des Geheimen Staatsarchivs im Berliner Stadtschloss, Erdgeschoß, im Südwesten am Schlossplatz und an der Schlossfreiheit gelegen, arbeiten durfte. Nur wenige Plätze standen dort unter archaischen Bedingungen zur Verfügung.[162] Indirekt hatte Alfred Stern durchaus Recht, wenn er sagte, dass Ranke den Archivzugang dem persönlichen Verhältnis zu Friedrich Wilhelm IV. (zumindest mit-) verdankte, aber von der „freieste[n] Eröffnung des geheimen Staatsarchives zu Berlin"[163] für ihn kann man doch nicht sprechen. Die Haus- und Familienkorrespondenzen blieben Ranke sowieso unzugänglich,[164] und ansonsten zeigt seine Zitationspraxis in den einschlägigen Werken, dass er sich präzise an die Vorschriften hielt und auf den detaillierten Nachweis der Quellen verzichtete, d. h. den genauen Ort der jeweiligen Quellen dissimulierte.[165] Später, im Jahre 1847, hat Ranke dann versucht, die Korrespondenz zwischen Friedrich II. und seiner Frau einzusehen.[166]

---

162 Vgl. die aus etwas späterer Zeit stammenden Schilderungen der Arbeitsplätze mit Erwähnung Rankes bei Wolfgang Neugebauer, Die Bedeutung des GStA PK für die Forschung, in: Preußens Akten sind zurück. 25 Jahre Rückkehr der Archivalien des Geheimen Staatsarchivs aus Merseburg nach Berlin, Berlin 2019, S. 29–35, hier S. 30.

163 So Alfred Stern, Gedächtnisrede auf Leopold von Ranke und Georg Waitz, gehalten vor der Versammlung der allgemeinen geschichtsforschenden Gesellschaft der Schweiz zu Aarau am 10. August 1886, in: ders., Reden Vorträge und Abhandlungen, Stuttgart / Berlin 1914, S. 36–68, hier S. 43.

164 Fiechtner, Öffnung (Anm. 62), S. 21.

165 Z. B. (in der Ausgabe von Küntzel) Ranke, Zwölf Bücher (Anm. 147), hier Bd. 3, S. 283–285, S. 289f, S. 303, S. 339 u. ö.

166 Hoeft / Herzfeld, Neue Briefe (Anm. 130), S. 325 (Ranke an den Archivar Georg Wilhelm von Raumer, 11. November 1847).

„Eine unbeschränkte freie Benutzung der gesamten Familienkorrespondenz“, so berichteten 1849 Minister Wittgenstein und Außenminister Schleinitz an den König, „durften wir [...] nicht gestatten, und es hat solche auch nicht dem Professor Ranke bewilligt werden können, welchem wir sonst, Behufs Herausgabe seines bekannten Werkes über die ersten Regierungsjahre König Friedrichs des Großen, alle politischen und militärischen Verhandlungen und die gesammte Staats-Correspondenz des Königs ohne alle Ausnahme offen gelegt haben, wobei wir uns überdies auch auf seine Discretion und Umsicht wohl verlassen konnten, und es hat derselbe das von ihm verfaßte Buch vor der Veröffentlichung zur Prüfung vorgelegt, ohne daß nötig befunden wäre, eine einzige Stelle abändern zu lassen.“[167]

Das also waren zur Jahrhundertmitte die Produktionsbedingungen eines preußischen Staatshistoriographen; für das 1847/48 erscheinende preußische Erstlingswerk Rankes hatte er zudem westeuropäische Archivquellen nutzen können, nützlich für die Außensicht auf Preußen, vor allem hinsichtlich der staatengeschichtlich-diplomatiehistorischen Schwerpunktinteressen des Historikers. Gleich 1841 hatte er in Haag für das neue Preußenthema Nachrichten eingezogen, und 1843 hatte er zudem in

167 In den Akten des königlichen Zivilkabinetts: GStA PK, I. HA, Rep. 89, Nr. 19484, Immediatbericht von Wittgenstein und Schleinitz vom 28. September 1849, Ausfertigung.

Paris und London dazu geforscht.[168] Die *Neun Bücher Preußischer Geschichte*, die 1847/48 in drei Bänden erschienen, fassten freilich die Entwicklung bis zu Friedrich Wilhelm I. und Friedrich dem Großen sehr knapp,[169] als Vorgeschichte; auch die Staatsstruktur und Reformen unter dem zweiten König gründeten noch nicht auf größeren selbständigen Aktenforschungen Rankes,[170] wiewohl er diesen Monarchen erstmals positiver – in Distanz zur vor 200 Jahren und heute wieder beliebten Negativschablone – geschildert hat. Für ihn war es auch in diesem Werk die Frage nach den „Großen Mächten", die vor allem in die Betrachtung der Kämpfe des jungen Friedrich II. mündete,[171] sodass er in seiner Korrespondenz 1845 schlechterdings von einer „Geschichte Friedrichs II." sprach, an der er arbeite.[172] „In Bezug auf die innere Verwaltung habe ich künftigen Forschern noch eine reiche Ernte übrig ge-

---

168 Robert Stupperich, Vier Briefe Leopold von Rankes an Willem Groen van Prinsterer aus dem niederländischen Staatsarchiv, in: HZ 150 (1934), S. 559–563, hier S. 559f (September 1841); 1843: Leonard Krieger, Ranke. The Meaning of History, Chicago 1977, S. 370f; Varrentrapp, Briefe (Anm. 129), S. 130f; Henz, Ranke, Bd. 2, S. 57 und Ranke, Zwölf Bücher (Anm. 147), Bd. 1, S. 5*; Reisen als Historiograph und besondere Bezahlung: GStA PK, I. HA, Rep.89 H. Nr. 21379, Kabinettsordre an Eichhorn, 28. November 1845 (Extrakt).

169 Leopold Ranke, Neun Bücher Preußischer Geschichte, 3 Bde., Berlin 1847–1848, die Jahrhunderte bis 1713: Bd. 1, S. 3–142.

170 Schon gut gesehen bei: Fritz Hartung, Gustav von Schmoller und die preußische Geschichtsschreibung, zuerst 1938, wieder in: ders., Staatsbildende Kräfte der Neuzeit. Gesammelte Aufsätze, Berlin 1961, S. 470–496, hier S. 472.

171 Ranke, Neun Bücher (Anm. 169), Bd. 1, S. V–XI, Verteidigung der Person Friedrich Wilhelms I.: S. 491f.

172 An G. A. Stenzel, 10. Oktober 1845, bei: Fuchs, Ranke Briefwerk (Anm. 6), S. 330f, zur Entstehung des Werkes bleibt wichtig Helmolt, Ranke (Anm. 7), S. 96; Paul Joachimsen, Bericht über den Nachlaß, in: Ranke, Zwölf Bücher (Anm. 147), Bd. 3, S. 479–485, hier S. 481f; Henz, Ranke (Anm. 4), Bd. 1, S. 71.

lassen [...]. Welch ein Werk könnte eine Geschichte der preußischen Verwaltung werden",[173] hat er gleich eingangs bekannt und damit sein Forschungsinteresse an der politischen Geschichte, eben an Preußens Weg zu den großen Mächten,[174] offengelegt.

Nicht dies allein, auch nicht die neuartige positive Sicht auf Friedrich Wilhelm I., stieß sofort auf Resistenzen. Das unnationale, auf Koexistenz der herrschenden „Großen Mächte" basierende Konzept war nicht nach dem Geschmack des liberalisierenden Zeitgeistes.[175] Preußen war zugleich eine deutsche Macht und ein europäischer Faktor – wie schon in dem Essay *Die großen Mächte* dargestellt. Preußen selbst war ein „Verein deutscher Landschaften" – und in diesen Landschaften mit ihren alten Privilegien und ihrem alten Adel vetreten. Fürst und Adel, Landesherr und Landstände hatten die Entwicklung Brandenburg-Preußens getragen.[176] „Überhaupt, wie stark sich auch immer die Hohenzollern auf die Berechtigung der höchsten Gewalt stützten, so ist ihnen doch das Wichtigste, was sie vornahmen, nur durch die

173 Zitiert nach Ranke, Zwölf Bücher (Anm. 147), S. 3f* (1847); vgl. dann aus den späten 1870er-Jahren die Passagen bei Leopold von Ranke, Friedrich II. König von Preußen, zuerst 1878, wieder in ders., Abhandlungen und Versuche. Neue Sammlung, hg. von Alfred Dove / Theodor Wiedemann (= Sämmtliche Werke, Bd. 31/52), Leipzig 1888, S. 357–401, hier S. 384–386; Ranke, Neun Bücher (Anm. 169), S. 464f.

174 Zum Beispiel Ranke, Neun Bücher (Anm. 169) Bd. 3, S. 489 f, S. 492; aus der Lit.: Karl Erich Born, Der Wandel des Friedrich-Bildes in Deutschland während des 19. Jahrhunderts, Phil. Diss. Köln 1953, S. 71–74, S. 105f; Diether, Ranke (Anm. 5), S. 309f.

175 Joachimsen, Bericht (Anm. 172), S. 482, S. 484; Skalweit, Ranke und Bismarck (Anm. 134), S. 282; Beding, Ranke (Anm. 132), S. 19f.

176 Ranke, Neun Bücher (Anm. 169), Bd. 1, S. 440f, Adel und Lehnswesen (nach Aktenstudien): S. 450–458, S. 487, S. 490, „Verein deutscher Landschaften": S. 440f.

Beistimmung der Stände gelungen", das galt ihm für das 16. Jahrhundert, in dem gerade im „Protestantismus" das „fürstlich-ständische Regiment", nicht das der Hohenzollern allein, die Basis für die Zukunft legte. Und es galt generell, auch für spätere Zeiten,[177] dass trotz temporärer Konflikte Monarch und Landeseliten zusammengingen, kooperierten – was erst von der neuesten Forschung an Stelle eines älteren, an parlamentarisch-konstitutionellen Verhältnissen orientierten Modells eines ewigen Gegensatzes gesetzt worden ist.

Es würde verlocken, Rankes Sicht auf Preußen – publiziert 1847 und 1848 in den Jahren des innenpolitischen Kampfes um Vereinigten Landtag und Konstitution – mit den tagespolitischen Aktualitäten detaillierter zu vergleichen. Ein Konjunkturschreiber ist Ranke nicht gewesen, und ihm schwante wohl die Reaktion der literarischen Zeitgenossenschaft.

„Die Alten schrieben gleichzeitige Geschichte mit rücksichtsloser Wahrheitsliebe; uns sei der Versuch gestattet, Ereignisse, die nun schon ein Jahrhundert hinter uns liegen, unbekümmert um die Neigungen und Abneigungen des Tages, zu so viel möglich objectiver Anschauung zu vergegenwärtigen."[178]

177 Ranke, Neun Bücher (Anm. 169), Bd. 1, S. 24–26 (nach älteren Editionen); Küntzel, Einleitung (Anm. 147), S. XXIf.

178 Ranke, Neun Bücher, Bd. 1, 1847, Vorrede S. XII; Brief an Heinrich Ranke: Hoeft / Herzfeld, Neue Briefe (Anm. 130), S. 327 (Januar 1848), folgendes Zitat.

„Ich erwarte nicht“, so schrieb er wenig später seinem Bruder Heinrich, „dafür auf den Händen getragen, sondern bin gefaßt, recht tüchtig angegriffen zu werden. Leider verfolgt mich auch hier das Schicksal, einer widrigen Petulanz.“

Er sollte richtig gesehen haben. Leonard Krieger hat festgestellt, dass Rankes auch in der preußischen Geschichte – „so viel möglich“! – aufgestelltes Objektivitätsprinzip auf allen politischen Seiten Anstoß erregte, gerade seine universalgeschichtliche Position, auch seine „Leidenschaftslosigkeit“.[179] Manche der Rezensionen, die 1848 erschienen, waren aus dem liberalen Hintergrund gut organisiert, wie die Broschüren von August Zimmermann, Schulprofessor in Berlin. Der hielt dem Universitätsmann vor, verherrlichend wie ein, so meinte er, Historiograph des 17. Jahrhunderts zu verfahren und den „wunderlichen“ Friedrich Wilhelm I. in ein entschieden zu freundliches Licht zu setzen. Das Bündnis Friedrich Wilhelms I. mit dem Hause Habsburg habe „allgemein deutschen Interessen“ widersprochen. Dieser Monarch sei überhaupt von „politischer Unfähigkeit“ (auch außenpolitisch), von „gänzliche[r] Unfähigkeit in Unterhandlungen“ ge-

179 Krieger, Ranke (Anm. 168), 200 (Klagen wegen mangelnder Kritik); siehe schon Helmolt, Ranke (Anm. 7), S. 159; Details bei Diether, Ranke, S. 317; Zusammenstellung der Kritik bei Henz, Ranke, Bd. 1, S. 102f, S. 256–262 (Varnhagen), mit breitem Referat über die scharfen Ablehnungen, worauf mithin hier verwiesen werden kann, Droysen: S. 258 f, Ludwig Häusser: S. 264f (bes. wegen Friedrich Wilhelm I.); siehe schon die Sammlung bei Küntzel, Einleitung (Anm. 147), S. VIIf Anm.; Beispiel Karl August Varnhagen von Ense, Biographen, Aufsätze, Skizzen, Fragmente, hg. von Konrad Feilchenfeldt / Ursula Wiedenmann (= Werke, Bd. 4), Frankfurt a. M. 1990, S. 598f (1848), und der Kommentar S. 1.047ff; Richard Preuß (Hg.), Briefe Thomas Carlyles an Varnhagen von Ense aus den Jahren 1837–1857, Berlin 1892, S. 109 (Carlyle 5. November 1847, zu Bd. 1: „Ranke's Fehlschlag“).

schlagen gewesen[180] – von kommunikativer Inkompetenz, so würde es wohl in aktuelle Diktion übersetzt heißen. Generell habe Ranke die historische Bedeutung der Hohenzollern entschieden überschätzt. Und die „Schroffheiten" Friedrichs des Großen seien verschwiegen worden. In dieser Perspektive hätte die erstmalige Forschung in der archivischen Überlieferung gerade bessere Einsichten verhindert.[181]

Erst 1849 traten positive Reaktionen zu Rankes drei Bänden preußischer Geschichte hinzu. Die Darstellung führte schließlich bis zur Mitte des 18. Jahrhunderts.[182] Der Historiograph hatte, natürlich, sein Werk auch dem König selbst übersandt, zunächst den ersten Band im Juni 1847 mit dem Hinweis darauf, dass darin „das Bild altpreußischen Königtums" „in der Einfachheit, dem Ernst und der Notwendigkeit seines erhabenen Berufs" gegeben worden sei. Der Dank des Königs, in dem er seine Freude darüber aussprach, „daß Sie Ihre Forschungen der vaterlän-

180 A(ugust) Zimmermann, Ueber die neueste preußische Geschichtsschreibung, Berlin 1848, S. 3–6, S. 13f, S. 20, S. 24f, besser (zur preußischen Geschichte!) seien die Darstellungen von Dahlmann, Gervinus und Schlosser (S. 32); zum Hintergrund dieses Angriffs vgl. Theodor Wiedemann, Sechzehn Jahre in der Werkstatt Leopold von Rankes. Ein Beitrag zur Geschichte seiner letzten Lebensjahre, in: Deutsche Revue 16 (1891)– 18 (1893), hier aus Bd. 17/2 (1892), S. 103f; Helmolt, Ranke (Anm. 7), S. 192 Anm. 167.

181 A(ugust) Zimmermann, Über Ranke's Auffassung König Friedrichs II., Berlin 1848, S. 24f, Aktenforschung: S. 23f; zu Zimmermann auch Born, Wandel (Anm. 174), S. 73f; Baur, Freiräume (Anm. 145), S. 81; Reinhold Koser, Umschau auf dem Gebiete der brandenburgisch-preußischen Geschichtsforschung, in: FBPG 1 (1888), S. 1–56, hier S. 7.

182 Gut gesehen bei Baur, Freiräume (Anm. 145), S. 82f; dagegen undifferenziert Henz, Ranke (Anm. 4), Bd. 2, S. 58.

dischen Geschichte zugewendet haben",[183] fiel auffallend blass aus. Erneut hat sich Ranke am 24. Dezember 1847 mit einer Büchersendung an den Monarchen gewandt. Die dankende Antwort kam diesmal vom Kabinettsrat Illaire.[184] Ranke selbst hat in der Rückschau seines Lebens beschrieben, wie ihm bei der Arbeit an diesem Werk „vor allem das partikularistische Leben des preußischen Staates" deutlich geworden sei. „König Friedrich Wilhelm IV. war, soviel ich bemerkte, wenn ich ihn dann und wann einmal sah, was doch nur selten geschah, mit diesem Vorhaben nicht ganz einverstanden", ihm kamen offenbar die „deutschen Fragen" dabei zu kurz, wenn er auch „die Deutschheit [...] anders, als die Zeitgenossen, lediglich von conservativer Seite" her auffasste.[185] Es wird wohl nicht zu weit gehen, die Reaktion Friedrich Wilhelms IV. auf das Werk seines preußischen Historiographen als auffallend kühl zu bezeichnen.

Das alles scheint dazu beigetragen zu haben, dass Rankes Interesse an dem preußischen Arbeitsfeld nach 1847/48 nicht belebt worden ist. Aber es waren keine monarchischen Interventionen, die seine Freiräume wis-

183 Ranke an Friedrich Wilhelm IV., Berlin, 24. Juli 1847, GStA PK, I. HA, Rep. 89, Nr. 19725; vgl. mit anderem Datum bei Hoeft / Herzfeld, Neue Briefe (Anm. 130), S. 325; in der angegebenen Akte im Konzept der Erlass Friedrich Wilhelms IV. an Ranke vom 31. Juli 1847.

184 Immediateingabe Rankes vom 24. Dezember 1847, in den Akten des Zivilkabinetts: GStA PK, I. HA, Rep. 89, Nr. 19725, mit dem Passus: „Meine Absicht war, etwas zu machen, was noch nicht da ist: Mich über das Geschwätz zu erheben", das „als angenommene Überlieferung" sich „festgesetzt" habe; ebd. ein Schreiben vom selben Tage an den Vizeobermarschall von Meyerinck; vgl. Hoeft / Herzfeld, Neue Briefe (Anm. 130), S. 326.

185 Ranke, Lebensgeschichte (Anm. 123), S. 53; zu Rankes Denkschriften in dieser Zeit und ihren mangelnden Einfluss vgl. Helmolt, Ranke (Anm. 7), S. 104.

senschaftlicher Arbeit eingeengt hatten, Freiräume zumal des Quellenzugangs, die, wie dargetan, nicht unbegrenzt waren, für den Staatshistoriographen aber erstmals massiv ausgeweitet worden sind. Der Druck in Richtung konventioneller Argumentation kam von einer rezensierenden Öffentlichkeit, die die Übertragung „liberaler“ Interpretationen[186] auf das preußische Objekt einforderte und erzwingen wollte. Rankes eigentümlicher Schritt, sein Manuskript der Zensur zu unterwerfen, obwohl dies gar nicht gefordert war,[187] und die Tatsache, dass von ministerieller Seite keinerlei Änderungen veranlasst wurden, bestätigen dieses Bild.

Administrative Bedingungen wissenschaftlicher Arbeit in Form regulierten Quellenzugangs und gesellschaftliche Pression, d. h. diejenige der Rezensionsöffentlichkeit in Gestalt (zum Teil organisierter) wissenschaftlicher „Fehlschläge“[188] (Carlyle) bedingten also die real existierende Produktionsfreiheit des amtlichen Historiographen, der nach der Jahrhundertmitte nun wieder europaweite Arbeitsfelder suchte, ohne dass dies amtlicherseits irgend beanstandet worden zu sein scheint. Die englische und die französische Geschichte in den frühneuzeitlichen Jahrhunderten haben Ranke bis weit in die späten 1860er-

186 Vgl. Anm. 180.

187 Vgl. oben bei Anm. 158 und 167.

188 Siehe oben Anm. 179 (Carlyle).

Jahre bändereich und quellennah beschäftigt.[189] Am 22. März 1868 übersandte er dem König den letzten Band seiner englischen Geschichte. „Nunmehr erst", so schrieb Ranke da, „habe ich die Hand zu anderen Arbeiten frei, für die mir Euer Königliche Majestät" – nun Wilhelm I. – „einst den Gegenstand anzugeben geruht haben."[190]

Das war Jahre zuvor bei besonderer Gelegenheit geschehen, denn inzwischen war aus Leopold Ranke Leopold *von* Ranke geworden. Er war wegen seiner „Verdienste um die Geschichtsschreibung" in den Adelsstand erhoben worden. Bei dieser Gelegenheit hatte der Monarch seinen Historiographen auf dasjenige Arbeitsfeld hingewiesen, das von ihm, seit nunmehr siebzehn Jahren, brachliegen gelassen wurde.

„Ich spreche Ihnen hierbei gern aus wie Ich es aufrichtig wünsche, daß Sie noch lange in voller geistiger Kraft und Frische fortwirken, und daß es Ihnen möglich wird, der Geschichte Meines Hauses und unseres Vaterlandes Ihre Thätigkeit von Neuem zuzuwenden."[191]

189 Vgl. Helmolt, Ranke (Anm. 7), S. 106f; englische und französische Geschichte: z. B. Ulrich Mühlack, Das europäische Staatensystem in der deutschen Geschichtsschreibung des 19. Jahrhunderts, zuerst 1990, wieder in: ders., Staatensystem und Geschichtsschreibung. Ausgewählte Aufsätze zu Humanismus und Historismus, Absolutismus und Aufklärung, hg. von Notker Hammerstein / Gerrit Walther (= Historische Forschungen, Bd. 83), Berlin 2006, S. 313–353, hier S. 326.

190 Immediateingabe Rankes vom 22. März 1868, Hoeft / Herzfeld, Neue Briefe (Anm. 130), S. 507.

191 Abschrift aus den Akten des „Militär-Kabinetts" (!), in denen des Zivilkabinetts: GStA PK, I. HA, Rep. 89, Nr. 19725, Kabinettsordre vom 22. März 1865; vgl. (vage) Helmolt, Ranke (Anm. 7), S. 115, ohne oben zit. Stück zu kennen; Ranke als Mitglied des preußischen Staatsrats: Reumont, Friedrich Wilhelm IV. (Anm. 7), S. 147.

Allerdings hatten sich die historiographischen Rahmenbedingungen für den nun siebzigjährigen Forscher und Darsteller nicht gerade verbessert. Auch in Berlin war diejenige, die „borussische“ Schule in wichtige universitäre Stellungen eingerückt, die nun die preußische Geschichte ganz im Sinne einer national-deutschen Mission darstellen wollte, so als hätten die Hohenzollern schon im Mittelalter auf eine deutsche Mission hin ihre Politik betrieben und spätestens seit dem Großen Kurfürsten in die Bahnen der aktuellen Reichseinigungspolitik eingelenkt.[192] Es waren, nur in verschärfter und vergröberter Form, die Kollisionen, die 1847/48 für Ranke so schmerzlich gewesen waren, nur dass die liberalen Kräfte nun – wenn auch nie schlechterdings allein herrschend-dominant – in der akademischen Welt Preußens einflussreiche Positionen innehatten. In Berlin selbst war es der Querstand zwischen Ranke und dem 1859 – in der Zeit der politisch herrschenden altliberalen Ära – an die Friedrich-Wilhelms-Universität berufenen Johann Gustav Droysen, der das historiographische Kampffeld bestimmte. Ranke galt damals als der Mann einer älteren, eben vornational-europäischen Richtung, und er hatte die Überzeugung gewonnen, dass der in jeder Hinsicht jüngere – und damals modernere – Droysen seine Berliner

192 Vgl. mit Lit. und Quellen Neugebauer, Preußische Geschichte (Anm. 3), Kap. 9 und 12.

Schule geradezu vernichtet habe.[193] Ranke revanchierte sich bisweilen dadurch, dass er Droysens Produkte nicht nur mit beißender Ironie behandelte, sondern diesbezüglich auch schon einmal das Wort *Fälschung* fallen ließ.[194]

Es könnte zugespitzt werden: Leopold von Ranke waren wissenschaftliche Leistungen zuzutrauen, politische Anpassungsleistungen schon weniger. Auch in den 1860er-Jahren war er kein Anhänger einer preußisch-österreichischen Konfrontation; das innenpolitische Bündnis Bismarcks mit den nationalen Liberalen war gar nicht seine Richtung. Er war ein Mann der Vormärzzeit, der Epoche des von ihm aufrichtig verehrten Friedrich Wilhelm IV., des traditionellen Zusammengehens von Fürst und Adelsständen. Die lange persönliche Freundschaft Rankes mit einem Royalisten von der Karatzahl des Generalfeldmarschalls Edwin von Manteuffel ist ein weiteres Indiz für die Position auch des älteren Ranke, von dessen Distanz zum bismarckschen Mainstream schon

193 Günter Berg, Leopold von Ranke als akademischer Lehrer. Studien zu seinen Vorlesungen und seinem Geschichtsdenken (= Schriftenreihe der Historischen Kommission bei der Bayerischen Akademie der Wissenschaften, Schrift 9), Göttingen 1968, S. 45; Droysen war von der Fakultät nicht vorgeschlagen worden, vgl. dazu Wilfried Nippel, Johann Gustav Droysen. Ein Leben zwischen Wissenschaft und Politik, München 2008, S. 262–268, mit der wundervollen Kommentierung, „daß die Reputation von Werken und ihres Autors nicht notwendig auf einer intensiven Auseinandersetzung gründen muß, sondern der gewählte Gegenstand und die darin zum Ausdruck kommende Gesinnung ausreichen können“. (S. 264)

194 Nachweis bei Neugebauer, Preußische Geschichte (Anm. 3), S. 217; ders., Testamente als Politikum. Die Publikationsgeschichte der „Politischen Testamente“ der Hohenzollern im 19. und 20. Jahrhundert, in: FBPG NF 27 (2017), S. 13–61, hier S. 15f; zu Rankes (bisher falsch dargestellten) Position zur Frage, ob die politischen Testamente Friedrichs II. publiziert werden sollten, S. 25–28.

oben die Rede war.[195] Ein biographischer Essay über Friedrich Wilhelm IV. kam Ranke gerade deshalb ungelegen, weil er sich gegenüber dem Objekt „nicht frei genug“ fühlte, und er hat sich 1877 darum bemüht, „davon entbunden zu werden“, ohne damit Erfolg zu haben. Er bekam dafür aber Quellen aus dem Hausarchiv zur Verfügung gestellt, ferner solche aus dem Geheimen Staatsarchiv, und zwar einmal zur Erziehung Friedrich Wilhelms IV. und dann wieder zum Vereinigten Landtag von 1847. Seine Materialbasis war damit sehr inhomogen, und dies ist der Arbeit vielfach angemerkt worden.[196]

Mit der Entpflichtung vom universitären Lehrdienst im Jahre 1871 traten nun in den 1870er-Jahren Themen mit stärkerem Bezug zur preußischen Geschichte in den Mittelpunkt seiner Produktion,[197] Werke, für die er zum Teil schon Jahrzehnte zuvor Sammlungen angelegt hatte[198] und für die er nun zum letzten Mal selbst Archiv-

195 Siehe oben bei Anm. 134; z. B. Skalweit, Ranke und Bismarck (Anm. 134), S. 283; Küntzel, Einleitung (Anm. 147), S. LXXXIIf; Elisabeth Schmitz, Edwin von Manteuffel als Quelle zur Geschichte Friedrich Wilhelms IV. (= Historische Bibliothek, Bd. 45), München / Berlin 1921, S. 76.

196 Kaufmann, Ranke (Anm. 128), S. 444, Kritik: S. 445f; wichtig: Hermann Hüffer, Alfred von Raimont (= Zur Erinnerung an das fünfzigjährige Bestehen des Vereins 1854–1904. Annalen des Historischen Vereins für den Niederrhein, Heft 77), Köln 1904, S. 198f („... fühle mich aber eigentlich ausser Stande, denselben würdig zu scheiben“); Helmolt, Ranke (Anm. 7), S. 133f; Leopold von Ranke, Friedrich Wilhelm IV. König von Preußen, zuerst 1878, wieder in: ders., Abhandlungen und Versuche. Neue Sammlung, hg. von Alfred Dove / Theodor Wiedemann, Leipzig 1888, S. 403–474, Quellen: S. 406.

197 Hashagen, Rankes Wendung (Anm. 121), S. 393f; Helmolt, Ranke (Anm. 7), S. 130 und die Lit. S. 203, auch zum Buch über den Siebenjährigen Krieg (1870/71), das letzte, das Ranke mit eigener Hand niederschrieb.

198 So für sein Werk: Leopold von Ranke, Ursprung und Beginn der Revolutionskriege 1791 und 1792, Leipzig 1875; dazu Wiedemann, Sechzehn Jahre (Anm. 180), hier: Deutsche Revue 16/4 (1891), S. 168; Referat der Rezensionen bei Henz, Ranke, Bd. 1, S. 325–328, Archivquellen: Bd. 2, S. 100.

forschungen durchführte. Die Berliner Archivalien waren ihm umso wertvoller, als sich Rankes Arbeitsbedingungen im österreichischen Archiv in den 1860er-Jahren verschlechtert hatten; da waren Bestände für ihn nicht mehr erreichbar, die dreißig Jahre vorher noch genutzt werden konnten.[199] Der spätere Archivdirektor Arneth hat plastisch beschrieben, wie Ranke, „der ungewöhnlich kleine unscheinbare Mann mit seinen lebhaften, eigentümlich linkischen Bewegungen [...] mit seinem mächtigen Kopfe, der durch einen Wald grauer Haare fast unförmlich groß erschien, mit unschönen, wie durch Blatternarben verwischten Gesichtszügen", auftrat; „nur der sprühende Blick seiner kleinen, aber ungemein sprechenden Augen verrieth, daß man es mit einem ungewöhnlichen Manne zu thun habe". Die Ablehnungen seiner Archivalienwünsche haben ihn „geärgert und bestürzt" gemacht. Die restriktivere Haltung war freilich von höherer, ministerieller Seite unterstützt worden.[200]

Die vom österreichischen Archivar und Historiker Maria Theresias, Alfred Ritter von Arneth, bezeugte Ruhelosigkeit Rankes wird auch für dessen Archivarbeit Gültigkeit besitzen. Bis in die frühen 1870er-Jahre hat Ranke auf diese Weise seine Werke fundamentieren können, und dies gilt eben für die zweite preußische Phase seines Œuvres in eben dieser Zeit. Die letzte auswärtige

199 Siehe Erika Weinzierl-Fischer, Das Haus-, Hof- und Staatsarchiv und die Geschichtswissenschaft 1848–1867, in: Mitteilungen des Österreichischen Staatsarchivs 16 (1963), S. 251–280, hier S. 269f; vgl. für die 1860er-Jahre zunächst Alfred Ritter von Arneth, Aus meinem Leben, 2. Bd., Stuttgart 1893, S. 148f, vgl. damit aber für die 1870er S. 310.

200 A.a.O., S. 149; „Ruhelosigkeit": S. 150.

Archivarbeit Rankes fällt in die Jahre 1868, 1870 und 1873.[201] Allerdings setzte die abnehmende Sehkraft Rankes dieser Arbeitspraxis fortan enge Grenzen. Umso wichtiger wurden für ihn die Amanuensen, von ihm in Dienst genommene Privatassistenten, die ihm buchstäblich Tag und Nacht in seiner Arbeitswohnung in der Berliner Luisenstraße mit seiner berühmten Privatbibliothek zur Hand gingen.[202]

Rankes Erweiterung seines Preußenwerks, 1874 als *Zwölf Bücher Preußischer Geschichte*[203] erschienen, war wohl das letzte Werk, für das Ranke selbst im Archiv gearbeitet hat.[204] Seine frühere Studie *Der Ursprung des Siebenjährigen Krieges* gehört schon in diesen Zusammen-

201 Friduhelm von Ranke, Vierzig ungedruckte Briefe Leopold von Rankes. Herausgegeben von seinem Sohne, in: Deutsche Revue 29 (1904) – 31 (1906), hier in Jg. 30 (1905), S. 218; Helmolt, Ranke (Anm. 7), S. 122; positiv über Arneth und seine Liberalität in Wien: Rankes Brief an das Zivilkabinett, 30. April 1870, Ausf.: GStA PK, I. HA, Rep. 89, Nr. 19484; vgl. Fuchs, Ranke Briefwerk (Anm. 6), S. 502f, S. 507; Wiedemann, Sechzehn Jahre (Anm. 180), in: Deutsche Revue 17/1 (1892), S. 215, S. 350.

202 Dazu jetzt exemplarisch Heinz Duchhardt, Rankes Sekretär. Theodor Wiedemann und die Bücher-Werkstatt des Altmeisters, Berlin 2021, S. 79, S. 81, S. 86–89, und die Aufstellung S. 177–186; Helmolt, Ranke (Anm. 7), S. 120; Wiedemann, Sechzehn Jahre, in: Deutsche Revue 17/1 (1892), S. 101, S. 208ff, vgl. a.a.O. 16/4 (1891), S. 324–326; zur Mitarbeit Max Lehmanns in den 1860er-Jahren dessen Brief an Heinrich von Sybel vom 19. Januar 1867: GStA PK, VI. HA, NL Sybel B1 Nr. 25; schon damals hat Ranke „seine Werke" diktiert, Lehmann fertigte für ihn Archivexzerpte; auch Lehmanns Brief vom 12. Februar 1867 ebd.; Wohnung: O. v. Ranke, Leopold von Ranke (Anm. 7), in: Daheim 59 (1923), Heft 37/38, S. 10.

203 Vgl. die Ausgabe von Küntzel in Anm. 147; hier: Leopold von Ranke, Zwölf Bücher Preußischer Geschichte, 3 Bde. (= Sämmtliche Werke, Bd. 25–29), Leipzig 1874, Bd. 1 nun mit dem Untertitel: Genesis des Preußischen Staats, darin die „Vorrede zur neuen Ausgabe in zwölf Büchern", S. X–XII; in diesem Teil ist die Entwicklung von der mittelalterlichen „Colonisation" bis 1713 neu und sehr viel ausführlicher behandelt.

204 So jedenfalls: Helmolt, Ranke (Anm. 7), S. 205 Anm. 256; vgl. aber Anm. 201; Juhnke, Ranke (Anm. 5), S. 168.

hang.[205] Ranke fügte also dem Kern seines Werkes von 1847/48 eine ausführlichere Vorgeschichte und nun eine Fortsetzung für die Jahre um 1756 an, ohne seine prinzipielle, d. h. europäische Konzeption von preußischer Geschichte zu modifizieren. Auch jetzt, 1874, gehörte „der preußische Staat nicht zu den nationalen Potenzen uralter Berechtigung", und Ranke stellte seine Geschichte nicht in einen deutschen, sondern in einen weltgeschichtlichen Zusammenhang[206], in denjenigen der „Großen Mächte" (Europas). Ranke pflegte, seine Neuerscheinungen an den König und dessen Umgebung zu senden – nun beantwortet mit der „Freude" Wilhelms I. „über Ihre Rückkehr auf dieses Gebiet Ihrer wissenschaftlichen Thätigkeit", nämlich dasjenige der „vaterländischen Geschichte".[207]

Andere Maßgaben als diese sehr allgemeine Formel, auf die sich Ranke denn auch brieflich wiederholt bezog, gab es bei den im weitesten Sinne preußischen Arbeiten nicht.

Einmal allerdings hat Ranke massive Eingriffe hinnehmen müssen, trotz seines heftigen Widerstrebens. Dabei handelte es sich in der Tat um eine Auftragsarbeit, eine des

205 Leopold von Ranke, Der Ursprung des Siebenjährigen Krieges, Leipzig 1871, vgl. Vorwort S. V zur Genese; dazu Henz, Ranke, Bd. 1 (Anm. 4), S. 48.

206 Ranke, Zwölf Bücher, in der Aufl. von 1874 (Anm. 203), Bd. 1, S. Xf; dazu Krieger, Ranke (Anm. 168), S. 197f, S. 339; zum Vergleich der Neun und der Zwölf Bücher: Küntzel, Einleitung (Anm. 147), S. LXXII–LXXIV (Masse unverändert).

207 Konzept: Kabinettsordre an Ranke (gez. v. Wilmowski), 20. Dezember 1871, GStA PK, I. HA, Rep. 89, Nr. 19725, hier: Dank für das Werk über den Fürstenbund; Ranke an Wilhelm I. und an Edwin von Manteuffel: Hoeft / Herzfeld, Neue Briefe (Anm. 130), S. 568 (4. Dezember 1871), S. 580 (10. Juli 1872), S. 609 (18. November 1873); auch zum Folgenden.

Hofes.[208] Es war der Wunsch der Königinwitwe Elisabeth, die im Nachlass Friedrich Wilhelms IV. befindliche Korrespondenz dieses Monarchen mit dem Diplomaten und Theologen von Bunsen herauszugeben. Ranke wurde ausdrücklich in seiner Funktion als Historiograph mit dieser Arbeit betraut, unter der Bedingung, „daß er die gedachten Papiere nach geschehener Benutzung zurückliefern und die aus denselben gemachten Excerpte" dem Hausminister Schleinitz „vorlege", der sie dann der Königinwitwe „zur Kenntnißnahme zu unterbreiten und wegen einer etwaigen Veröffentlichung derselben zur definitiven Beschlußnahme" an Wilhelm I. „zu berichten" habe.[209] Im März 1871 ging Ranke an diese Arbeit; die dabei fast unvermeidliche Belastung der Augen hat „die Sehkraft Ranke's sehr angegriffen".[210] Umso mehr war er dabei auf die Mitarbeit des Amamuenses Wiedemann angewiesen.

Es war eine für den nun sechsundsiebzigjährigen Leopold von Ranke erhebliche Leistung, dass er zu Anfang des Jahres 1872 in der Lage war, ein Manuskript einzureichen, mit dem Auszug aus dem Briefmaterial, der der Publikation zugrunde gelegt werden sollte. Er tat dies, indem er betonte, dass er aber nicht den Eindruck einer amtlichen Publikation entstehen lassen wollte – ein (wie

208 Aus der Lit. nur Helmolt, Ranke (Anm. 7), S. 132f, mit S. 204f; auch zu Änderungen des Manuskripts, die Bismarck verlangte; Henz, Ranke, Bd. 1 (Anm. 4), S. 72, auch zum Einfluss Manteuffels.

209 Abschrift einer Kabinettsordre an den Minister des Königlichen Hauses von Schleinitz, 26. Februar 1869: GStA PK, I. HA, Rep. 89, Nr. 19725; Hintergründe (Nippolds Bunsen-Biographie): Diether, Ranke (Anm. 5), S. 595–599, S. 602, S. 607f.

210 So Wiedemann, Sechzehn Jahre (Anm. 180), in: Deutsche Revue 16/4 (1891), S. 172f.

wir sehen werden) Schritt des Staatshistoriographen, den er tat, um seine Unabhängigkeit so weit wie in diesem Falle möglich zu verteidigen.

„Den Titel, den ich gewählt habe, und der Entwurf meines Werkes zeigen, daß ich alles als Privatarbeit betrachte und betrachtet zu sehen wünsche. Nur in dieser Form glaube ich Eingang beim Publikum zu finden. Ich habe, wie sich versteht, alles zu vermeiden gesucht, was begründeten Anstoß erregen konnte [...]. Ich verberge mir nicht, daß auch so die Publikation Aufsehen machen und manche Widerrede hervorrufen wird." Gleichwohl hoffte er, „so eine objektive Anschauung der vergangenen Epoche möglich" zu machen.[211]

Inzwischen war auch Bismarck auf den Vorgang aufmerksam geworden und bat Ranke um „gefällige Auskunft", „da es sich [...] nach dem, was ich über den Inhalt des Briefwechsels in Erfahrung gebracht habe, vielleicht empfehlen dürfte, die Herausgabe zu beschleunigen und dadurch den sehr gangbaren Irrtum zu widerlegen, als ob die Politik des jetzt regierenden Königs Majestät zu der des hochseligen Königs Majestät sich im Gegensatz befinde".[212]

Die Sache spielte also inzwischen auf höchster politischer Ebene, und das Auswärtige Amt war mit dem

211 Schreiben an den Direktor im Hausministerium von Obstfelder, Februar 1872, mitgeteilt bei F. v. Ranke, Vierzig Briefe (Anm. 201), in: Deutsche Rundschau 29/4 (1904), S. 55.

212 Ebd., S. 56 (7. März 1872); der dortige Kommentar zum Folgenden.

Vorgang intensiv befasst. Es ließ Ranke wissen, dass auch der Kaiser-König selbst „das Manuskript einzusehen wünsche". Wilhelm I. ließ sich davon eine vollständige Abschrift herstellen, es gab Immediatvorträge des Außenamts, die grundsätzliche Genehmigung des Monarchen und dann doch „noch immer Bedenken".[213] Bismarck selbst sah das Manuskript durch und machte einige Beanstandungen.[214]

Vielleicht war in alldem jene Szene gewissermaßen der performative Höhepunkt, von der Ranke selbst Edwin von Manteuffel berichtete: Als ein Kammerherr, ein Graf Keller, Ranke in der Luisenstraße besuchte und erst wieder ging, als er sicher war, dass Ranke an dem Manuskript weitere Veränderungen anbrachte – „in Gegenwart des Grafen Keller habe ich es an einer Stelle versucht; ich hatte aber eine böse Nacht darüber".[215]

Der Kampf hielt während des Jahres 1872 an. Zu Heiligabend 1872 traf bei Ranke ein Allerhöchster Erlass aus dem königlichen Zivilkabinett ein.

---

213 Aus der Korrespondenz zusammenfassend ebd.

214 Die Aktenstücke von 1872 in der Überlieferung des Außenministeriums: GStA PK, III. HA, Abt. III, Nr. 18216.

215 Brief Rankes an Edwin von Manteuffel: Hoeft / Herzfeld, Neue Briefe (Anm. 130), S. 570, 21. Februar 1872; Ranke teilt ferner mit, dass er „den Passus über Olmütz nach Ihren Andeutungen berichtigt habe". Bismarck habe sich „zu einer Durchsicht des Manuskriptes bereit erklärt". Zu weiterem Kontakt mit dem Grafen Keller S. 578 (17. Juni 1872); Wiedemann ließ keinen Zweifel über diese „vorgängige Zensur": Wiedemann, Sechzehn Jahre (Anm. 180), in: Deutsche Revue 16/4 (1891), S. 176; auf Befehls Bismarcks seien zwei Stücke fortgelassen worden; S. 176 Anm. 4: „An zwei Stellen hatte der Fürst durch Bleifedernotizen am Rande andere Fassungen in Vorschlag gebracht, welche Ranke, da er die eigenen Gedanken darin treffender wiedergegeben fand als in den seinigen, sich aneignete." Nach Wiedemann waren sie andernorts gedruckt.

Ranke habe „vor kurzem Sr. Majestät dem Kaiser und König über ein Bereits unter der Presse befindliches, die Memoiren resp. Briefe des verstorbenen Wirklichen Geheimen Raths von Bunsen enthaltendes Werk einige nähere Aufschlüsse gegeben. Es würde Sr. Maj. sehr unerwünscht sein, wenn gewisse drastische Ausdrücke, welche nach Ew. p. Mittheilung in Bunsens Aufzeichnungen Seiner hochseligen Majestät König Friedrich Wilhelm IV. in den Mund gelegt worden, in der von Ew. p. erwähnten Weise zur Veröffentlichung gelangten, zumal in dem Falle, daß die Personen, auf welche sich die Ausdrücke beziehen, sich noch am Leben befinden sollten. S. Maj. wollen nicht begehren, daß sich der Herausgeber des Werkes" – also Ranke – „die Beschränkung auferlege, jene Redewendungen gänzlich zu unterdrücken, würden es jedoch als eine auch Allerhöchstihnen Selbst erwiesene Rücksicht erkennen, wenn dieselben in eine thunlichst verhüllte Form gebracht, also etwa nur mit den Anfangsbuchstaben des betreffenden Worts und im Übrigen vielleicht mit Punkten angedeutet würden. Im Auftrage Sr. M. wende an Ew. p. ich mich mit dem ganz ergebensten Ersuchen, zu diesem Zwecke hochderen [?] Vermittelung eintreten lassen zu wollen. Ich darf hinzufügen, daß Sr. M. eine Mitteilung darüber, ob und in welcher Weise Allerhöchstihr Wunsch hat erfüllt werden können, mit Dank entgegennehmen würden."[216]

216 Erlass des Kabinetts an Ranke, Konz. Gez. v. Wilmowski, 24. Dezember 1872, in den Akten des Zivilkabinetts, GStA PK, I. HA, Rep. 89, Nr. 19725.

Das also waren die Steine des Anstoßes, die zum Jahreswechsel 1872/73 im Wege lagen, und darauf bezieht sich Rankes – mit falschem Datum – schon publizierte Antwort, gerichtet an den die Korrespondenz führenden Kabinettsrat Karl von Wilmowski.

„Euer Hochwohlgeboren haben mir gestern die Ehre erwiesen, mir von einigen Bedenklichkeiten Nachricht zu geben, welche Seine Majestät der Kaiser und König in bezug auf die von Allerhöchstdemselben genehmigte Publikation, die unter dem Titel: ‚Aus dem Briefwechsel Friedrich Wilhelms IV. mit Bunsen' bereits unter der Presse ist, zu äußern geruht haben. Sie betreffen hauptsächlich zwei Punkte, erstens, daß lebende Persönlichkeiten verletzt werden, und zweitens, daß die drastischen Ausdrücke, deren sich der hochselige König zuweilen bedient hat, einen unangenehmen Eindruck machen könnten."

Ranke konnte zu beidem „beruhigende Versicherungen [...] geben. Von lebenden Persönlichkeiten ist in der Schrift nur wenig die Rede und nirgends auf eine beleidigende Weise. Die Aufnahme von Stellen solcher Art habe ich von vornherein vermieden, gemäß einem anerkannten literarischen Gebrauch. Ich habe dies selbst getan, wo Verstorbene erwähnt wurden, deren Nachkommen noch in angesehenen Stellungen lebend sich verletzt fühlen könnten. In bezug auf die drastischen Redewendungen Seiner hochseligen Majestät, die in dem Briefwechsel vorkommen, habe ich ein ähnliches Verfahren beobachtet."

Dies schildert Ranke nun:

„Manche Stellen dieser Art konnte ich weglassen, da sie nicht gerade unbedingt zur Sache gehörten, und ich nur einen Auszug mitzuteilen hatte. In einer oder der andern Stelle, welche notwendig mitzuteilen war, soll der von Seiner Majestät Allergnädigst erteilten Weisung Folge geleistet werden. Denn nichts sollte mir schmerzlicher sein, als Seiner Majestät auch nur ein geringes Mißbehagen zu verursachen." Denn: „die Absicht bei der Publikation war dahin gerichtet, den Gedankenkreis, in welchem Seine hochselige Majestät lebte, die Ideen und Tendenzen, in denen er sich bewegte, seine geistige Persönlichkeit der heutigen Generation, welche dieselbe zum größeren Teile verkennt, zur Anschauung zu bringen."

Die Stellungnahmen des Königs zu den ihm „entgegengesetzten Richtungen" dürften nicht verschwiegen werden. Dies „wegzulassen, würde den authentischen Charakter der Publikation schwächen und ihre Wirkung vernichten. Der Herausgeber hofft um so mehr auf Allerhöchste Nachsicht, da die Publikation von mehr als einem hochgestellten Staatsmann durchgesehen worden ist und die Erinnerungen derselben beachtet worden sind".[217]

Im März 1873 war der Druck beendet, und Ranke übersandte das erste Exemplar dem König, der mit Ordre vom 7. April 1873 dankte und „mit Befriedigung das

217 Das Stück trägt in der Akte a.a.O. das Datum des 25. Dezember 1872, mit unrichtigem Datum bei Fuchs, Ranke Briefwerk (Anm. 6), S. 516f gedruckt.

Wirken Ihrer feinfühlenden Hand" anerkannte, „erneuter Beweis Ihrer pietätvollen Gesinnung".[218]

Der Kampf war zäh gewesen, und die Aufnahme des Bandes im Publikum war keine günstige.[219] Diese Schlacht war für Ranke verloren. Es sollte nicht seine letzte sein.

218 Hoeft / Herzfeld, Neue Briefe (Anm. 130), S. 596f: Immediateingabe Rankes vom 22. März 1873; Antwort: Kabinettsordre vom 7. April 1873, Konzept gez. v. Wilmowski, GStA PK, I. HA, Rep. 89, Nr. 19725, daraus die Zitate; vgl. F. v. Ranke, Vierzig Briefe (Anm. 201), in: Deutsche Revue 29/4 (1904), S. 58.

219 Vgl. auch Diether, Ranke (Anm. 5), S. 597–599; Aufnahme: S. 607f, Erstausgabe: Leopold von Ranke, Aus dem Briefwechsel Friedrich Wilhelms IV. mit Bunsen, Leipzig 1873; das Vorwort (S. V–VIII) schweigt über die hier rekonstruierten Vorgänge. Dass Nachrichten von historischer Erheblichkeit der „Zensur" (vgl. Wiedemann in Anm. 215) zum Opfer gefallen waren, wird wohl nicht behauptet werden können.

5.
Ranke und Hardenberg

Zur Genese desjenigen Werkes – wieder eines Auftragswerkes –, mit dem Ranke seine preußische, also seine Historiographenproduktion beschloss, bevor er mit seiner *Weltgeschichte* sich wieder anderem zuwandte, ist nur weniges bekannt,[220] obwohl die Quellenüberlieferung überraschend gut ist. Das wenige aber gab schon zu irrigen Schlüssen und voreiligen Etikettierungen Anlass, etwa wenn Ranke schlechterdings als „angepaßter Staatsdiener" und als „Ranke, der Untertan" geschildert wird, dessen „Untertanengeist [...] mit Privilegien versüßt" worden sei.[221] Schon das, was bisher geschildert worden ist, zeigt, was heute geflissentlich übersehen werden soll: den lebenslang – in höfisch höflicher Form – geführten Kampf um die wissenschaftlichen Freiräume, um die Freiheit des Historikers.

Auch nach der Niederlage im Kampf um von Bunsen und im Lebensalter um die siebzig und achtzig hatte Leopold von Ranke seine Widerständigkeit nicht verloren,

220 Dürftige Angaben und nichts zur Genese bei: Henz, Ranke (Anm. 4), Bd. 1, S. 328–335, mit dem üblichen Rezensionsreferat, Stellungnahme von Max Duncker: S. 329f; einiges bei Helmolt, Ranke (Anm. 7), S. 124f (Entsiegelung 1864); Archivarbeiten Rankes für das Hardenberg-Thema in Wien: S. 127, ferner S. 206 Anm. 268; Paul Kehr, Ein Jahrhundert preußischer Archivverwaltung. Rede, gehalten gelegentlich der Wiedereröffnung des Geheimen Staatsarchivs in seinem neuen Heim zu Berlin-Dahlem, am 26. März 1924, in: Archivalische Zeitschrift, 3. Folge, 35 (1925), S. 3–21, hier S. 13; danach Adolf Brenneke, Archivkunde. Ein Beitrag zur Theorie und Geschichte des europäischen Archivwesens, bearb. von Wolfgang Leesch, Leipzig 1953, S. 404f; Diether, Ranke (Anm. 5), S. 590–594; nur kurz bei Juhnke, Ranke (Anm. 5), S. 208.

221 So Juhnke, a.a.O., S. 8, S. 95ff, S. 99.

wie die Genese seines großen Werkes über den Reformmann und späteren Staatskanzler Hardenberg zeigt.

Um dessen Memoiren ging es in den 1860er- und 1870er-Jahren, aber wir müssen zum Verständnis des Vorganges und der Produktionsbedingungen Rankes zurückgreifen in die Zeit, in der diese Quelle zum Gegenstand staatlichen Handelns wurde.

Nach der Niederlage von Jena und Auerstedt und dem Zusammenbruch des altpreußischen Staates hatte es mancherlei publizistische Angriffe auf den früheren Außenminister Hardenberg gegeben. So entstand Hardenbergs Absicht, Memoiren zu verfassen, die seine Politik in den Jahren vor 1806/07 verteidigen und rechtfertigen sollten. Hardenberg schrieb zunächst in Riga – zwischen dem 12. September 1807 und November 1808 bzw. als er sich im ostpreußischen Tilsit befand – nicht nur aus frischer Erinnerung. Er hatte in das livländische Exil nicht allein seine privaten Unterlagen, sondern auch die Dienstregistratur seines Amtes mitgeführt; er konnte also optimalerweise aus Überlieferungen unterschiedlicher Provenienz schöpfen und dabei vielerlei Dokumente gleichsam inserieren.[222] Es ging um die Frage, wer Schuld trug an der politischen „Katastrophe von 1806", an der Neutralitätspolitik Preußens zwischen den Lagern und

222 Wichtig nach wie vor Max Lehmann, Hardenbergs Memoiren, in: HZ 39 (1878), S. 77–110, hier S. 78, S. 83 mit scharfer Kritik an der Tendenz Hardenbergs; die Angriffe (bes. Lombard): vgl. Tschirch, Öffentliche Meinung (Anm. 88), Bd. 2, S. 462f; Max Lehmann, Hardenbergs Denkwürdigkeiten, in: ders., Historische Aufsätze und Reden, Leipzig 1911, S. 158–184, S. 369–371, hier S. 159f; Peter Gerrit Thielen, Karl August von Hardenberg 1750–1822. Eine Biographie, Köln / Berlin 1967, S. 222–224; jetzt Lothar Gall, Hardenberg. Reformer und Staatsmann, 2. Aufl. München 2018, S. 172f.

Mächten mit ihrer bekannten Folge.[223] Die Jahre 1803 bis 1807 sind denn das eigentliche Thema der Darstellung, die Hardenberg nach der Niederschrift 1807/08 – nach dem archivarischen Befund der 1870er-Jahre – nicht mehr berührt und verändert hat.[224] Diese befand sich beim Tode Hardenbergs im Besitz des früheren Mitarbeiters des Staatskanzlers, Maximilian Samson Friedrich Schöll, Publizist und 1819 Geheimer Oberregierungsrat sowie Vortragender Rat des Staatskanzlers, bewährt durch literarische Arbeiten im preußischen Dienst.[225]

Kurz nach Hardenbergs Tod und nachdem die privaten von den Dienstakten in Verona und Berlin gesondert und versiegelt worden waren, berichtete Schöll an Friedrich Wilhelm III., dass Staatskanzler Hardenberg ihm seine

223 Lehmann, Denkwürdigkeiten (Anm. 222), S. 181; vgl. auch: Max Duncker, Graf Haugwitz und Freiherr von Hardenberg. Actenstücke zu den Denkwürdigkeiten des Fürsten von Hardenberg, Bd. V, zuerst 1878, wieder in: ders., Abhandlungen zur Neueren Geschichte, Leipzig 1887, S. 193–263, hier S. 194f, S. 262f, auch zur Kritik an der (gegen Haugwitz gerichteten) Apologetik Hardenbergs; Paul Hinneberg, Eine ungedruckte Replik Rankes, in: FBPG 5 (1892), S. 483–486, hier S. 483.

224 So der langjährige Leiter des Geheimen Staatsarchivs: Max Duncker, Die Denkwürdigkeiten des Staatskanzlers Fürsten von Hardenberg, zuerst 1877, wieder in: ders., Abhandlungen (Anm. 223), S. 144–192, hier S. 145f, wiederum mit inhaltlicher Kritik an der Tendenz Hardenbergs; wichtig ferner Hans Haussherr, Die Lücke in den Denkwürdigkeiten des Staatskanzlers Fürsten von Hardenberg, in: Archivar und Historiker. Studien zur Archiv- und Geschichtswissenschaft. Zum 65. Geburtstag von Heinrich Otto Meisner, hg. von der Staatlichen Archivverwaltung im Staatssekretariat für Innere Angelegenheiten (= Schriftenreihe der Staatlichen Archivverwaltung, Nr. 7), Berlin 1956, S. 497–510, hier S. 498, S. 505.

225 Zu ihm Wilhelm Feldmann, Schöll, Maximilian Samson Friedrich, in: Allgemeine Deutsche Biographie, Bd. 54, Leipzig 1908, S. 138f; Hofmeister-Hunger, Pressepolitik (Anm. 100), S. 254, S. 272; Thomas Stamm-Kuhlmann, Einleitung, in: ders. (Hg.), Karl August von Hardenberg 1750–1822. Tagebücher und autobiographische Auszeichnungen (= Deutsche Geschichtsquellen des 19. und 20. Jahrhunderts, Bd. 59), München 2000, S. 13–76, hier S. 17.

Memoiren „unter dem Siegel des innigsten Vertrauens übergeben“ habe.[226]

„Die in meinen Händen befindlichen die Administration oder das Leben des verewigten Staats Kanzlers betreffenden Papiere sind von fünferley Art: a) Ich besitze die eigenhändig von dem Fürsten geschriebenen und vollkommen beendigten, keiner weitern Redaktion mehr bedürfenden Geheimen Memoiren des Fürsten über die Jahre 1802 [!] bis 1807. Wenn sie gedruckt würden, so könnten sie wegen einer Menge beygefügter Actenstücke und keineswegs nur aus den Archiven gezogenen Briefen, wohl 10 Bände ausmachen. Durch die Herausgabe derselben in beyden Sprachen wollte der Verewigte meinen Kindern ein Geschenk machen, das ich nicht unter 25000 Rthlr. Gold anschlagen kann; ich sage: meinen Kindern, weil ich persönlich mich nie mit dieser Publication befaßt hatte.“ Sodann berichtete Schöll von „eine[m] von mir gemachten aber nicht weit gediehenen, daher nicht in consideration kommenden Versuch, diese Memoiren so zu bearbeiten, daß ich selbst ohne Verletzung meiner Pflichten gegen den König die Herausgabe derselben besorgen konnte“. Noch weitere Manuskripte befänden sich

226 Abschrift: Immediateingabe Schölls, Berlin 21. Dezeber 1823, GStA PK, I. HA, Rep. 89, Nr. 3757; Aussonderung der Dienstkaten in Verona und Berlin: Akte Nr. 3752, mit diversen Stücken von 1822/23; zum Tod Hardenbergs in Genua z. B. Thielen, Hardenberg (Anm. 222), S. 368f; Versiegelung des Nachlasses an verschiedenen Orten: Hans Haussherr, Hardenberg. Eine politische Biographie, 1. Tl., hg. von Karl Erich Born (= Kölner Historische Abhandlungen, Bd. 8), Köln / Graz 1963, S. 14f.

in seiner Hand, eine von ihm verfasste Geschichte der politischen Verhandlungen von 1794/96, eine Geschichte der Diplomatie von 1798 bis 1802, ferner Darstellungen zu den Jahren 1808–13 und 1814/15. Die Memoiren Hardenbergs sollten aber besser „für jetzt [...] ungelesen bleiben", da sonst „Haß und Feindschaft" erregt würden.[227]

Schöll schlug zu seiner Summe noch weitere 5.000 Taler drauf und bat dann darum, „daß die von dem verewigten Staats Kanzler verfaßten Memoires vollkommen ungelesen mit den Königl. Siegel versehen im Geheimen Archiv niedergelegt werden um erst im Jahr 1850 eröffnet zu werden", und ferner, „daß die von mir verfertigte Arbeit entweder ungelesen verbrannt, oder daß mit ihr wie mit den Staatskanzlerschen Memoiren verfahren werde". Außerdem bat er um die unbefristete Fortzahlung seines bisherigen Gehalts.[228]

Von Seiten des Königs bzw. des Zivilkabinetts wurde der Besitztitel Schölls nicht bestritten und auch nicht, dass ihm von „dem Fürsten Hardenberg die Bearbeitung und Redaction Seiner Memoires [...] übertragen" worden sei.[229] Jetzt ging es um die Übernahme des ganzen Materials, vor allem aber der Staatskanzlermemoiren, und um die (vor allem finanziellen) Bedingungen. Anfang 1824 war die Übergabe noch nicht erfolgt; Schöll verhandelte hart, und der König kam ihm entgegen, sodass er nun

227 Anschreiben Schölls an den Kabinettsrat Albrecht vom 30. Dezember 1823, dat. Berlin, GStA PK, I. HA, Rep. 89, Nr. 3757.

228 Ebd.

229 So die Kabinettsordre an Lottum vom 18. Dezember 1823, Auszug in der Akte wie Anm. 227; siehe dort auch die Kabinettsordre an Wittgenstein vom 1. Juni 1829; vgl. Haussherr, Hardenberg, Bd. 1 (Anm. 226), S. 15.

die Memoiren Hardenbergs transferierte. Hier genügt die Feststellung, dass der Oberregierungsrat das Material förmlich verkauft hat. Während „die eigenhändigen Memoires des verstorbenen Staatskanzlers über die Jahre 1803 bis 1807, auch seine Bearbeitung derselben mit den dazu gehörigen Pieces justificatives abgeliefert" waren, machte der Beamte 1829 mit anderen Papieren noch Schwierigkeiten.[230] Deshalb erbaten Hausminister Wittgenstein und Außenminister Bernstorff vom König, „daß Allerhöchstdieselben dem p. Schöll die Ablieferung seiner Bearbeitung der Memoiren des Verewigten Staatskanzlers in dem von ihm selbst angezeigten Umfange, imgleichen der dazu gehörenden Piecen binnen einer peremtorischen Frist anbefehlen".[231] Diese Teile sollten „in eben der Art wie die Memoiren des Staatskanzlers Fürsten von Hardenberg ungelesen, versiegelt niedergelegt werden".[232]

Damit war eine Teilübersetzung der Memoiren Hardenbergs ins Französische gemeint, die sich im Nachlass Schöll des Geheimen Staatsarchivs Preußischer Kulturbesitz bis zum heutigen Tage erhalten hat.[233] Sie stammt nicht von der Hand Schölls selbst und führt bis weit in

230 GStA PK, I. HA, Rep. 89, Nr. 3757, Immediatbericht der Minister Wittgenstein und Bernstorff, Berlin, 6. Juli 1829; in ihrem Bericht vom 19. Januar 1829 hatte es geheißen: „Wichtige Papiere befinden sich noch fortwährend in seinen Händen."

231 Ebd. (19. Januar 1829).

232 In der Akte ebd. Konzept: Kabinettsordre an Schöll, 24. Februar 1829.

233 Vgl. Ute Dietsch (Bearb.), Familienarchive und Nachlässe im Geheimen Staatsarchiv Preußischer Kulturbesitz. Ein Inventar (= Veröffentlichungen aus den Archiven Preußischer Kulturbesitz. Arbeitsberichte, Bd. 8), Berlin 2008, S. 224; vgl. zu Hardenberg: S. 41–43.

das Jahr 1805.[234] Dies ist deshalb bemerkenswert, weil – um dies vorwegzunehmen – Hardenbergs Autograph seiner Memoiren nach 1945 nicht mehr im Bestand des Hardenberg'schen Gutsarchivs in Neuhardenberg aufzufinden gewesen ist.[235] Insofern hat die Rekonstruktion der von Leopold von Ranke vorgelegten Edition des Hardenberg-Materials nicht nur den Zweck, seinen fortgesetzten Kampf um die Freiräume des Historikers auch in seinen späten Jahren zu rekonstruieren. Zugleich wird damit eine Analyse des uns heute gedruckt vorliegenden Memoirenwerks gegeben, in dem nun erkennbar wird, ob und welche Deformationen der Quelle unter den Produktionsbedingungen des Staatshistoriographen in den 1860er- und 1870er-Jahren eingetreten sind.

Leopold von Ranke hat später von den verschiedenen Manuskripten Schölls in extenso Gebrauch gemacht, ohne

234 GStA PK, VI. HA, NL Schöll, Nr. 47; nicht blattweise paginiert; es handelt sich um 74 Bogen; in der Edition: Leopold von Ranke, Eigenhändige Memoiren des Staatskanzlers Fürsten von Hardenberg, Bd. 1 (= Denkwürdigkeiten des Staatskanzlers Fürsten von Hardenberg, Bd. 2), Leipzig 1877, führt das obengenannte französischsprachige Manuskript bis S. 178, Ende des 3. Absatzes.

235 Vgl. zu Recherchen in der DDR der 1950er-Jahre Haussherr, Die Lücke (Anm. 224), S. 499f; ders., Hardenberg, Bd. 1 (Anm. 226), S. 4 (Bestand der „eigenhändigen Memoiren [...] scheint um 1945 verloren gegangen zu sein; es hat sich jedenfalls nicht auffinden lassen"); Thielen, Hardenberg (Anm. 226), S. 414; Haussherr berief sich auf Auskünfte der Grafen Hardenberg; zu dem Teil des Guts- bzw. Familienarchivs, der nach 1945 in die Hände der Archivverwaltung der DDR fiel und sich zum Teil jetzt im Bestand des Brandenburgischen Landeshauptarchivs befindet, vgl. zunächst Werner Heegewaldt / Harriet Harnisch (Bearb.), Übersicht über die Bestände des Brandenburgischen Landeshauptarchivs, Teil I/1: (Adlige) Herrschafts-, Guts- und Familienarchive (Rep. 37) (= Veröffentlichungen des Brandenburgischen Landeshauptarchivs, Bd. 60), Berlin 2010, S. 192–194, S. 192f zu den 1991/92 an die Familie restituierten Teilen; diese sind in den Findmitteln des BLHA detailliert erfasst (dabei Film 1621: „Autobiographische Notizen des Staatskanzlers (1750–1768), Fragment 1810)".

sie zu publizieren; er hat sich dazu eingehend geäußert, auch dazu, dass er Schölls Sammlerfleiß vieles verdanke.[236]

Wie aber kam es Jahrzehnte später zu diesem Projekt, wie zu dem Auftrag an Ranke?

Wie wir sahen, war es Hardenbergs Memoirenverwalter Schöll, der auf Hardenbergs Wunsch „innigster Verschwiegenheit" hin die Forderung gestellt hatte, dass das Manuskript „in das Geh. Staats-Archiv solle übergeben werden, mit Ew. Königl. Majestät Siegel versiegelt werden möge um vor dem Jahre 1850 von Niemand gelesen zu werden"; zugleich erbat er für die Tätigkeit an seinen eigenen künftigen Arbeiten zur preußischen Diplomatiegeschichte, „mir den Charakter als Königl. Historiographen beizulegen," damit er die „Archive gehörig benutzen" könne,[237] eine Bitte, die damals (1823) höheren Orts schlicht ignoriert worden ist.

Dreißig Jahre später kam der Archivdirektor von Lancizolle auf die Frage zurück, wie mit der Aufbewah-

236 Siehe die etwas spätere Separatpublikation der von Ranke selbst verfassten Darstellung (aus der 1877 zusammen mit der Edition fünfbändigen Arbeit), nun unter dem Titel: Leopold von Ranke, Hardenberg und die Geschichte des preußischen Staates von 1793–1813. Zweite Auflage der in dem Werke „Denkwürdigkeiten des Staatskanzlers Fürsten von Hardenberg" den eigenhändigen Memoiren Hardenbergs beigegebenen historischen Darstellung des Herausgebers, 3 Bde., Leipzig 1879–1881, hier Bd. 1, S. VIIIf/S. IX: „Ich mußte mich entschließen, ein selbständiges Buch über die Epoche zu schreiben, in das ich zugleich den Inhalt der Memoires, soweit derselbe historisch ist, aufzunehmen hatte."); Haussherr, Lücke (Anm. 224), S. 501, S. 508, auch zu Rankes Erklärung, sein Werk bis 1813 zu führen, weil Schölls Ausarbeitungen bis dahin reichten; ders., Hardenberg, Bd. 1 (Anm. 226), S. 11f, S. 13f; Hofmeister-Hunger, Pressepolitik (Anm. 100), S. 110; Stamm-Kuhlmann, Einleitung (Anm. 225), S. 17.

237 Wie Schöll betont, solle der König auf Schölls Bitten hin so verfahren: GStA PK, I. HA, Rep. 89, Nr. 3757, Immediateingabe Schölls, Berlin 21. Dezember 1823 (Abschrift).

rung der „aus dem Nachlaß des Staatskanzlers Fürsten Hardenberg herrührenden Dienstpapiere mit Einschluß der von demselben resp. in seinem Auftrage von dem Geheimen Legationsrath Schoell verfaßten Memoiren" weiter verfahren werden solle.[238] Schöll hatte, wie wir soeben hörten, eine Sperre für die Memoiren bis zum Jahr 1850 in Vorschlag gebracht, aber im Archiv gab es dazu keine gesicherten Informationen. Vielmehr hielt sich dort das Gerücht, dass die „Hardenbergschen Memoiren im Archiv aufbewahrt werden, und daselbst 50 Jahre liegen, und während dieser Zeit von Niemand gesehen werden" sollten, ohne dass freilich ein entsprechender Befehl des Königs aufzufinden wäre.[239]

Nur das ist hier wichtig: Über die Memoiren Hardenbergs gab es in der Mitte des Jahrhunderts nur Gerüchte, und diese bewirkten, dass sie versiegelt im Archiv lagen, ohne irgend erschlossen werden zu können. Es war die Familie Hardenberg auf Neuhardenberg im Lebusischen, die nun dieses Material knapp vierzig Jahre nach der Übergabe an das Archiv wieder ins Gedächtnis rief. Der Fideikommissbesitzer Carl Adolf Christian Graf Harden-

238 A.a.O. Schreiben Lancizolles an den Chef des Zivilkabinetts Illaire, 25. April 1854.

239 So Lancizolle an Illaire, 21. Juli 1854, und Verweis auf „einen Bericht des Geh. Legationsrats von Raumer" vom 30. Januar 1828, der sich auf eine Kabinettsordre berief, in der von den 50 Jahren aber gar nicht die Rede war; vgl. auch Haussherr, Hardenberg, Bd. 1 (Anm. 226), S. 16; zum literarischen Nachlass Hardenbergs Details in einem Bericht von Paul Hassel vom 6. November 1877, GStA PK, I. HA, Rep. 178 XIV, Publikationen 3, Vol. 2 (auch zur Korrektur an Rankes Darstellung in seiner Einleitung 1877: Ranke, Denkwürdigkeiten [Anm. 234], Bd. 1, S. VI). Die „historischen Aufzeichnungen und Journale" sind über Wittgenstein und Lottum sowie Kabinettrat Albrecht erst 1828 in das Archiv gekommen und wurden damals versiegelt; zu 1828 auch Haussherr, Lücke (Anm. 224), S. 509.

berg[240] wandte sich im November 1861 an Innenminister Graf Schwerin.

„Der verstorbene Staatskanzler Fürst v. Hardenberg hat in seinem Testamente vom 4. Dezember 1821 seine Manuscripte dem, von ihm errichteten, Familien Fideicommiß Neuhardenberg vermacht. Zu diesen Manuskripten", so wurde jetzt behauptet, „gehören auch seine nachgelassenen M e m o i r e n , welche nach seinem Ableben im Jahre 1822 an das Königl. Staatsarchiv abgegeben werden mußten. Wenn nun nach einem Zeitraum von 39 Jahren wohl kein Grund vorliegen dürfte, der Familie v. Hardenberg das gedachte Vermächtniß länger vorzuenthalten, so erlaube ich mir Euer Excellenz ganz ergebenst zu ersuchen: die Rückgewährung der Memoiren des Staatskanzlers Fürsten Hardenberg hochgeneigtest verfügen zu wollen."[241]

Es sollte ein halbes Jahr dauern, bis dieser Vorgang über den preußischen Innenminister, den preußischen Ministerpräsidenten Hohenlohe und den Minister von Auerswald – quasi als Staatssache – gelaufen war. Nur das ist hier festzuhalten, dass dem Grafen Hardenberg auf Neuhardenberg mitgeteilt wurde, dass der Fürst seinerzeit ein Kodizill zu seinem Testament verfasst habe und auf dieser Grundlage die Versiegelung der Papiere

240 Mitglied des Herrenhauses, vgl.: Königlich Preußischer Staats-Kalender für das Jahr 1859, Berlin o. J., S. 293.

241 Ausf. gez. Hardenberg, 23. November 1861, GStA PK, I. HA, Rep. 178 XIV Publikationen 3, Vol. 1; Hervorhebung im Original.

befohlen worden sei, eine Entsiegelung also nur auf Befehl des Königs möglich wäre. Diese habe bisher nicht stattgefunden.[242] Aber die Familie ließ nicht locker und wandte sich im Mai 1864, in Tagen höchster außenpolitischer Spannung, an den preußischen Ministerpräsidenten von Bismarck mit der nun erneuten Forderung nach „Rückgewähr" der Manuskripte. „Ich bemerke noch, ganz gehorsamst", so Graf Hardenberg auf Neuhardenberg, „wie ich mich verpflichte die Memoiren des Staatskanzlers F. v. Hardenberg niemals ohne die ausdrückliche Genehmigung der Königlichen Staatsregierung durch den Druck veröffentlichen zu lassen."[243] Die Familie von Hardenberg hat auch weiterhin die Sache betrieben, sie hat sich im Sommer 1867 erneut an Bismarck in Sachen der Memoiren gewandt und sich auf eine Zusage berufen:

„daß es indessen möglich sei, daß nach vollendeter Sichtung und Prüfung Theile derselben der Familie übereignet werden können. Inzwischen hat der Professor von Ranke in seiner Eigenschaft als Historiograph des Preußischen Staates die gedachten Memoiren einer Prüfung unterzogen, hält eine Veröffentlichung derselben im Interesse der Wissenschaft für außerordentlich wünschenswerth und hat, wie Euer Excellenz bekannt ist, den Wunsch[,] die zum Theil unvollständigen Schriftstücke zu

242 A.a.O., Konzept: Lancizolle an Graf Hardenberg, 15. April 1862; in den Akten des Zivilkabinetts die Abschrift einer Notiz Hardenbergs, Tilsit, 5. November 1808: zum Zweck seiner „Memoires" und ihrer künftigen Überarbeitung. Die Herausgabe solle ggf. nach seinem Tode erfolgen, GStA PK, I. HA, Rep. 89, Nr. 19496.

243 GStA PK, I. HA, Rep. 178 XIV, Publikationen 3, Vol. 1, Anschreiben des Grafen Hardenberg an den Ministerpräsidenten, Berlin, 3. Mai 1864.

bearbeiten und mit Allerhöchster Genehmigung herauszugeben. Da indessen noch unentschieden ist[,] inwieweit diese Memoiren der Familie überlassen werden möchten, ist derselbe zweifelhaft darüber, in welcher Ausdehnung er von denselben wissenschaftlichen Gebrauch zu machen berechtigt sei."

Die Familie, die also den Stein ins Rollen gebracht hatte, erklärte in aller Form:

„daß die Familie, indem dieselbe um Herausgabe der Memoiren des Staatskanzlers bat, damit hauptsächlich bezweckte, dieselben der Vergessenheit zu entziehen. Sollte der Herr Professor von Ranke die Erlaubniß zur Herausgabe derselben erhalten, so würde ich" (Graf Hardenberg) „in keiner Weise dagegen Einspruch erheben, vielmehr in hohem Grade befriedigt sein, da diese Angelegenheit besseren Händen nicht anvertraut werden kann."

„Nach erfolgtem Gebrauch durch den Herrn Professor Ranke" sollte dann die Rückgabe des Manuskripts erfolgen.[244] Zehn Jahre später wiederholten die Grafen Hardenberg ihre Demarche; der nun das Amt des Archivdirektors ausübende und für das Thema hochkompetente

244 A.a.O., Schreiben des Grafen Hardenberg auf Neuhardenberg, 27. Juni 1867, an Bismarck; inzwischen hatte der Sohn, Carl Graf Hardenberg, den Besitz übernommen, vgl. Handbuch über den Königlich Preußischen Hof und Staat, Berlin 1868, S. 313.

Professor Heinrich von Sybel sprach sich, nach Abschluss der Veröffentlichung, für die Rückgabe aus.[245]

Das also steht außer Frage: Bei den Memoiren des Staatskanzlers handelte es sich um eine wissenschaftliche und zugleich staatspolitische Angelegenheit hohen Ranges, in die Könige, preußische Ministerpräsidenten und der Historiograph des preußischen Staates eingeschaltet wurden. Nicht von der Familie der Hardenbergs gingen die Probleme aus. Bis dato war es nicht einmal einem Mann wie dem Historiker Johann Gustav Droysen gelungen, Einsicht in Hardenbergs Denkwürdigkeiten zu bekommen, wie er es in den 1850er-Jahren versucht hatte.[246] Ins Rollen kam der Stein aber erst unter der Regierung Bismarcks. Archivdirektor Lancizolle hatte den Sachstand zunächst in einem Promemoria für die weitere Entscheidung aus seiner Sicht dargestellt: Seit dem Jahre 1828, so meldete er, läge ein versiegeltes Paket mit einer Aufschrift des Ministers Bernstorff in den Beständen; in diesem Paket, das nur auf Befehl des Königs zu öffnen sei,

245 Die Vorgänge von 1877: GStA PK, I. HA, Rep. 178 XIV Publikationen 3, Vol. 2; Sybel plädierte dafür, Hardenbergs „Tagebücher" nicht zurückzugeben (vgl. die Edition in Anm. 225). In der Akte ein „Votum" des Justizministers Friedberg, 18. März 1880, wonach es keinen Anspruch auf Rückgabe der „Scripturen des Staatskanzlers" gebe; vgl. auch GStA PK, I. HA, Rep. 89, Nr. 19725; Skepsis zum Quellenwert von Hardenbergs „Tagebücher(n)": Haussherr, Lücke (Anm. 224), S. 502. – Zum Verbleib der Manuskripte vgl. oben Anm. 235. Diverses zum Nachlass Hardenberg im GStA PK, I. HA, Rep. 89, Nr. 34; im GStA PK, VI. HA, NL Hardenberg (vgl. Dietsch, wie Anm. 233) finden sich nur splitterhafte Notizen Hardenbergs biographischen Inhalts, vgl. etwa die Faszikel L16, L18 und besonders L20, in L18 Deliberationen zu „Haupt Ursachen von Preussens Untergang". In allen diesen Einheiten keine Texte der Memoiren.

246 So Otto Hintze, Johann Gustav Droysen und der deutsche Staatsgedanke im 19. Jahrhundert, zuerst 1930, wieder in: ders., Soziologie und Geschichte. Gesammelte Abhandlungen zur Soziologie, Politik und Theorie der Geschichte, 2., erw. Aufl. Göttingen 1964, S. 500–518, hier S. 512; vgl. Nippel, Droysen (Anm. 193), S. 217ff.

befänden sich Hardenbergs Memoiren zu den Jahren 1803 bis 1807. Der Befehl Friedrich Wilhelms III. setze eine Frist von fünfzig Jahren fest, die also erst 1878 ende. Sollte Wilhelm I. aber anders entscheiden, müsse über das Verfahren neu beraten werden. Dann sei zu prüfen, was das Manuskript an Neuem enthalte, und dafür müsse Ranke als „Königl. Historiograph" gehört werden. Außer diesem Paket lägen da noch neun versiegelte „Portefeuilles" mit dazugehörigen Materialien. Auch für sie gelte, dass die Siegel nur mit Genehmigung des Monarchen gelöst werden dürften. Außerdem, so Lancizolle, gäbe es im Archiv auch noch die „Tagebücher" des Staatskanzlers mit meist nur kurzen „Notizen", denen er aber keinen historischen Wert beimaß, weshalb sie an die Familie abgegeben werden könnten.[247]

Das war im April 1864, und Wilhelm I. wurde nun in Person mit der Sache befasst, da die „asservirten Memoiren des Staatskanzlers" nicht ohne „Allerhöchste Ordre" geöffnet werden dürften. Lancizolle berichtete wenig später, dass der König „mündlichen Befehl" dazu erteilt habe. Also ging der Archivar mit dem betreffenden Paket in die Wilhelmstraße 76, in das „Hotel" – d. h. in der Dienstwohnung des Ministerpräsidenten. Bismarck selbst öffnete es „unter Assistenz des [...] Archivdirectors", nachdem die Siegel geprüft und bis dahin als unversehrt befunden waren. „Es fanden sich darin eigenhändige

247 „Promemoria" Lancizolles vom 14. April 1864, GStA PK, I. HA, Rep. 178 XIV Publikationen 3, Vol. 1; ebd. ein vollzogenes Mundum vom selben Tage; darin spricht Lancizolle davon, dass die damaligen Minister Wittgenstein und Bernstorff im Jahre 1828 die Versiegelung durchgeführt hätten.

Memoiren des Fürsten Hardenberg über die Geschichte seines amtlichen Lebens vom Jahre 1803 bis in das Jahr 1808“, außerdem Texte von fremder Hand. Der Ministerpräsident und Außenminister erteilte Lancizolle den Befehl zur Durchsicht des Materials, ebenso desjenigen der „9 Portefeuilles“ – die, so heißt es jetzt, 1829 versiegelt in das Archiv gekommen seien – und auch der „ungesiegelt in das Archiv gekommenen Hardenbergschen Tagebücher“.[248]

Kurz danach, im Juli 1864, ist Leopold Ranke schließlich von Bismarck mit den Hardenberg-Memoiren befasst worden. Das Konzept stammt von der Hand Lancizolles, der damals wie ein archiv- bzw. geschichtspolitischer Referent des Ministerpräsidenten fungierte. Ranke wurde über den (schon benannten) Vorlauf seit den 1820er-Jahren in Kenntnis gesetzt, und auch darüber, dass Wilhelm I. selbst den Auftrag zur Entsiegelung und für „die nähere Prüfung des Inhalts“ gegeben habe. Die Laufzeit der Aufzeichnungen gab Bismarck nun mit den Jahren 1803 bis 1807 an. „Es ist von hohem Interesse[,] darüber ein sicheres Urtheil zu gewinnen.“ Es sei zu entscheiden, ob Bedenken gegen eine Veröffentlichung aus dem Gesichtspunkt des Staatsinteresses heraus bestünden. Dies zu beurteilen, sei die

248 Der Bericht Lancizolles vom 21. April 1864 in den Akten des Zivilkabinetts (Abschrift): GStA PK, I. HA, Rep. 89, Nr. 19496, und sein eigenhändiger Vermerk vom selben Tage „Pro Registratura“: GStA PK, I. HA, Rep. 178 XIV Publikationen 3, Vol. 1; danach gab Wilhelm I. Bismarck direkt den „mündlichen Befehl“ (also wohl während eines Immediatvortrages im Palais Unter den Linden). Aus beiden Stücken das obige; ein Vermerk des Archivars Hassel vom 20. November (1876), an einem Konzept Sybels vom 16. November 1876, ebd.: „Nach Ausweis des Protokolls vom 21. April 1864 sind die Memoiren eigenhändig durch den Minister-Präsidenten, die übrigen Papiere durch den Archiv-Direktor entsiegelt worden.“

Aufgabe des Historiographen, dessen „ausgesprochene Bereitwilligkeit“ schon erklärt worden sei. Das Ergebnis solle schriftlich niedergelegt werden.[249]

Die Lektüre der Manuskripte hat Ranke, der ja gerade intensiv an seiner englischen Geschichte arbeitete, in den Monaten Juni bis November 1864 beschäftigt.[250] Am 3. Dezember 1864 konnte er Bismarck seinen Bericht erstatten, der sich in der Überlieferung des Staatsarchivs erhalten hat und der im editorischen Anhang veröffentlicht wird. Der Historiograph wies darauf hin, dass der Ministerpräsident selbst den Umfang der Papiere kenne, mit dem Hardenberg beabsichtigt hatte, das Urteil der Nachwelt über ihn zu sichern. Über den großen Wert der eigenhändigen Aufzeichnungen Hardenbergs bestehe kein Zweifel. Sie beleuchteten auch die Regierungsführung unter Friedrich Wilhelm III. vor Jena und dem Frieden von Tilsit, die Stellung des königlichen Kabinetts und dessen Gegensatz zu den verantwortungstragenden Ministern in diesen Jahren, sodass die Regierung „nicht

---

249 In der Akte wie Anm. 248, Konzept von der Hand Lancizolles, Anschreiben an L. Ranke, 10. Juli 1864; mit dem Datum 10. Juni 1864: F. v. Ranke, Vierzig Briefe (Anm. 201), S. 216: „Während mein Vater anfangs der sechziger Jahre noch mitten in der Abfassung der englischen Geschichte steckte, wurde er veranlaßt, sich der vaterländischen Geschichte erneut zu widmen. Am 10. Juni 1864 schrieb ihm Bismarck, als preußischer Ministerpräsident, daß der König die Entsiegelung der seit dem Jahre 1828 im Geheimen Staatsarchiv niedergelegten Memoiren des Staatskanzlers Fürst Hardenberg angeordnet habe. Zugleich bat er Ranke, diese daraufhin zu prüfen, wie weit sie bis dahin Unbekanntes böten.“ Im November dann erstattete Ranke Bericht; ebd. zum Auftrag Wilhelms I. zur „Publikation“, „wie ihm das Bismarck am 6. März 1865 mitteilte“. Zu Bismarck auch ders., in: Deutsche Revue 29 I (1904), S. 80. Zum Vorgang summarisch im Immediatbericht Bismarcks vom 7. April 1875, GStA PK, I. HA, Rep. 89, Nr. 19496; Helmolt, Ranke (Anm. 7), S. 124; knapp Henz, Ranke (Anm. 4), Bd. 2, S. 102 (nach F. v. Ranke), ohne GStA PK, I. HA, Rep. 178 zu kennen.

250 Siehe Leopold von Ranke, Tagebücher, hg. von Walther Peter Fuchs (= Aus Werk und Nachlaß, Bd. 1), München / Wien 1964, S. 393f.

gerade immer in einem günstigen Lichte" erscheint. So werde in der Sicht Hardenbergs aus dem Jahre 1808 „nur die Schuld, die der König" an der Niederlage „hatte oder haben mochte, nicht der Verdienst, das er sich späterhin erwarb", gesehen.

„Wenn von einer Publikation dieser Denkwürdigkeiten die Rede ist, so würde die Rücksicht auf das Königliche Haus erfordern, diesen Punkt Allerhöchsten Orts nicht unerwähnt zu lassen, manches darin würde selbst einer thatsächlichen Berichtigung bedürfen, die ganze Ansicht der Erweiterung. – Wenn das Urtheil über diesen, den persönlichen Theil der Memoiren zweifelhaft ausfällt, so muß dagegen den andern, der Darstellung der eigentlichen Politik, das größte Lob gespendet werden."

Manches davon sei zwar „nicht mehr unbekannt", und doch behalte Hardenbergs Darstellung ihren „Werth", zumal in Verbindung mit den eingeschalteten oder zitierten Dokumenten. „Die Ereignisse der Zeit erscheinen, indem ich diese Blätter umschlug, in einem neuen Lichte", wozu Ranke das Nähere ausführte. Der Gegensatz zwischen den Kabinettsministern Haugwitz und Hardenberg angesichts der vom König gewollten Neutralitätspolitik vor 1806 werde sehr deutlich. „Man nahm ein System des isolirten Staates an, der durch keine anderweitigen Rücksichten gebunden." Dies, um „in jedem Augenblick nach allen Seiten hin freie Hand zu haben". Angesichts der immer stärkeren Position Napoleons sei dann allerdings die preußische

„Stellung allmählig unhaltbar“ geworden. Der Historiograph behandelte sodann eingehender die Außenpolitik Preußens in den ersten Jahren des 19. Jahrhunderts. Dabei sei das Verhältnis zu Russland von immer größerer Bedeutung gewesen. Neues enthielten Hardenbergs Memoiren vor allem zum Jahreswechsel 1805/06 und zur Diskussion über die Idee eines norddeutschen Kaisertums Preußens, während der Quellenwert des Manuskripts für das Jahr 1806 selbst auf dem Felde der inneren Angelegenheiten liege, besonders mit denjenigen Informationen, die den wachsenden Widerstand gegen das königliche Kabinett, also die Berater in der unmittelbaren Umgebung Friedrich Wilhelms III., dokumentierten. Der König habe darin „eine Art von Meuterei“ sehen wollen. „Hardenberg hatte wenigstens indirect mehr Antheil daran, als man meint.“

Es ist eine nüchterne, fachliche Analyse, die Ranke da zum Vortrag brachte, dass Hardenbergs Memoiren wenig zum Krieg selbst, mehr zum Jahre 1807 und den politischen Verhandlungen ergäben.

„Man sieht am Hardenberg, wie ganz falsch es ist, wenn noch die neuesten und besten französischen Geschichtsschreiber bei der Zurückweisung der napoleonischen Anträge auf einen Separatfrieden der Königin eine entscheidende Einwirkung zu schreiben wollen. Es war ganz der Gedanke des Königs."[251]

Für die Mitte des Jahres 1807 würden Hardenbergs Mitteilungen wieder bedeutungsvoller. Es seien dies die Zeiten gewesen, in denen der „Ursprung des deutschen Bundes" – also nach 1815 – gelegen hätte. Mit der Entlassung Hardenbergs und seinem Exil in Riga endeten die Memoiren. Diese Erinnerungen, „welche der Verfasser als eine Zusammenstellung seiner Geschäftslaufbahn bezeichnet, die sich aber zum Range einer historischen Schrift erheben [...], zeugen von einem durch das Studium der Akten gebildeten Geist und einer großen, die Welt in ihrem wichtigsten[252] Interesse umfassenden Auffassung und gediegenen Gesinnung; sie sind sehr gut geschrieben. In deutscher Sprache giebt es", so Rankes Urteil, „keine Denkwürdigkeiten, die diesem an Werth gleichzusetzen wären; aus anderen ist nichts hervorgegangen, was man ihnen unbedingt vorziehen dürfte. – Von ähnlichem Werth sind die Berichte und Denkschriften Hardenbergs überhaupt; und zwar sowohl in dieser, wie in der frühesten Zeit seines Antheils an den Geschäften. Sie sind so voluminös, und die Zeit, in der ich sie benutzen kann, war bisher so beschränkt, daß ich sie

251 Der Bericht Rankes (nur die Unterschrift eigenhändig) hat sich erhalten, er ist aus Berlin datiert: GStA PK, I. HA, Rep.178 XIV Publikationen 3, Vol. 1; Ranke wies auf die Texte Schölls hin, die einen sehr viel geringeren Wert besäßen. Ranke auch im Detail zu den publizistischen Angriffen aus den Jahren nach 1806, die die Niederschrift Hardenbergs veranlasst hatten, vgl. Anm. 88.

252 Unsichere Lesung.

bei weitem noch nicht alle habe durchgehen können: aber schon jetzt kann ich mit voller Zuversicht aussprechen, daß eine Zusammenstellung der Denkschriften, Berichte und Ausarbeitungen Hardenbergs den wichtigsten Beitrag zur Geschichte des preußischen Staates bilden würde, der überhaupt an das Licht treten könnte."[253]

Damit hatte Ranke bereits implizit mitgeteilt, wie er eine solche Publikation anlegen würde, durchaus nicht nur auf eine Edition der Memoiren des Staatskanzlers beschränkt, sondern im Sinne einer viel umfassenderen Edition unter Einschluss weiterer Überlieferungen aus der Amtspraxis dieser Epoche – ganz so, wie sie mehr als zehn Jahre später dann in fünf starken Bänden erschienen ist. Bismarck hat sich sogleich mit dem Thema wieder befasst, und zwar sehr persönlich, wie seine eigenhändigen Korrekturen an dem Konzept zeigen, mit dem der antwortende Erlass an Ranke entworfen wurde. Er habe, so der Ministerpräsident, Rankes Bericht mit Interesse gelesen. Er dankte für die doch rasche Bearbeitung und für Rankes „Zuschrift". Es sei deutlich, „daß die Friedrich Wilhelm III. betreffenden Theile nicht ohne Allerhöchste Genehmigung zu publiciren sein werden". Auf eine eigenhändige Ergänzung Bismarcks geht diese Passage zurück:

„S[eine] M[ajestät] hat Sich auf meinen vorläuf[igen] mündl[ichen] Vortrag hiermit einverstanden erklärt" und

253 Rankes Bericht vom 3. Dezember 1864 (wie Anm. 251) in der Akte des GStA PK, I. HA, Rep. 178 XIV 3, Vol. 1, die Hervorhebung im Original.

verfügt, dass „die betreffenden Theile der Memoiren unter Anzeichnung der besonders frivolen Stellen gef[älligst] zuzugehen lassen zu wollen, damit ich dieselben Allerh[-öchsten] Ortes vorlegen kann."[254]

Zur Jahreswende 1864/65 wurden in diesem Sinne von Teilen der Memoiren Hardenbergs Abschriften angefertigt und Ranke zur Verfügung gestellt. Sie lagen seinem neuerlichen Bericht an Bismarck zugrunde:[255] „Ew. Excellenz habe ich die Ehre anbei Hoch-Ihrem Auftrag gemäß eine Abschrift derjenigen Stellen aus den eigenhändig hinterlassenen Denkwürdigkeiten des verewigten Staatskanzlers Fürsten von Hardenberg über seine Geschäftsführung [...] zu überreichen." Bevor an eine Publikation gegangen würde, sollten diese Passagen „zur Allerhöchsten Kenntniß gebracht werden. Wir fügen Copie einer Aufzeichnung hinzu, in welcher der Verfasser für die Herausgabe seines Memoires ausdrücklich zur Bedingung macht, daß dadurch dem König und dem Staat kein Schade zugefügt werde. Ich bin weit entfernt, dem Urtheil Ew. Excellenz oder gar der Entscheidung[256] Sr. Majestät vorgreifen zu wollen: doch darf ich vielleicht eine Reflexion für den Fall hinzufügen, dass er aus Rücksicht auf das geheiligte Andenken König Friedrich Wilhelms III. nicht rathsam erscheinen soll, zur

254 Ebd. Konzept und Korrekturen Bismarcks zum Erlass an Ranke, Berlin, 15. Dezember 1864. Diese Akte auch zum Folgenden (div. Stücke 1865).

255 Nicht in Berichts-, sondern in Briefform: Ranke an Bismarck, 5. Februar 1865, GStA PK, I. HA, Rep. 178 XIV Publikationen 3, Vol. 1; eigenhändig von Ranke.

256 Unsichere Lesung.

Zeit zur Publication zu schreiten. Dabei", so Ranke, „würde nach meinem Dafürhalten auch ein Nachtheil sein."

Denn Hardenbergs Memoiren bewiesen, dass in den betreffenden Jahren „[die] Preußische Politik, die ich keineswegs durchaus rechtfertigen will, doch in der That bei weitem besser war als ihr Ruf, wie ich in meinem früheren Briefe[257] ausgeführt habe. Die Intentionen, aus denen später die Einstellung hervorging, so wie die Schwierigkeiten[,] mit denen wir heute zu kämpfen haben, lassen sich schon damals erkennen. Ähnlich verhält es sich mit der ganzen Epoche der politischen Verwicklungen und der Kriege, die seit dem Ausbruch der französischen Revolution eingetreten sind. Auch für diese liegt in den von Hardenberg gesammelten und in das Archiv übergegangenen voluminösen Papieren und Heften ein reiches Material vor. Die Denkschriften Hardenbergs aus diesen Jahren sind von hohem Werth. Außerdem besitzt das Archiv vieles andere, was der Mittheilung würdig und zu derselben geeignet ist im Original."

Und nun plädierte der Historiograph *für mehr* archivische Öffentlichkeit:

„Ich würde für historisch wichtig und selbst, wenn ich es sagen darf, für politisch rathsam halten eine Aus-

257 Sic.

wahl dieser Dokumente neuester Zeit zu publiciren, mit der nötigen Rücksicht, aber ohne große Ängstlichkeit; in diese ließe sich dann auch der ganze Hauptinhalt der eigenhändigen Denkwürdigkeiten aufnehmen."

Damit gab Ranke dem ganzen Vorhaben eine neue Wendung, er nahm Hardenbergs Memoiren nur zum Anlass für eine erstmalige und breite archivalische Grundlegung der Epoche seit dem Ausbruch der großen Revolution.[258]

„Es wäre", so schließt Ranke in seinem Schreiben an Bismarck im Februar 1865, „ein Unternehmen, das für die Regierung Sr. Majestät und zugleich [für] die Verwaltung Ew. Excellenz ein unvergängliches historisches Denkmal bilden würde. Für die Geschichte der auswärtigen Verhältnisse des Staates würde dadurch eine feste Grundlage gebildet werden."[259]

Die Hardenberg-Memoiren waren also – zunächst – eine Auftragsarbeit der Staatsregierung.[260] Aber die Gestalt, in die Ranke das Ganze nun brachte, entfernte sich von den Intentionen Bismarcks und Wilhelms I. immer mehr und wurde insofern Rankes Werk – die Details sind

258 Wie Anm. 255.

259 Wie Anm. 255, alles eigenhändig von Ranke, im GStA PK, I. HA, Rep. 178 XIV Publikationen 3, Vol. 1; darin ein Konzept für ein Anschreiben Bismarcks an den Grafen Hardenberg vom 16. März 1865, also aus diesen Wochen: die Memoiren Hardenbergs seien jetzt auf Befehl des Königs entsiegelt worden. Dabei habe sich herausgestellt, dass sie „ganz wesentlich theils aus der Darlegung rein amtlicher Handlungen und amtlicher Erlebnisse des Verfassers, theils aus dem Wortlaut offizieller, auf amtlichem Wege zu dessen Kenntniß gekommener Schriftstücke" bestünden. Nach Sichtung des gesamten Materials käme eine Rückgabe von Teilen an die Familie in Frage, doch sei der Zeitpunkt dafür ungewiss. Derzeit sei eine Rückgabe unmöglich.

260 Vgl. dazu Duchhardt, Rankes Sekretär (Anm. 201), S. 101.

zwischen ihm und dem Ministerpräsidenten mündlich verhandelt worden.

„Ew. Hochwohlgeboren sage ich für die gefällige Mittheilung vom 5. d. M. meinen verbindlichen Dank und ersuche Sie, behufs mündlicher Rücksprache über einzelne Punkte derselben Sich gefälligst am Montag den 13. d. Mts Abends 8 Uhr zu mir bemühen zu wollen.“[261]

Ein Vermerk des Archivdirektors Max Duncker, zehn Jahre später niedergelegt, gibt Informationen dazu, was da am Abend des 13. gesprochen worden ist. Danach

„ertheilte der Herr Präsident des Staatsministeriums am 13. Febr. 1865 dem Professor Dr. von Ranke den Auftrag: ‚Eine Auswahl des historisch Wichtigen aus diesen Papieren zu publiciren, welche die gesamte Geschäftslaufbahn des Fürsten Hardenberg in preußischen Diensten umfaße; dieselbe solle aus den Denkschriften, Correspondenzen und Aufzeichnungen Hardenbergs bestehen, durchaus authentisch sein u. zu dem Zwecke geschehen, die preußische Politik in jener Epoche zu erläutern und in das richtige Licht zu stellen; die Folge der Aktenstücke solle die chronologische sein.‘ “[262]

261 Erlass Bismarcks an den Professor und Historiographen Ranke, Berlin, 10. Februar 1865, das Konzept: GStA PK, I. HA, Rep. 178 XIV Publikationen 3, Vol. 1; Bezug war der Anm. 255 nachgewiesene „Brief“ Rankes.

262 In der Akte ebd., Pro Memoria von der Hand Dunckers, Berlin, 14. Januar 1875.

Dieser Auftrag enthielt im Wesentlichen das, was Ranke zuvor selbst vorgeschlagen hatte. Zwei Tage nach jenem denkwürdigen Abendgespräch konkretisierte Ranke dann, wie er sich das Ganze vorstellte, und zwar in einem wiederum direkt an Bismarck gehenden Bericht. Aus den Memoiren Hardenbergs solle demnach eine „Auswahl des historisch Wichtigen publiziert werden“, angereichert mit Denkschriften und anderen Dokumenten, nun aus seiner ganzen Amtszeit. Das Wichtigste blieb seine eigene Niederschrift zu den Jahren 1803 bis 1807. Der König hatte, trotz einiger Bedenken, dem Druck zugestimmt: „Nur etwa an drei oder vier Stellen soll das Verletzende des Ausdrucks, das aus momentaner Erregtheit hervorging, gemildert werden, ohne jedoch der historischen Wahrheit Abbruch zu thun, welche sorgfältig gewahrt werden soll.“[263]

Das Unternehmen solle nicht als eines der Familie, d. h. der Hardenbergs erscheinen. „Die Publikation soll demgemäß nicht als Privatunternehmen auftreten, sondern unter öffentlicher Autorität geschehen.“[264] Es sei ein „eben so wichtige[s] als schwierige[s] Werk“, bei dem „nicht Alles, was dabei zum Vorschein kommen und in

263 Abschrift in den Akten des königlichen Kabinetts: GStA PK, I. HA, Rep. 89, Nr. 19496; Rankes eigenhändige Ausfertigung: GStA PK, I. HA, Rep. 178 XIV Publikationen 3, Vol. 1, vom 15. Februar 1865, es beginnt: „Ew Excellenz erwiesen mir vorgestern Abend die Ehre, mich zu einer Besprechung über die Hardenberg'schen Memoiren zu Sich zu bescheiden.“ Weiter zum „Resultat“. Das Werk solle Preußens „Beziehungen zu den großen Mächten [...] erläutern“.

264 Im Folgenden machte Ranke einen vorläufigen Vorschlag für den Titel; ebd., auch zum Folgenden.

die Öffentlichkeit treten wird, allgemein gefallen kann". Ranke erbat deshalb dafür „fortdauernde Allerhöchste Protektion und Nachsicht." Da er derzeit noch „anderweitere Verpflichtungen" habe, rechnete Ranke „nicht vor künftigem Winter" mit dem Beginn der Arbeit. „Sie würde die erforderlichen Einleitungen und Erläuterungen begreifen."[265]

Auch Ranke blieb es – trotz seiner rund siebzig Jahre und der entsprechenden Erfahrung – nicht erspart, sich in Hinsicht des Zeithorizontes des Vorhabens gröblichst zu verschätzen. Nach einem Vermerk des Archivdirektors vom Frühjahr 1866 erweckte Ranke den Eindruck, nun mit dem Hardenberg zu beginnen, danach auch ein großes Verlangen zu tragen, dass er aber eine vorherige Verständigung mit der Familie wünsche.[266] Zu dieser Zeit waren auch Rankes Arbeiten an der englischen Geschichte noch in vollem Gange. Im September 1867 berichtete Bismarck erneut an den Monarchen über das Vorhaben, zu dem

265 GStA PK, I. HA, Rep. 89, Nr. 19496. Ranke schließt mit der Bitte, den Direktor des Geheimen Staatsarchivs zur Mitteilung der „Aktenstücke im vollem Umfang ohne Rückhalt" zu instruieren; Helmolt weiß noch mitzuteilen, dass Wilhelm I. unter dem 6. März 1865 Ranke in aller Form „beauftrag(t)" habe: Helmolt, Ranke (Anm. 7), S. 124; tatsächlich handelte es sich um eine Anweisung an Lancizolle von diesem Tage, GStA PK, I. HA, Rep. 178 XIV 3, Vol 1.

266 Ein Konzept gez. Bismarck, dat. Berlin, 15. August 1867, an den Grafen Hardenberg zu Neuhardenberg: „Auf Allerhöchsten Befehl ist der Historiograph des Preußischen Staates Professor Dr. Ranke mit der Herausgabe der bezüglichen Aufzeichnungen und Urkunden betraut worden." Bismarck stellte die Rückgabe nach Gebrauch durch Ranke in Aussicht, GStA PK, I. HA, Rep. 178 XIV Publicationen 3, Vol. 1; Lancizolles Vermerk (?) vom 20. März 1866 ebd.

Ranke am 13. Februar 1865 den „Befehl" erhalten habe.[267] Bismarck schrieb von großen Arbeitsfortschritten, mit der Folge, „daß mit dem Drucke [...] nach der Versicherung des Dr. von Ranke zu Anfang des nächsten Jahres begonnen werden kann".[268] Aber wir wissen bereits, dass Ranke auch nach dem Erscheinen des letzten Bandes der englischen Geschichte im Jahre 1868[269] noch mit ganz anderen Monographien beschäftigt war und mit der Produktion seiner *Sämmtlichen Werke.* Die Erweiterung seiner preußischen Geschichte steht in diesem Zusammenhang, und mit der Bunsen-Edition machten sich Hof und Staat als Auftraggeber Rankes insofern selbst Konkurrenz, als in den früheren 1870er-Jahren erst dieses Werk fertiggestellt werden musste. Tatsächlich hatte Ranke seinem Verleger Geibel unter der Hand mitgeteilt, dass er mit der englischen Geschichte und seinen Vorlesungen „allzusehr beschäftigt" sei und deshalb die Arbeiten am Hardenberg

267 Vgl. damit Helmolt in Anm. 265; der Immediatbericht Bismarcks vom 23. September 1867 in Ausfertigung: GStA PK, I. HA, Rep. 89, Nr. 19496; auf dem Stück an der Stelle, wo vom „Befehl" des Königs vom 13. Februar 1865 die Rede ist, ein Vermerk aus dem Kabinett: „vom Präsidenten des Staats-Minist.".

268 Ebd., weiter zu Verlagsfragen und einer besonderen Honorierung Rankes. Bismarck schlug als Verleger den „Oberhofbuchdrucker Decker" vor; Ausfertigung der Kabinettsordre an Bismarck vom 26. September 1867: GStA PK, I. HA, Rep. 178 XIV Publikationen 3, Vol. 1: Einverständnis mit den Vorschlägen Bismarcks. In dieser Akte weitere Stücke vom Jahr 1868 zur Verlagsfrage, nun wurde auch mit dem Leipziger Haus Duncker & Humblot Kontakt aufgenommen; vgl. das Schreiben Rankes an den Verleger Geibel: Aus den Briefen Leopold von Ranke's an seinen Verleger. Als Handschrift gedruckt, Leipzig 1886, S. 3 Nr. 4 vom 17. November 1867.

269 Immediateingabe Rankes vom 22. März 1868, mit der er Wilhelm I. den letzten Band der englischen Geschichte übersandte, mit dem Nachsatz: „Nun erst habe ich die Hand zu anderen Arbeiten frei, für die mir Euer Königliche Majestät einst den Gegenstand anzugeben geruht haben." Ausfertigung: GStA PK, I. HA, Rep. 89, Nr. 19725, vgl. Hoeft / Herzfeld, Neue Briefe (Anm. 130), S. 506f.

ausgesetzt habe.[270] Unter Berufung auf den Hardenberg-Auftrag bat Ranke dann 1871 um die Entpflichtung von der universitären Lehrtätigkeit.[271] Damals stand er am Übergang vom 75. zum 76. Lebensjahr.

Unterdessen hatte Ranke allerdings in seiner ausgreifenden Archivarbeit schon manches auch für den *Hardenberg* getan, so z. B. 1868 im Haus-, Hof- und Staatsarchiv in Wien, wo er für diese Epoche Forschungen betrieb, um die Quellenbasis über die Perspektive des Staatskanzlers zu erweitern:

„Das vorliegende Material ist von bedeutendem Umfang und wichtigem Inhalt. Um aber nicht in Einseitigkeiten, die ich hasse, zu gerathen, sondern den objektiven Standpunkt meiner Historiographie zu behaupten, ist es mir von größtem Werth, auch die andre Seite authentisch kennenzulernen, die Politik des Wiener Hofes, der mit dem Berliner bisweilen zusammenging, öfter entzweit war, bis sie sich nach den schwersten Erfahrungen wieder vereinigten und den Feind aus dem Felde schlugen, der ihnen bisher sein Gesetz auferlegt hatte."[272]

---

270 Aus den Briefen Leopold von Ranke's (Anm. 268), S. 3f, Nr. 4; S. 5f, Nr. 6: Wallenstein-Buch; preußische Geschichte: S. 29, Nr. 34 (17. Nov. 1871).

271 Wiedemann, Sechzehn Jahre (Anm. 180), in: Deutsche Revue 16/4 (1891), S. 172, vgl. auch S. 323f.

272 Die Korrespondenz zwischen Ranke und Arneth von 1868: F. v. Ranke, Vierzig Briefe (Anm. 201), S. 217f (Zitat: Ranke 26. August 1868); vgl. Fuchs, Ranke Briefwerk (Anm. 6), S. 493f, Verschiebung der Reise: S. 498f (25. Oktober 1869); Hannover: Hoeft / Herzfeld, Neue Briefe, S. 521 (1869), Henz, Ranke, Bd. 2 (Anm. 4), S. 104.

Diese Vorarbeiten kamen also dem Werk über Hardenberg zustatten, als Ranke wohl Ende 1872 nun tatsächlich an diese Arbeit ging.[273] Dabei konnte er nicht nur die Privilegien eines Staatshistoriographen nutzen, sondern auch die bis dahin nicht gekannte Möglichkeit, „Archivalien in seiner Privatwohnung zu benutzen", und das mit der ausdrücklichen Begründung, dass der „amtlich[e]" Auftrag zur „Herausgabe der Hardenberg'schen Memoiren" in seinem hohen Alter den „Besuch des Archivlokals verhinderte".[274] Im Jahr 1874 ist Ranke freilich im Bureau des Geheimen Staats Archivs erschienen und hat dort

„das Ansuchen verlautbart, behufs der ihm höheren Orts übertragenen Herausgabe der Memoiren des verewigten Staatskanzlers Fürsten Hardenberg die von dem Legationsrath Schoell in französischer Sprache zusammengestellten und mit dem Jahre 1795 beginnenden Vorarbeiten, welche im Geheimen Staatsarchive beruhen, benutzen zu dürfen, und zwar ausnahmsweise in seiner Wohnung, eventuell auch successive und nur auf kurze Zeit. Bezüglich der mit 1803 beginnenden Memoiren", – so jedenfalls der Archivar Harless – „gedenkt derselbe

273 So Wiedemann, Sechzehn Jahre (Anm. 180), in: Deutsche Revue 17/1 (1892), S. 216; Auswertung der Wiener Funde: Fuchs, Ranke Briefwerk (Anm. 6), S. 520f (an Heinrich Ranke, November 1873).

274 Kommunikat gez. P(uttkamer) und S(ybel) an Kultusminister Goßler, Berlin, 29. Januar 1882: GStA PK, I. HA, Rep. 178 Abt. V, Nr. 6 Lit. S Vol 2.

sich mit Entnahme einer Abschrift aus dem Archive zu begnügen".[275]

Im Dezember 1874 wurden Ranke drei Mappen mit Inserenda, also Anlagen zu Hardenbergs Memoiren gegen Quittung ausgehändigt. Die Arbeit an den Archivalien wurde nun also in Rankes Wohnung in der Luisenstraße im Altberliner Nordwesten geleistet, auch die an dem Manuskript *Hardenberg* selbst, wie von Besuchern bezeugt wird, die, wie Kronprinz Friedrich Wilhelm, vom sorglosen Umgang des Professors mit den Handschriften nicht wenig erstaunt waren:

„Bei einem seiner früheren Besuche, bei denen er selbst und Ranke, wie das auch sonst manchmal geschah, sich nebeneinander auf dem im Arbeitszimmer befindlichen Sofa niedersetzten, bemerkte Kronprinz Friedrich mit Mißfallen den in demselben herrschenden Mangel an Ordnung. Vor Ranke verbarg der Prinz seinen Verdruß; zu anderen hingegen hat er sich mit nachdrücklichem Tadel namentlich über die geringe Sorgfalt ausgesprochen, mit der die aus dem Staatsarchive übergebenen eigenhändigen Denkwürdigkeiten Hardenberg's, das Manuskript [...] und die ganze Sammlung der dazu gehörigen sehr zahl-

275 Brief des Archivars Harless (an M. Duncker), Ausfertigung: 15. Februar 1874, GStA PK, I. HA, Rep. 178 XIV Publikationen 3, Vol. 1; nach einem Vermerk Dunckers konnte Ranke eine Abschrift des Schöll-Manuskripts in seiner „Wohnung" benutzen. – Diese Akte auch zum Folgenden.

reichen überaus wichtigen und geradezu unersetzbaren Schriftstücke aufbewahrt würden."[276]

Auch die Regierung, konkret Bismarck selbst zeigte Spuren des Unwillens, vor allem aber der Ungeduld angesichts der Tatsache, dass Jahre nach Rankes Ankündigung, das Werk stehe vor der Fertigstellung, tatsächlich auch in der Mitte der 1870er-Jahre davon noch nicht die Rede sein konnte.[277] Außer den vielfältigen Abhaltungen durch andere Buchprojekte lag der Grund des Zeitverbrauchs darin, dass die Arbeit am Hardenberg-Thema inzwischen – nicht zuletzt in Folge intensiver Recherchen in außerpreußischen Archiven – längst über eine bloße Edition mit knapper Einleitung hinausgewachsen war, ganz in dem Sinne, wie Ranke es ja bald nach der Beauftragung angedeutet hatte. Dieser Auftrag war ihm gleichsam nur ein Anlass, eine Lizenz zur Öffnung der Archive zu zeitgeschichtlicher Forschung, d. h. für Ranke ein Instrument, um dem Hardenberg-Werk seinen eigenen und selbstgewählten Charakter aufzuprägen. Der nun beginnende Kampf um die Struktur des Werkes war zugleich einer, in dem es um die Freiheit des Staatshistoriographen ging. Dabei spielte der Kontakt zum Archivdirektor eine wichtige Rolle – zur Jahreswende 1874/75

276 So die Mitteilung von Wiedemann, Sechzehn Jahre (Anm. 180), in: Deutsche Revue 18/4 (1893), S. 253f; vgl. Henz, Ranke, Bd. 1 (Anm. 4), S. 56, Bd. 2, S. 104.

277 Bismarck wies auf Äußerungen Rankes aus dem Jahre 1867 hin: GStA PK, I. HA, Rep. 89, Nr. 19496, Immediatbericht vom 7. April 1875 (Ausfertigung).

noch der Historiker Max Duncker[278], mit dem er vieles mündlich verhandelt hat. Ranke wies auf die spezifischen Schwierigkeiten dieser Publikation hin, die „zwei sehr verschiedene Bestandteile haben" werde: einmal „die Hardenbergschen Aufzeichnungen", d. h. seine Memoiren. Diese „werden im Auftrage, oder wenn wir so sagen sollen, auf Veranlassung der Regierung publicirt"; „den andern bildet eine Ausarbeitung, die sich zwar auf die mir mitgetheilten Vorlagen, namentlich die Schöllschen Memoires begründet, aber doch gar Vieles enthält, wovon in keiner dieser Vorlagen etwas enthalten ist; sie ist eine historische Darstellung, wie meine anderen Bücher". Damit war für Ranke der Ansatzpunkt gefunden, das Werk doch aus der Sphäre einer amtlichen Publikation herauszuziehen und den staatlichen Einfluss zu minimieren.

„Es würde", so schreibt er im Oktober 1874 an Duncker, „ich gestehe es, mir unangenehm sein und den Eindruck schwächen, wenn auf dem Titel zu lesen wäre: es erschiene im Auftrag der Staatsregierung. Man würde daraus auf einen Einfluß derselben bei der Abfassung schließen, der in der That nicht Statt gefunden hat. Niemand schreibt Geschichte im Auftrag; meine jetzige Arbeit ist allein auf die Sache gerichtet gewesen und frei von jeder particularistischen Rücksicht. Ich sollte glauben, es würde genügen,

278 In der Lit. wird angegeben, Duncker sei im September 1874 pensioniert worden, z. B. Eckart Henning / Christel Wegeleben, Archivare beim Geheimen Staatsarchiv in der Berliner Kloster- und Neuen Friedrichstraße 1874–1924, in: Jahrbuch für brandenburgische Landesgeschichte 29 (1978), S. 25–61, hier S. 44f; vgl. aber Rudolf Haym, Das Leben Max Dunckers, Berlin 1891, S. 429f; in den Akten (GStA PK, I. HA, Rep. 178, XIV Publikationen 3, Vol. 1) tritt Dunckers Handschrift in unserem Kontext noch Anfang 1875 auf.

wenn ich meinen Titel ‚Historiograph des preußischen Staates', den ich in keinem meiner Bücher erwähnt hab, hier meinem Namen hinzufügte.[279] Der Historiograph hat geschrieben nach den vorliegenden Urkunden und seinem besten Ermessen[,] das muß genügen."[280]

Die Struktur des Werkes hatte also etwas zu tun mit dem Kampf Rankes um seine Freiräume.[281]

„Ich stelle mir die Sache so vor: das Werk erscheint in zwei Abtheilungen, am besten in zwei Bänden in Quarto: denn eine von gewöhnlichen Büchern gleich äußerlich zu unterscheidende Publikation müßte es werden. Der Haupttitel könnte die Worte enthalten: Denkwürdigkeiten u.s.w., auf Veranlassung der Regierung herausgegeben.[282] Für den ersten Theil, der meine Ausarbeitung enthalten müßte, würde, wie gesagt, die Erwähnung meiner Stellung als Historiograph des Staats genügen. Der Stoff, wie er mir vorliegt, würde etwa einen mäßigen Quartband füllen und für die Aufnahme der wichtigsten

279 Auch dies ist bei der Publikation 1877 nicht geschehen.

280 Ebd., Brief Rankes an Duncker, Berlin 17. Oktober 1874 (nur die Unterschrift eigenhändig); im Auszug bei Fuchs, Ranke Briefwerk, S. 527; mit starken Abweichungen von der archivalisch überlieferten Fassung nach Rankes Konzept gedruckt bei F. v. Ranke, Vierzig Briefe (Anm. 201), in: Deutsche Revue 30 (1905), S. 219f, Nr. 27; F. v. Ranke wies a.a.O., Deutsche Revue 29 I (1904), S. 81 auf diese Differenz hin: „Ich kann nicht behaupten, daß die Briefe, wie sie hier zum Abdruck kommen, [...] in dem vorliegenden Wortlaut abgesandt sind", eine Notiz, die von der Forschung wohl übersehen worden zu sein scheint. Auf die Unzuverlässigkeit dieses Druckes und demjenigen bei Wiedemann wies allgemein hin Mommsen, Stein – Ranke – Bismarck (Anm. 134), S. 80 Anm., S. 156 Anm. 2 und 4; vgl. unter Anm. 287.

281 Der folgende Abschnitt ist ohne Auslassungszeichen entfallen beim Druck: F. v. Ranke, Vierzig Briefe (Anm. 201), S. 219.

282 Auch diese Formel ist 1877 auf dem Titelblatt entfallen.

urkundlichen Beilagen Raum lassen. Der zweite Theil, das eigenhändige Memoire Hardenbergs enthaltend, würde mit den Inserenda und Pièces justificatives ebenfalls einen Quartband füllen. Das Gesamtwerk würde nun allerdings als Ganzes nur auf den Wunsch der Regierung reproducirt werden können; für meine Ausarbeitung würde ich mir die Freiheit vorbehalten, sie nach Verlauf einiger Zeit besonders drucken zu lassen; namentlich sie in die Sammlung meiner Sämmtlichen Werke aufzunehmen,[283] die ohne dieselbe defect sein würde.[284] [...] Ohne eine vorläufige Übereinkunft zwischen der Regierung, welche Sie selbst, hochverehrter Geheimer Rath, repräsentiren, und dem Verfasser läßt sich mit keiner Buchhandlung eine Unterhandlung anknüpfen."[285]

Der Direktor des Staatsarchivs kam Ranke bei seinen Forschungen weitgehend entgegen, und er stellte dem Historiographen die einschlägigen Quellen ganz offenbar in großer Liberalität zur Verfügung.[286]

„Ew. Hochwohlgeboren danke ich für die gütige Mittheilung der Inserenda zu den Hardenbergschen Memoiren; ihr Umfang und ihre Bedeutung übersteigen meine Erwartung. Mit denselben vereinigt werden die

283 Wie es dann sehr bald, schon 1879/81, geschehen ist; wie Anm. 236.

284 Es folgt ein Hinweis auf die Frage des Honorars, alles im Brief Rankes vom 17. Oktober 1874, GStA PK, I. HA, Rep. 178 XIV Publikationen 3, Vol. 1.

285 Ebd.; diese Akte auch zum Folgenden.

286 Vgl. Anm. 287; summarisch F. v. Ranke, Vierzig Briefe (Anm. 201), in: Deutsche Revue 30 (1905), S. 220; anders Helmolt, Ranke (Anm. 7), S. 140 (Titelblattfrage).

Memoiren ein imposantes Ganze[s] bilden und mehr Eindruck machen als ich bisher voraussetzte; sie werden dem gemachten Voranschlage zufolge 70 bis 80 Druckbogen Groß-Octav ausfüllen. Und wie Vieles läßt sich ihnen, wenn die Staatsregierung will,[287] noch in der Folgezeit hinzufügen. Meine Einleitung wird allerdings ebenfalls einen ansehnlichen Umfang haben; allein da, wo sie mit den Memoiren concordirt, doch nur eben da vergleichsweise geringer; meine Darstellung", so meinte Ranke noch Ende 1874, „wird nur summarischer Natur sein. Ich bin selbst erbötig, wenn die Staatsregierung es so lieber sieht, mit dem Jahre 1806 abzubrechen. Wenn ich zuletzt auf den Gedanken kam, weiter zu gehen: so rührt das daher[,] daß alle Keime der späteren großen Ereignisse sich schon in der früheren Epoche finden; und daß die Geschäftslaufbahn Hardenbergs doch wenigstens so weit erzählt werden müßte, bis er Staatskanzler wird. Bestimmen Sie" – also der Staatsarchivdirektor Max Duncker – „nun selbst den terminus ad quem; ich lasse Ihnen die Wahl zwischen 1806 und 1813. Nur um das Eine bitte ich, mir baldigst eine Entscheidung auszuwirken, damit nicht die

287 Fehlt in den bisherigen Drucken, siehe Hoeft / Herzfeld, Neue Briefe (Anm. 130), S. 616; zu den starken Abweichungen der handschriftlichen Fassung (nur die Unterschrift eigenhändig) von dem späteren Druck vgl. Anm. 280; das Zitat nach der Überlieferung im GStA PK, I. HA, Rep. 178 XIV Publikationen 3, Vol. 1; dort ein Schreiben Max Dunckers an Ranke vom 17. November 1874 (Konzept): die Aktenstücke stehen Ranke zur Verfügung; Duncker auch zur Frage des Buchtitels.

Zeit vergeht, in welcher die Arbeit zu Stande gebracht werden kann. Bedenken Sie mein hohes Alter."[288]

Duncker replizierte umgehend und plädierte dafür, dass die Darstellung des Historiographen nur bis 1806 geführt werden solle.[289] Ranke war damit (zunächst!) auch einverstanden.

„Ihrem Schreiben vom 18. Dezember zufolge würde meine die Einleitung der Hardenbergischen Memoiren bildende Darstellung nicht über das Jahr 1806 hinauszugehen haben. Ich würde den Krieg selbst von der Darstellung ausschließen und mit den Ereignissen, die den Ausbruch desselben unvermeidlich machten oder eigentlich schon enthielten, endigen. Für die Periode von 1794 bis 1806 würde ich die Materialien, die in der Schöllschen Zusammenstellung", die schon erwähnt wurde,[290] „und in den Hardenbergschen Memoiren enthalten sind, benutzen. Die Periode ist keine solche, die dem Autor Freude machen könnte; aber ich hoffe, meine Arbeit wird dazu beitragen, die preußische Politik jener Zeit nicht zwar, wie man sagt, zu rehabilitieren, aber verständlich zu machen und dadurch auch die allgemeine Geschichte zu erläutern [...]. Da die eigentliche Entwicklung Hardenbergs erst im

288 Obiges aus einem Brief Rankes an Max Duncker, 12. Dezember 1874 (nur die Unterschrift eigenhändig); GStA PK, I. HA, Rep. 178 XIV Publikationen 3, Vol. 1; stark abweichend Hoeft / Herzfeld, Neue Briefe, S. 616f; die Schlusspassage hat Ranke in der Ausfertigung völlig umgestoßen.

289 Konzept gez. Duncker, Anschreiben an Ranke, 18. Dezember 1874, GStA PK, I. HA, Rep. 178 XIV Publikationen 3, Vol. 1; weiter zu Veränderungen im Vertragsentwurf.

290 Siehe oben bei Anm. 225–237.

Jahre 1794 anfängt, so würde ich dieses Jahr als terminus a quo und 1806 als terminus ad quem bezeichnen. 1793 behandle ich zwar, aber nicht mit der eingehenden Ausführlichkeit, welche notwendig wäre, wenn ich den ganzen Abschnitt bis 1813 umfassen wollte."[291]

Wie es dann Jahre später doch geschah.[292] Vor allem für die Edition der Hardenberg'schen Memoiren prognostizierte Ranke, dass es sich dabei um einen „mäßigen buchhändlerischen Erfolg" handeln werde. „Eben die Anzahl der Dokumente, welche den Memoiren ihren vornehmsten Wert geben, wird eine Verbreitung derselben in das große Publikum verhindern."[293]

Das schrieb Ranke Ende Dezember 1874. Es war taktische Flexibilität, mit der Ranke da operierte. Die Ausweitung der Darstellung über die Kriegszäsur hinaus hat er dann im Gespräch mit dem amtierenden Archivdirektor durchgesetzt.

„Wenige Tage nachdem mein Vater diesen Brief geschrieben", so wusste der Sohn Frieduhelm später zu berichten, „kam er persönlich mit Max Duncker zusammen

291 Nach dem Druck bei: F. v. Ranke, Vierzig Briefe (Anm. 201), in: Deutsche Revue 30 (1905), S. 220f, Nr. 28, datiert wird da Rankes Brief an Duncker „Ende Dezember 1874"; dafür fehlt das archivalische Stück; Bezug: das in Anm. 289 zit. Schreiben.

292 Wie Anm. 236.

293 Brief Rankes an Duncker, Ende Dezember 1874, wie Anm. 291; Ranke endet mit dem Passus: „Ich weiß nicht, ob für mich selbst nicht noch eine besondere Ermächtigung, das handschriftliche Material, wie es vorliegt, abdrucken zu lassen, erforderlich ist. Veränderungen im Text werde ich nicht vornehmen; was ich zur Berichtigung der Angaben vorbringen muß, wird in der Einleitung enthalten sein oder in einzelnen Anmerkungen zum Vorschein kommen."

und erreichte, daß ihm seitens der Archivdirektion die [die] Memoiren des Fürsten Hardenberg fortsetzende Arbeit des Legationrats Schöll von der Mitte des Jahres 1807 bis zum Kongreß von Prag 1813 zur Verfügung gestellt und er ermächtigt wurde, die Arbeit doch bis zum letzteren Jahre fortzuführen. Auch im bezug auf das Honorar gab die Regierung nach. Alle Hindernisse waren somit beseitigt."[294]

Der Schritt, mit Rücksicht auf die Staatsregierung Konzessionen bei der Formulierung des Projektthemas zu machen, kann schwerlich anders als ein taktisches Manöver angesehen werden. Die im Gespräch errungene Konzession der Staatsseite, in Person Max Dunckers, hat Ranke umgehend in einem Brief festgehalten.

„Ich würde nur bitten, mir die bereits gemachten Abschriften der Inserenda", also der einzuschiebenden Dokumente, „und auch das Original des [!] Memoires selbst zur Collation zugehen lassen zu wollen. Nur muß ich nun selbst auf die erste Fassung des Titels, nach welcher meine Arbeit bis 1813 gehen sollte, zurückkommen; die mir mitgeteilten letzten Bände der Schöllschen Bearbeitung enthalten einen reichen, höchst beachtungswerthen Stoff, der schlechterdings nicht unbenutzt bleiben darf. Ich denke es mir so einzurichten, daß in dem ersten Bande des ganzen Werkes meine Arbeit bis 1806 zum Abdruck kommt."

294 So die Mitteilung von: F. v. Ranke, Vierzig Briefe (Anm. 201), Deutsche Revue 30 (1905), S. 221; es folgt eine Mitteilung über den Weg zum Verlagsvertrag, den Bismarck schließlich „bestätigt[e]".

Dann sollten die Bände folgen, die Hardenbergs Memoirentext enthielten, worauf schließlich wieder Rankes Darstellung für die Jahre bis 1813 folgen sollte.[295] Genau dies war die Gliederung der Bände, wie sie dann gut zwei Jahre später erschienen, gefolgt zur Jahreswende 1877/78 von einem fünften Band, der ergänzende Aktenstücke mitteilte.[296] Ranke hatte diese Ordnung erkämpft. Im Januar 1875 bat er Max Duncker, der dabei war, aus dem Amt des Archivdirektors zu scheiden,[297] auch in Zukunft für „fernere Vermittlung in dieser Sache" zur Verfügung zu stehen, die für Ranke „unschätzbar sein" werde. „Persönliche Verhältnisse" – er spielte damit auf sein Alter an – „machen es dringend für mich, jeden Aufschub zu vermeiden. Ich rechne auch hierbei auf Ihr gütiges Fürwort."[298]

In alledem steckte also Politik, auf jeden Fall Geschichtspolitik, und so wurde auch im preußischen Staatsministerium dem Vorgang um Rankes Hardenberg-Werk Aufmerksamkeit geschenkt, wie wir schon aus den 1860er-Jahren wissen, als nicht nur Ministerpräsident Bismarck, sondern sogar Wilhelm I. selbst damit befasst worden waren.

---

295 Brief Rankes an Duncker (die Unterschrift eigenhändig), 8. Januar 1875, GStA PK, I. HA, Rep. 178 XIV Publikationen 3, Vol. 1.

296 Vgl. schon Anm. 234; das Ganze: Leopold von Ranke, Denkwürdigkeiten des Staatskanzlers Fürsten von Hardenberg, Bd. 1–5, Leipzig (Duncker & Humblot) 1877, jeweils mit besonderem Bandtitel, z B: Bd. 5: Actenstücke zu den Denkwürdigkeiten des Fürsten von Hardenberg, Leipzig 1877 (670 S); zur Struktur des Werkes Lehmann, Hardenbergs Memoiren (Anm. 222), S. 77; zum 5. Bd. z. B. Henz, Ranke (Anm. 4), Bd. 1, S. 78f; Rankes Fragestellung: ders., Denkwürdigkeiten, Bd. 1, Vorrede S. IXf, Gliederung: S. VI.

297 Vgl. Anm. 278.

298 Wie Anm. 295.

Die unscheinbare Frage, in welchem Verlag und unter welchem Titel alles erscheinen solle, bot einigen Sprengstoff. Noch im März 1875 berichtete der Unterstaatssekretär im preußischen Staatsministerium Schuhmann an Otto von Bismarck selbst, verwies eingangs auf die Beauftragung Rankes im Jahre 1865 und die Immediatberichte, also an den König, zwei Jahre danach, worauf schon „die Allerhöchste Ermächtigung" ergangen war, in Verlagsverhandlungen einzutreten.

„Es war die Absicht[,] dem p. von Ranke, welcher [den] Archivalien nur den historischen Rahmen geben sollte, die Herausgabe nicht selbständig zu gestatten, sondern eine Form der Publikation zu wählen, welche der Staatsregirung einen fortdauernden Einfluß auf das Werk sicherte, ohne daß dieselbe direkt dabei thätig wäre u[nd] unmittelbar hervorträte." „Vor einigen Monaten theilte der Letztere", d. h. Ranke, „nun dem damaligen Direktor der Staatsarchive mit, daß seine Arbeit beinahe druckfertig sei, daß er aber unter Mitbenutzung anderer als der archivalischen Quellen eine vollständige historische Darstellung zu Stande gebracht habe, deren Autorschaft er für sich in Anspruch nehme u[nd] deren Edirung er deshalb unter seinem Namen wünsche, vorbehaltlich einer späteren Aufnahme in seine gesammelten Werke. Dadurch", so der Unterstaatssekretär, „war zwar der ursprüngliche Plan völlig verrückt; man befand sich aber einer vollendeten u[nd] nicht ungeschehen zu machenden Thatsache, sowie einem Schriftsteller gegenüber, dessen Stellung in wissenschaftlichen Kreisen und dessen mehr als 80jähriges Alter zu einer rücksichtsvollen Behandlung der Angelegenheit nöthigten. Deshalb hat sich der GehOberRRath Dr. Duncker bemüht, eine Verständigung mit dem p. von Ranke herbeizuführen, welche die Interessen des Staates bei der Veröffentlichung des Werkes und derjenigen des Autors gleichmäßig zu wahren genüge."

Auch nach Dunckers Ausscheiden aus dem Archivamt war er beauftragt, in diesem Sinne die Verhandlungen fortzuführen.[299]

Das Ergebnis bezeichnete Schuhmann als befriedigend. Im zweiten Teil des Werks, eben Hardenbergs Memoiren, sollten diese „wortgetreu unter Weglassung der bedenklichen Stellen" veröffentlicht werden, eingerahmt von der Darstellung Rankes. „Die gewählten Titel dürften entsprechend sein, da sie den Auftrag des Staats u[nd] die Zuverlässigkeit der Quellen hervortreten lassen. Der Einfluß der Regierung ist stark genug, um einen Mißbrauch bei der Veröffentlichung zu verhindern." Die „Entschädigung", d. h. die zusätzliche Honorierung Rankes, solle ohne „Dazwischenkunft des Staates" geschehen, was das übliche Zusatzhonorar auf den Verlag verwies. Der Verlagsvertrag war von Bismarck zu billigen.[300]

299 Eigenhändige Ausfertigung des Berichts des Unterstaatssekretärs Schuhmann, gerichtet an Bismarck, Berlin 31. März 1875, GStA PK, I. HA, Rep. 178 XIV Publikationen 3, Vol. 1.

300 Ebd.; zum Honorar für Ranke: Berlin-Brandenburgische Akademie der Wissenschaften, Akademiearchiv, Historische Abteilung II–VIII, 204, mit Akten ab 1878.

Der Ministerpräsident hat umgehend an den Monarchen berichtet – Wilhelm I. wurde also wiederum unmittelbar einbezogen.[301] Rankes Auftrag, der vom Jahre 1865, wurde nun dahingehend beschrieben, er hätte aus den Papieren Hardenbergs „eine Auswahl der historisch wichtigen Denkschriften, Correspondenzen und Aufzeichnungen Hardenbergs in chronologischer Folge zu publizieren“, „welche die gesammte Geschäftslaufbahn des Fürsten im preußischen Dienste umfasse“. Zwar habe Ranke schon im Jahr 1867 angezeigt, „daß seine Arbeit druckfertig werde“. „Noch sieben volle Jahre verliefen“ – Bismarck vertiefte die Frage nach den Gründen nicht –, „bevor Dr. v. Ranke meldete, daß seine Arbeit nahezu vollendet sei. Die Aufgabe habe sich ihm jedoch bei der Arbeit dahin umgestaltet, daß die Publikation nunmehr aus zwei ganz verschiedenen Hälften bestehen werde.“ Bismarck trug dem Monarchen also den Stand der Planungen und die Gliederung des Gesamtwerkes vor, auch dass Ranke für die Jahre vor 1803 und von 1808 bis 1813 „selbständige historische Darstellungen“ verfasst habe, die, es ließ sich nicht leugnen, „durchgängig seine eigenen Arbeiten seien“, also für jene Zeiten, die nicht von Hardenbergs Memoiren abgedeckt waren.

„Unter diesen Umständen, denen man sich fügen muß, damit die Früchte einer zehnjährigen Arbeit des p. v. Ran-

301 Dem Bericht Schuhmanns lag bereits ein Entwurf für einen Immediatbericht bei, er stammt von Dunckers Hand, in der Akte aus Rep. 178 ebd.; der Immediatbericht Bismarcks datiert vom 7. April 1875 und wird nach der Ausfertigung in den Kabinettsakten zitiert: GStA PK, I. HA, Rep. 89, Nr. 19496.

ke nicht verloren gehen, wird der frühere Plan wegen der Art der Veröffentlichung des Werkes modifizirt werden müssen, weil der Autor als Herausgeber zu nennen ist und der Titel des Buches einer Aenderung dahin bedarf. Es sind deshalb mit dem p. von Ranke Verhandlungen geführt worden, die jetzt zu einem die Interessen des Staates sichernden und allseitig befriedigenden Abschlusse gelangt sind."

Bismarck wies – wieder ein dezenter Hinweis auf die Altersfrage – auf die Notwendigkeit hin, rasch zu handeln, um Rankes Mitwirkung sicherzustellen, und kündigte entsprechendes Vorgehen an, falls nicht der Monarch „eingehenden Vortrag über den Gegenstand" verlange.[302]

Ganz offenbar war regierungsseitig zunächst daran gedacht worden, Ranke als Staatshistoriographen die Arbeit machen zu lassen, ihn aber „als Autor", d. h. Bearbeiter, gar nicht zu nennen, wovon Ranke nichts wusste, was er vielleicht aber ahnte. Diese Staatsabsicht war von ihm jedenfalls gründlich vereitelt worden. Der Geheime Kabinettsrat von Wilmowski hat wenig später an den Unterstaatssekretär Schuhmann die Mitteilung gelangen lassen, „daß Se. Majestät mit den Vorschlägen des Immediatberichts vom 7. d. M. einverstanden sind u[nd] weiteren Vortrag nicht verlangen".[303]

302 Immediatbericht Bismarcks, 7. April 1875, GStA PK, I. HA, Rep. 89, Nr. 19496.

303 Abschrift ebd., datiert 10. April 1875.

Unterdessen ging in Rankes Etagenwohnung die Arbeit mit Hochdruck weiter. Dr. Paul Bailleu, Kenner der fraglichen Epoche und der französischen Sprache in besonderem Maß teilhaftig, war eigens für dieses Werk von Ranke engagiert worden, auch um die einschlägige „Literatur mehr zu Rathe" zu ziehen, „als sonst wohl bei den Arbeiten seiner letzten Jahre".[304] Dabei wuchs natürlich das Gewicht der Eigenleistung des Historiographen, was für den weiteren Kampf Rankes um seine Freiheit von Bedeutung war.

Denn dieser Kampf war mit der auffälligen Resignation der preußischen Regierung und Verwaltung im Kampf um Hardenberg, wie wir dies aus den internen Berichten und Korrespondenzen vom Jahresanfang 1875 vernommen haben, durchaus noch nicht beendet. Max Duncker, gleichsam Staatskommissar für das Hardenberg-Projekt, hatte in einem internen Promemoria zu Jahresanfang die Lage zwischen den Fronten so geschildert:

„Einen Mann der Wissenschaften, einen Mann von der Stellung des Professors von Ranke nöthigen, eine wissenschaftliche Aufgabe gegen den von ihm concipirten Plan

304 Details in dem wichtigen Artikel von Paul Bailleu, Leopold von Ranke. Eine persönliche Erinnerung zum 100. Geburtstag, in: Neue Preußische Zeitung, Berlin 21. Dezember 1895, S. 1f; dazu Henz, Ranke, Bd. 1, S. 105; detaillierte Einblicke: Aus Briefen Leopold von Ranke's (Anm. 268), S. 68, Nr. 83; S. 70, Nr. 85; S. 75f (20. April 1875) Nr. 90; S. 78, Nr. 92 (an Geibel, 29. Juni 1875: „demnächst" Zusendung von Teilen des ersten Bandes), S. 79, Nr. 94; S. 82f, Nr. 99 (9. Dezember 1875); im März 1876 Manuskript zu Bd. 4: S. 85, Nr. 102; S. 87, Nr. 104; S. 93, Nr. 112 (13. September 1876), u. ö.; Rankes Freund, der Generalfeldmarschall Edwin von Manteuffel, hat 1875/76 die Korrekturfahnen mitgelesen, siehe Alfred Dove, Briefe Edwin von Manteuffels an Leopold von Ranke, zuerst 1896, wieder in: ders., Ausgewählte Schriftchen vornehmlich historischen Inhalts, Leipzig 1898, S. 235–299, hier S. 272, S. 275f.

zu bearbeiten, in diesem Falle sogar umzuarbeiten, kann nicht in Frage kommen. Der wesentliche Zweck, der der Veranlassung der Publikation zu Grunde lag, Erläuterung und Klarstellung der preußischen Politik, dürfte auch in der von dem Professor Ranke beliebten Form erreicht werden. Diese Auffassung der gegenwärtigen Sachlage zugegeben war Seitens der Staatsregierung wesentlich darauf zu halten, daß die eigenhändigen Memoiren des Fürsten Hardenberg durch die Arbeit des Professors von Ranke nicht zu weit in den Hintergrund gedrängt würden. In diesem Sinne ist der Dr. von Ranke darauf aufmerksam gemacht worden, daß der erste Band seiner Darstellung nicht über das Jahr 1805[305] hinausgreifen dürfe, daß dieser erste Band mit dem zweiten, der eigenhändigen Memoiren Hardenbergs zu gleicher Zeit dem Publikum vorgelegt werden müsse."[306]

Damit war der Kampfraum auf das Feld der Verlagsfragen verschoben, ein, wie sich zeigen wird, recht sensibler Punkt. Denn staatsseitig, und zwar unter Einschluss des Monarchen, war die Oberhofbuchdruckerei Decker – in der auch die amtlichen Hof- und Staats-Handbücher erschienen – dafür in erster Linie ausersehen worden.[307] Dagegen hatte Ranke früh denjenigen Verlag präferiert, in dem er seit Langem seine eigenen, auch die mit der

305 So!

306 Pro Memoria von der Hand Max Dunckers, Berlin, 14. Januar 1875, GStA PK, I. HA, Rep. 178 XIV Publikationen 3, Vol. 1, auch zum Folgenden (Verlagsfrage).

307 Siehe oben Anm. 268; auch der Bericht des Unterstaatssekretärs Schuhmann an Bismarck, 31. März 1875, in der Akte a.a.O.

Historiographenfunktion in keinerlei Zusammenhang stehenden Werke einschließlich der im Erscheinen begriffenen Gesamtausgabe herausgebracht hatte.[308] Es war Max Duncker – dessen Wertschätzung derjenigen Stellung wir kennen, die Leopold von Ranke nun erreicht hatte –, der ihm im Oktober 1874 Prokura gab, mit dem Verlag in Verbindung zu treten, den er für das Hardenberg-Werk als geeignet ansehe, womit der Historiograph kurz vorher noch nicht gerechnet hatte.[309] Mit seinem alten Hausverlag musste sich die Position, aus der heraus Ranke focht, erneut verstärken. Duncker hatte Ranke gleichwohl in jeder Hinsicht noch unterschätzt, wenn er meinte, diesen in der Gestaltung des Titelblattes binden zu können.

„Dem Titel würde die Bemerkung[,] daß die Herausgabe im Auftrage der Staatsregierung erfolgte, nicht fehlen dürfen. Ob die früher von E. E. vorgeschlagene Fassung des Titels ‚Der Fürst Staatskanzler in seiner amtlichen Thätigkeit' beizubehalten oder etwa durch ‚Denkwürdigkeiten des Fürsten Staats-Kanzlers' zu ersetzen sey[n] möchte[,], bleibt Ihrem Ermessen anheimgestellt."

---

308 Vgl. nur Norbert Simon (Hg.), Duncker & Humblot. Verlagsbibliographie 1798–1945, Berlin 1998, S. 326 (Register mit den dort nachgewiesenen Stellen); darin: Verlagsgeschichte Duncker & Humblot 1798–1998, S. 9–66, hier S. 16f; vgl. den in Anm. 268 nachgewiesenen Privatdruck der betreffenden Verlegerkorrespondenz, dort S. 53f, Nr. 65 (1. Oktober 1873), S. 63, Nr. 78 (3. Nov. 1874); Hoeft / Herzfeld, Neue Briefe (Anm. 130), S. 614–617.

309 Konzept gez. Duncker für ein Schreiben an Ranke, 2. Oktober 1874, GStA PK, I. HA, Rep. 178 XIV Publikationen 3, Vol. 1; kurz vorher hatte Ranke an seinen Verleger noch geschrieben, dass es ihm „recht leid" tue, dass die Publikation des Hardenberg „nicht von Ihnen geleitet werden soll", siehe: Aus den Briefen Leopold von Ranke's (Anm. 268), S. 62, Nr. 77 (an Geibel 22. September 1874).

Über die „Bedenken bezüglich einiger Stellen der eigenen Aufzeichnungen des Staatskanzlers wird die Entschließung ausgesetzt werden können bis der Druck der Bände sich näherte“.[310]

Ranke ließ Max Duncker nicht im Zweifel, dass er den Vertragsabschluss mit seinem alten Verlag[311] präferierte.[312] Bei alledem war es Rankes Ziel, „den Allerhöchsten Auftrag“ zu dieser Arbeit „nicht stärker hervortreten zu lassen“ als durch die Erwähnung seiner Qualität als Staatshistoriograph.[313] Das war der eigentliche politische Kern bei dem Ringen um Gliederung und Struktur des Werkes. Ranke hat dies in seiner Antwort an Duncker vom 12. November 1874 schon zu erkennen gegeben. Es ging da um die „Schwierigkeit, die in der Verbindung einer historischen Darstellung, welche volle Freiheit des Historikers voraussetzt[,] und einer durch den Staat veranlaßten Publikation, wie der Hardenberg'schen Memoiren ist, liegt“. Ranke berief sich auf die wissenschaftliche Autonomie einer Arbeit, die durch die „Ansicht der Aktenstücke, welche mir mitgeteilt worden sind“, eine ganz andere, anfangs nicht vorherzusehende Gestalt an-

310 Duncker an Ranke, 2. Oktober 1874, wie Anm. 309.

311 Max Duncker war der Sohn des Verlagsgründers von Duncker & Humblot, Carl Duncker, der den Verlag aber (mit dem Firmennamen) 1866 an Carl Geibel (vgl. Anm. 268) verkauft hatte, vgl. Simon, Verlagsgeschichte (Anm. 308), S. 14f, S. 17, S. 22f, S. 26.

312 So Ranke am 17. Oktober 1874, GStA PK, I. HA, Rep. 178 XIV, Publikationen 3, Vol. 1.

313 So fasste Duncker (26. Oktober 1874) ganz richtig Rankes Taktik, ebd.; vgl. das Konzept Dunckers vom 25. Oktober 1874, GStA PK, VI. HA, NL Max Duncker, Nr. 225.

genommen hatte.[314] Unterdessen wuchs das Ganze weiter, zumal Duncker für das Werk die „Copierung“ von Aktenmaterial, das Rankes Darstellung ermöglichte, beginnen ließ.[315]

Leopold von Ranke hat von der Lizenz, selbst in der Verlagsfrage aktiv zu werden, umgehend Gebrauch gemacht; kurz danach ging es schon konkret um die Vertragsentwürfe, natürlich mit seinem Hausverlag Duncker und Humblot.[316] Es war, wie ein Promemoria des bisherigen Staatsarchivdirektors vom Januar 1875 festhielt, „dem Professor von Ranke anheimgestellt[,] unter Vorbehalt der Genehmigung des Herrn Präsidenten des Staatsministeriums“ – also Bismarcks – „bezüglich der eigenhändigen Memoiren des Staatskanzlers einen Verlagsvertrag zu verabreden, welcher sowohl die Interessen der Staatsregierung an der Gesamtheit des Werks als insbesondere an den eigenhändigen Memoiren Hardenbergs sicherstellte.“[317] Bis in die Details, wer die Korrekturen zu übernehmen hatte, wurde zwischen Archivverwaltung,

314 Brief Rankes an Max Duncker vom 12. November 1874, GStA PK, I. HA, Rep. 178 Publikationen 3, Vol. 1; ein ganz anderer Text unter demselben Datum in: Hoeft / Herzfeld, Neue Briefe (Anm. 130), S. 614f; ohne Erwähnung von Dunckers Schreiben vom 25./26. Oktober 1874 (vgl. Anm. 313) und deshalb missverständlich: F. v. Ranke, Vierzig Briefe (Anm. 201), in: Deutsche Revue 30 (1905), S. 220 (Text des Herausgebers), harmonisierend.

315 Wohl auch, um nicht weitere „Originale“ an Ranke auszuleihen, vgl. dessen Brief (eigenhändige Unterschrift) vom 17. November 1874, GStA PK, I. HA. Rep. 178 XIV Publikationen 3, Vol. 1.

316 Dafür nützlich der Privatdruck von 1886: Aus Briefen Leopold von Ranke's (Anm. 268), S. 64f, Nr. 80 (Brief Rankes an den Verlag, 25. November 1874), und die Anlagen S. 65f, weiter S. 67f, Nr. 82 (22. Dezember 1874); ergänzend das Schreiben Rankes (an Max Duncker), 30. November 1874, GStA PK, I. HA. Rep. 178 XIV Publikationen 3, Vol. 1, auch zur Titelfrage.

317 Promemoria Max Dunckers vom 14. Januar 1875 (o. U.), ebd.

Verlag und Leopold von Ranke gerungen,[318] der an solcher Beschäftigung bald die Lust verlor. „Die Sache, über welche schon seit mehreren Monaten hin und her geschrieben wird, fängt an, mir lästig zu werden."[319] Die Ausfertigung des Verlagsvertrages trägt die Unterschrift des Verlegers Geibel, diejenige Rankes und den eigenhändigen Namenszug Otto von Bismarcks.[320] Am Tage des Vertragsschlusses ergänzte Ranke die Bestimmungen mit einem Brief an Max Duncker.

„Ich bemerke nur noch ausdrücklich, daß ich für die zweite Abtheilung – die eigenhändigen Memoiren – bezüglich ihres Inhalts keine Verantwortung übernehme. Dieselben werden so abgedruckt werden, wie die Archiv-Verwaltung, Eigenthümerin des Manuscripts, es bei der letzten Correctur bestimmt."[321]

Ganz beendet waren aber diese Kämpfe noch nicht, denn Ranke hat, nach kurzer Pause, nun die Gestaltung des Titelblattes und damit den Charakter des Ganzen als amtliche Arbeit erneut und erfolgreich angefochten. Der neue Staatsarchivdirektor, der Historiker Heinrich von Sybel, war gerade im Urlaub, als Ranke mit einem

318 Aus den Briefen Leopold von Ranke's (Anm. 268), S. 70ff, Nr. 86.

319 Ebd., S. 74f, Nr. 88, Brief Rankes an Geibel, 1. März 1875, wo auch erwähnt wird, dass die Korrekturen zu Hardenbergs Memoiren „von der Archivverwaltung selbst" geleistet werden sollten. Der Vertrag sollte von der Archivverwaltung dem preußischen Staatsministerium vorgelegt werden.

320 Ausfertigungen des Verlagsvertrages vom 25. März 1875: GStA PK, I. HA. Rep. 178 XIV Publikationen 3, Vol. 1.

321 Ebd., Brief Rankes an M. Duncker, 25. März 1875, nur die Unterschrift eigenhändig.

Vertreter des Staatsarchivs – also, wie er es sah, der für ihn unmittelbar zuständigen Staatsinstanz – auf den Kern seines Zieles zustieß: den Titel des Werkes, der im Verlagsvertrag in einer Weise festgeschrieben war, der Rankes Wunsch betraf, jeden Anschein einer staatlichen Publikation zu eliminieren. Es war der Staatsarchivar und Geheime Archivrat Paul Hassel, der an Sybel die neueste Wendung meldete: „Nach Ihrer Abreise ist es mein erstes Geschäft gewesen, mich mit Herrn von Ranke wegen der von ihm gewünschten Titeländerung in Verbindung“ zu setzen. Zur Zeit des Vertragsabschlusses hatte Ranke noch sein Einverständnis gegeben, dass der Band den „Titelvermerk“ tragen würde, dass er auf Veranlassung der königlich preußischen Staatsregierung entstanden sei, und auch diese Klausel hatte in dem Dokument gestanden, das Bismarck persönlich unterzeichnet hatte. Plötzlich – und da irrte Hassel – sei nun Ranke auf eine andere Meinung verfallen.[322]

„Plötzlich ist nun Ranke – wie mir scheint: auf Betrieb seines Verlegers, der kürzlich in Berlin war – anderen Sinnes geworden: er wünscht, daß die Angabe des officiellen Ursprungs der Publication bei den Abtheilungen I. und III seines Werkes (Ranke's Darstellungen) fortfalle und nur auf das Titelblatt II (Memoiren) gesetzt werde. Sein vornehmstes Argument ist, daß die Abtheilungen I und III durch die im Vertrag festgesetzte Bezeichnung“

322 Ebd., Ausfertigung: Bericht von Paul Hassel, Berlin 12. August 1876, „Vertraulich“, daraus folgende Zitate; zur Person Paul Hassels siehe Henning / Wegeleben, Archivare (Anm. 278), S. 47.

(nämlich die, dass das Buch auf Veranlassung der Staatsregierung entstanden sei) „einen amtlichen Charakter erhielten, was ihm in seiner Eigenschaft als Autor nicht angenehm, oder vielmehr, wie er sich ausdrückte[323]: ‚nicht besonders ehrenvoll' sei! [...] Daß Ranke nun aber die Erwähnung der Staatsregierung wo möglich ganz vermieden haben möchte, zeigt die Titelprobe zur Abtheilung IV,[324] die er mir gestern nachträglich übersandt hat. Statt ‚auf Veranlassung der Staatsregierung p.' steht dort: ‚unter Mitwirkung der Verwaltung des Königl. Preuß. Geh. Staatsarchivs'."

Laut Paul Bailleu – eben noch enger Mitarbeiter Rankes am Hardenberg-Werk und wenige Tage später im Dienst des Geheimen Staatsarchivs[325] –, der dies mündlich mitgeteilt habe, würde es „Ranke am liebsten sei[n], wenn dieselbe auch noch fortbliebe". Hassel wollte dagegen auf dem Rechtsboden beharren, der in dem von Bismarck unterzeichneten Verlagsvertrag doch eben fixiert worden war und den „erschüttern zu lassen" er ablehnte. „R. fühlt dies selbst, er ist daher der Meinung, daß man an den Reichskanzler berichten müsse. Ob dies jetzt opportun wäre, oder ob man nicht besser die Rückkehr des Fürsten nach Berlin (im Oktober) erwarte, stelle ich anheim."

323 Also offenbar aus Rankes mündlichen Ausführungen.

324 Es handelt sich wohl um den später als Bd. 5 (vgl. oben Anm. 296) hinzugefügten Band mit ergänzenden Aktenstücken.

325 Vgl. oben Anm. 304; und Henning / Wegeleben, Archivare (Anm. 278), S. 42.

Ranke und der Verleger sollten aufgefordert werden, „ihre Anträge schriftlich zu entwerfen und zu motiviren“.[326]

Nach Mitteilung der Familie habe Sybel den Widerstand nun sogleich aufgegeben und Ranke gegenüber den Verzicht erklärt, auf dem Titelblatt Hinweise auf Staatsregierung, königliche Archivverwaltung und Rankes Historiographenstellung anzubringen, was Bismarck dann genehmigt habe.[327] Tatsächlich hat Sybel erst mehr als zwei Monate später an Bismarck – zur Zeit auf seinem pommerschen Gut in Varzin – berichtet, dass Ranke nun auf dem Titelblatt jeden Verweis auf die preußische Staatsregierung und auf seinen Historiographenstatus getilgt sehen wolle, aber bereit sei, einen Hinweis auf die Staatsregierung in einer Vorrede zu geben. Aus der Aktenlage zur Vorgeschichte des Hardenberg-Unternehmens, Bismarcks Auftrag an Ranke, den Wert der Papiere zu prüfen, was der Historiker bejaht „und sofort die Veröffentlichung beantragt“ habe – aus alledem schloss der Staatsarchivchef zugunsten Rankes.

„In gewissem Sinne kann er sich also als Urheber der Herausgabe betrachten. Er hat dann schon [am] 5. Sept. 1874 es ausgesprochen, daß es ihm Scrupel mache, das Werk nicht als Privatarbeit sondern unter öffentl[icher]

326 Bis dahin der Bericht Paul Hassels vom 12. August 1876, GStA PK, I. HA. Rep. 178 Publikationen 3, Vol. 1.

327 Was schon aus chronologischen Gründen wenig wahrscheinlich ist, mit Angabe des 14. August 1876: F. v. Ranke, Vierzig Briefe (Anm. 201), in: Deutsche Revue 30 (1905), S. 221f.

Autorität erscheinen zu lassen, sich aber damals gefügt, und den Vertrag unterzeichnet."[328]

Inzwischen hatte sich für diejenigen, die an Rankes Untertänigkeit geglaubt haben mochten, herausgestellt, dass man den Widerstandsgeist auch des alten Ranke gründlich unterschätzt hatte, wenn man glaubte, damit sei die Bataille beendet. Sybel trug der Tatsache Rechnung, dass – ohne staatlichen Auftrag – aus einer ursprünglich geplanten Einleitung mit Erläuterungen eine selbstständige Darstellung Rankes geworden war, „welche letztere, wie mir scheint, nicht füglich unter amtlicher Autorität erscheinen kann". Die Staatsregierung könnte für ein solches Werk auch gar nicht die Verantwortung übernehmen. Es sei also, so fasste Sybel zusammen, das Beste, „einem Manne wie Ranke" zu willfahren.[329] Drei Tage später erging aus Varzin die Entscheidung. Bismarcks Sohn Herbert, damals Legationssekretär und rechte Hand des Kanzlers, teilte mit, dass Sybels Bericht diesem vorgelegt worden sei, und der wollte auf Rankes Bitte eingehen, vorbehaltlich einer Anfrage beim Kaiser und König.[330]

Dazu scheint es gar nicht mehr gekommen zu sein, denn der alte Ranke hat diese letzte Rückzugslinie des

328 Das Konzept hat Sybel sichtbar viel Überlegung gekostet, es ist vollständig von seiner Hand: GStA PK, I. HA. Rep. 178 XIV Publikationen 3, Vol. 1; Rankes Brief vom 5. September 1874 in dieser Akte, darin heißt es: „Einige Scrupel macht es mir allerdings, daß das neue Werk nicht als Privatarbeit, sondern unter öffentlicher Autorität publicirt werden soll. Wenn das aber einmal beschlossene Sache ist, so füge ich mich und erwarte nun die näheren Anordnungen." – Er fügte sich nicht.

329 Ebd.

330 Ebd. eigenhändiges Schreiben des Legationssekretärs Graf Bismarck an Sybel, Varzin, 30. Oktober 1876.

Staates dadurch gewissermaßen überrannt, dass inzwischen alles an den ersten Bänden längst fertig gewesen sei und dem Monarchen in Kürze bereits gedruckt habe übergeben werden sollen.[331] Die Durchsicht und Bearbeitung der Denkwürdigkeiten, also des Memoirenkerns, hatte er schon vor zwei Jahren abgeschlossen; Schölls von Mitteilungen Hardenbergs unabhängige und aus „öffentlichen Aktenstücken zusammengesetzt[e]" Darstellung habe die Arbeit des Historiographen stark unterstützt und ganz offenbar massiv beschleunigt.[332] Schon wenige Tage nach der prinzipiell in seinem Sinne lautenden Varziner Entscheidung teilte Ranke nun mit,[333] dass die beiden ersten Bände bis auf das Vorwort fertig seien und er sie dem Monarchen wenig später anlässlich eines persönlichen, auf das Jahr 1807 verweisenden Jubiläums[334] übersenden wollte. Die Korrekturen zum Hardenberg-Original wurden im Archiv besorgt; zugleich machte er auf die Notwendigkeit noch eines fünften, eines Beilagenbandes

331 Brief Rankes (an Sybel?), Ausfertigung, 8. November 1876, ebd.

332 Ebd., Brief Rankes an Duncker, 5. September 1874, Ausfertigung, ausführlich zum Verhältnis des Materials von Schöll zu seiner Arbeit. Schöll habe Hardenbergs „Hinneigung" zur (späteren) „Restaurationspolitik" mehr betont, als Ranke für richtig fand.

333 Wie Anm. 331; Ranke erfuhr davon sofort, siehe: Fuchs, Ranke Briefwerk (Anm. 6), S. 537f (3. November).

334 Am 1. Januar 1877 jährte sich zum 70. Mal der Tag, an dem Wilhelm I. in die Armee eingetreten war, vgl. Fuchs, Ranke Briefwerk (Anm. 6), S. 542.

aufmerksam, dessen „Publication [...] dann noch mehr in den Händen des Archivs bleiben“ könnte.[335]

Unterdessen beschleunigte Ranke die Produktion immer mehr, und zwar auch unter Verzicht auf Präzision bei der Präsentation der Aktenbeilagen. Die technischen Details können wir hier übergehen. Alles deutet darauf hin, dass Leopold von Ranke die Situation, d. h. den Zusammenbruch der letzten staatlichen Vorbehalte gegen *seine* Konzeption nutzen wollte, um irreversible Fakten zu schaffen, auch auf Kosten editorischer Qualität.[336] Nicht nur auf dem Titelblatt von Rankes erstem, d. h. eigenem Darstellungsband, sondern auch auf denjenigen, die Hardenbergs Denkwürdigkeiten präsentierten,[337] fehlt jeder Hinweis auf Staatsauftrag und Historiographenqualität. Tatsächlich ist es Ranke möglich geworden, Wilhelm I. am Neujahrstag 1877 den Anfang seines Hardenberg-Werkes zu überreichen, und er strich dabei heraus, dass dies ganz sein persönliches Produkt sei. Es handele davon, wie Preußen „in der Mitte von Europa“ dahin gelangt sei, dass „Ew. Majestät aber nicht allein als König von

335 Ranke (an Sybel), 8. November 1876, GStA PK, I. HA. Rep. 178 XIV Publikationen 3, Vol. 1; Konzept: Schreiben Sybels an Ranke, 11. November 1876: zum Stand der Korrekturarbeiten; er hielt Rankes Terminwunsch für unerfüllbar, es sei denn, es würde auf die Kollationierung der Beilagen verzichtet. Sybel war gegen den von Ranke vorgeschlagenen – und kurz danach doch erschienenen – 5. Band und bat um Einsicht in die Vorworte zu Bd. 1 und 2, die Ranke am 16. November übersandte und die nach zwei Tagen zurückkamen („Ich bin überall einverstanden“); zuletzt Rankes Brief an Sybel 21. November 1876, Ausfertigung a.a.O.

336 Näheres bei: Fuchs, Ranke Briefwerk, S. 537f (an Geibel, 3. November 1876), zur Titelfrage und Vorworten; in dem Privatdruck: Aus den Briefen Leopold von Ranke's (Anm. 268), S. 92 in Nr. 111, und aus dem November S. 101, Nr. 121, und S. 108, Nr. 129; summarisch Helmolt, Ranke (Anm. 7), S. 140f.

337 Vgl. Anm. 296 und Anm. 234.

Preußen, sondern zugleich als Deutscher Kaiser" verehrt worden sei.

„Ich wage es nun, Ew. Majestät ein Werk zu Füßen zu legen, in welchem dieser große Umschwung der Dinge zwar keineswegs dargestellt, aber doch in seinem Ursprung erläutert wird. Mit Ew. Majestät Genehmigung werden darin die bisher zurückgelegten Denkwürdigkeiten des Staatskanzlers Fürsten von Hardenberg publiziert, welche die Epoche des Unglücks betreffen und mannigfaltig aufklären [...]. Ich habe es nun unternommen, auf Grund der hierfür gesammelten Aktenstücke sowohl die vorangegangenen Begebenheiten, welche das Unglück herbeiführten, als auch die nachfolgenden, an denen die Regeneration begonnen wurde, darzustellen. In diesem letzten Teile, dem vierten Band, erscheint denn vor allem die Gestalt des in Gott ruhenden Königs Friedrich Wilhelm III. in einer trotz der bedrängten Lage unablässig auf die Wiedergeburt der Armee und die Wiederherstellung des Staates gerichteten Tätigkeit."[338]

Die mehr als zehnjährige Entstehungsgeschichte dieses Werkes schien wie vergessen. Und auch in den Vorworten ist nicht einmal zu ahnen, welche Kämpfe bis dahin, bis zum Erscheinen unter der Datumsangabe 1877, zwischen Historiograph und Staatsspitze bestanden worden sind, von Ranke mit einer Zähigkeit geführt, die mit dem Etikett des ewigen Untertanen nicht erfasst werden kann. Im

338 Fuchs, Ranke Briefwerk (Anm. 6), S. 543.

Vorwort zum ersten Band erfuhren Rankes Zeitgenossen lediglich, dass Bismarck selbst einst die Papiere Hardenbergs entsiegelt habe.

„Mir wurde der Auftrag zu Theil, sie durchzusehen und über ihren historischen Werth zu berichten. Als das bei weitem wichtigste Stück zeigte sich ein Memoire von Hardenbergs eigener Hand. Es enthält nicht etwa, wie man vermuthen konnte, Aufzeichnungen über sein ministerielles Leben überhaupt und die Geschichte der Zeit, sondern eine Darstellung seines Verhaltens und der Politik des preußischen Staates in der unglücklichen Epoche von 1806 und 1807 und den zunächst vorangegangenen Jahren. Dem zweiten und dem dritten Bande, in welchen diese Memoiren publicirt werden, schicke ich einige Worte über ihr Entstehen und ihren Inhalt voraus."[339]

Es waren dies die Jahre, in denen durch „die Katastrophe ein Impuls zu einer Reorganisation geworden".[340] Ranke publizierte dann erstmals Hardenbergs Rigaer Denkschrift *Über die Reorganisation des Preußischen Staates*,[341] vielleicht die berühmteste Programmschrift der preußischen Reformzeit.

339 Ranke, Denkwürdigkeiten (Anm. 296), Bd. 1, S. VIf.

340 Ebd., S. Xf; zu Schölls Vorarbeiten, S. VIIIf, S. XI.

341 Gedruckt im zweiten der Darstellungsbände dieses Werkes: Ranke, Denkwürdigkeiten (Anm. 296), Bd. 4, S. 1*–108*; vgl. den Text bei Georg Winter (Hg.), Die Reorganisation des Preußischen Staates unter Stein und Hardenberg, 1. Teil, Bd. 1 (= Publikationen aus den Preußischen Staatsarchiven, Bd. 93); Leipzig 1931 (ND Osnabrück 1982), S. 302–363, mit der editorischen Notiz S. 302; zur mangelhaften Korrektur gerade des vierten Ranke-Bandes vgl. Wiedemann, Sechzehn Jahre (Anm. 180), in: Deutsche Revue 16/4 (1891), S. 337 Anm. 2.

Auch zur Memoiren-Edition selbst bot Ranke einführende, aber auch Missverständnisse schürende Bemerkungen.

„Die Königliche Archivverwaltung bot mir bei der Publication hülfreiche Hand. Allerdings waren die Rücksichten, welche die bisherige Geheimhaltung veranlaßt hatten, nicht völlig verschwunden. Man stieß auf beleidigende Stellen, welche die lebende Generation verletzt haben würden. Aber wenn man diese ausließ, wie das denn geschehen ist, nicht jedoch ohne die Lücken bemerklich zu machen – es sind ihrer, wenn ich recht zähle[,] vier oder fünf –, so geschah dadurch dem Wesen und der Tendenz des Werkes kein Eintrag. Ein anderes Bedenken hätte daraus entstehen können, daß König Friedrich Wilhelm III. bei Hardenberg nicht allezeit in dem vortheilhaften Lichte erscheint, in welchem man ihn zu sehen gewohnt ist. Aber auch diese Rücksicht konnte bei der historischen Bedeutung des dargebotenen Stoffes nicht in Betracht kommen. Hardenberg selbst spricht aus, daß die Publication dem König und dem Staat keinen Schaden bringen dürfe; wir glauben nicht, daß das Urtheil der Nachwelt über den König von dem Eindruck abhängt, den der Minister in den Tagen schwankender Entschlüsse und unaufhörlicher Verluste von ihm erhalten hatte[;] ihre Anschauungen gingen eben auseinander."[342]

So fehlt es im Texte Hardenbergs, wie er 1877 publiziert wurde, durchaus nicht an kritischen Passagen über Friedrich Wilhelm III., „das beharrlich erklärte [politische] System des Königs" und die irrigen Vorstellungen, mit den gleichen Methoden arbeiten zu können wie Friedrich der Große.[343] Vor allem aber die Zuverlässigkeit der Hardenberg'schen Memoiren – nicht nur deren literarischer Wert – wurde angefochten. Max Duncker, eben noch Direktor des Geheimen Staatsarchivs und in enger Dienstkorrespondenz mit Leopold von Ranke, befasste sich mit der „Glaubwürdigkeit der Memoiren Hardenbergs", da Ranke, wie er feststellte, sich zu den darin enthaltenen Anklagen gegen Friedrich Wilhelm III. nicht geäußert habe. Sogar an den Geheimen Kabinettsrat Wilhelms I., von Wilmowski – d. h. in die unmittelbare

342 Ranke, Eigenhändige Memoiren, Bd. 1 (= Denkwürdigkeiten, Bd. 2), (Anm. 234), S. VIf; zu stilistischen Schwächen bei Hardenberg a.a.O., S. VIII: „Allein wer hätte es wagen sollen, eine Revision der Arbeit in diesem Sinne auf sich zu nehmen? In dem Ausdruck konnte man nur hie und da einige kleine Mängel, die dem Autor entschlüpft waren und den Leser unangenehm berührt haben würden, verwischen; und was die Inserenden anbetrifft, so mußte man sich entschließen, obwohl nicht ohne Bedenken, dieselben dem Text wirklich zu inseriren." – Zur obigen Passage, in denen sich Ranke zu „Weglassungen" äußerte, siehe Rankes Brief an den Verleger Geibel: Aus den Briefen Leopold von Ranke's (Anm. 268), S. 98 Nr. 117 (27. Dezember 1876), wo er „Skrupel" äußert.

343 Siehe die Stellen bei Ranke, Memoiren, Bd. 1 (Anm. 234), S. 11,S. 18f, S. 44, S. 50 u. ö.; zu Hardenbergs „Angriffen" auf Friedrich Wilhelm III. siehe Lehmann, Hardenbergs Denkwürdigkeiten (Anm. 222), S. 162, S 164; ders., Hardenbergs Memoiren (Anm. 222), S. 85; Duncker, Hardenbergs Denkwürdigkeiten (Anm. 224), S. 157; vgl. dagegen Gustav Schmoller, mitgeteilt in: Aus Briefen Leopold von Ranke's (Anm. 268), S. 121f. Anm., und Paul Hinneberg, Eine ungedruckte Replik Rankes, in: FBPG 5 (1892), S. 483–486, hier S. 485f.

Umgebung des Monarchen –, drangen die Nachrichten darüber, dass der Kampf um Hardenberg, nun auf literarischer Bühne, weiterging.[344]

Wie aber war es mit der Textdarbietung durch Ranke bestellt, der sich über die Bearbeitung des Hardenberg'schen Kern-Manuskriptes geäußert, dabei aber – er wusste es selbst – neue Fragen aufgeworfen hatte?[345] Damals wie heute ging es um die Auslassungen und um Rankes „verwischende" Methode,[346] also um die bisher gänzlich offene Frage, wie weit der publizierte Text sich von der handschriftlichen Überlieferung entfernte.

Bevor das Manuskript an die Familie (zurück-)gegeben wurde, ist dieser Frage seitens des Geheimen Staatsarchivs nachgegangen worden, ohne dass dies je in die Öffentlichkeit drang. Paul Bailleu, der Kenner von Epoche und Quellenüberlieferung, der Mann zwischen Ranke und Archiv, hat, wenige Tage bevor er in den preußischen Archivdienst übertrat,[347] dem neuen Direktor und Professor von Sybel dazu Bericht erstattet. Er, wie kein anderer, war dazu befähigt, denn er hatte rund drei Jahre

344 Schreiben Max Dunckers an Wilmowski, 24. Juni 1877, GStA PK, I. HA, Rep. 89, Nr. 19891; Dunker teilte mit, dass er die Anklagen gegen Friedrich Wilhelm III. anhand der Akten des Geheimen Staatsarchivs überprüft habe; vgl. auch Dunckers Schreiben vom 11. Dezember 1877 (an?): GStA PK, I. HA, Rep.89, Nr. 19892; siehe weiter 1877 exemplarisch Lehmann, Hardenbergs Memoiren (Anm. 222), S. 88, S. 100–105, und passim.

345 Vgl. Anm. 342.

346 S. Lehmann, Hardenbergs Denkwürdigkeiten (Anm. 222), S. 169 (Anm. zu einer nicht gekennzeichneten Auslassung); nun auch Henz, Ranke (Anm. 4), Bd. 1, S. 72.

347 Nach Henning / Wegeleben, Archivare (Anm. 278), S. 42; eine „Empfehlung Rankes" an Heinrich von Sybel war für den Eintritt in den Archivdienst wesentlich, siehe Melle Klinkenborg, Paul Bailleu. Ein Nachruf, in: Paul Bailleu, Preußischer Wille. Gesammelte Aufsätze, Berlin 1924, S. 1–13, hier S. 3f; vgl. ferner Bailleus Zeitungsartikel oben Anm. 304.

lang acht Stunden täglich in Rankes Arbeitsbibliothek und -wohnung an dem Werk über den Staatskanzler mitgearbeitet. Er wusste auch, dass die letzte Druckkorrektur im Staatsarchiv geleistet worden war.

„Ew. Hochwohlgeboren beehre ich mich ganz gehorsamst auf dem anliegenden Blatte ein Verzeichnis derjenigen Stellen einzusenden, an denen Herr Geheimrath Duncker" – Sybels Vorgänger – „den Text der eigenhändigen Denkwürdigkeiten Hardenbergs geändert hat. Ich erlaube mir zugleich noch hinzuzufügen, daß an keiner Stelle eine Note die geschehene Änderung andeutet!"[348]

Bailleu hatte diese Arbeit im Juli 1876 geleistet, als er das Manuskript und den noch nicht erschienenen Druck vergleichen konnte, was erklärt, dass die Monita offenbar vor der Ausgabe des Bandes doch noch Berücksichtigung fanden. An erster Stelle hatte Hardenberg auf den Unterschied hingewiesen, dass Kaiser Alexander von Russland seine Briefe an den preußischen König eigenhändig geschrieben hatte, während umgekehrt die antwortenden Briefe Friedrich Wilhelms III. „aus der üppigen Feder des Kabinettsrathes Lombard flossen"; wenn der König es nur gewollt hätte, „würde er oft angemessenere Worte geschrieben haben" – eine Passage, die zunächst im Druck entfiel, im ausgegebenen Druckexemplar allerdings mit

348 Brief Paul Bailleus (wohl an Sybel), Ausfertigung: GStA PK, I. HA, Rep. 178 XIV Publikationen 3, Vol. 1, datiert Berlin, 30. Juli 1876.

der Markierung einer Auslassung.[349] An einer anderen Stelle wurde eine Passage fortgelassen, die angab, zu welchem Preis der König von Schweden den Kauf von Schwedisch-Pommern angeboten hatte. „Er [Friedrich Wilhelm III.] sah ein, daß der Monarch nicht die Provinz berechnen muß, wie ein Handelsmann", und es folgte die Mitteilung, dass Friedrich Wilhelm gerne die westfälischen Provinzen gegen Hannover eingetauscht hätte.[350] An anderer Stelle hatte Hardenberg von „Scheingründen" Friedrich Wilhelms III. gesprochen, woraus Duncker „Gründe" machen wollte, was aber im Druck, der Vorlage entsprechend, wiederhergestellt worden ist.[351] Wenn Hardenberg einen Brief des Königs (an Wilhelm von Humboldt) „niederträchtig" fand, so war das Anlass für eine über mehrere Zeilen sich erstreckende, im Druck aber dann doch angezeigte Kürzung.[352]

Darum also ging es, wenn der Staatsbeauftragte Max Duncker eingriff und wenn Ranke solche Textmanipulationen manches Mal ganz offenbar wieder revidierte, in anderen Fällen aber als Auslassungen in der Buchfassung doch markierte. In einem, wohl nicht abgesandten, Immediatbericht Sybels vom November 1877 hielt er fest, dass „Ranke bei der Publication einige wenige Stellen des Manuscripts, unter Bezeichnung der Lücken[,] mit

349 Im Folgenden nach der Beilage Bailleus zu seinem eben genannten Brief vom 30. Juli 1876, hier zunächst zu Bd. 2 (also Bd. 1 der „eigenhändigen Memoiren", wie Anm. 234), S. 49; es folgt im Text Bailleus eine Gegenüberstellung zu Bd. 2, S. 89: „Text Hardenbergs" – „Text des Abdruckes".

350 Im Druck vgl. Bd. 2, S. 84 mit obiger Mitteilung Bailleus (wie Anm. 348/349).

351 Vgl. Ranke, Eigenhändige Memoiren (wie Anm. 234), S. 94.

352 Bailleu wie Anm. 348/349, und Ranke a.a.O., 109f mit der Markierung einer langen Auslassung.

Grund weggelassen hat". Diese Sätze „enthalten [...] keine unbekannten Thatsachen, sondern nur Auffassungen des Fürsten, die sich im Grunde durch das ganze Buch hindurchziehen, und in jenen Stellen nur in besonders herber Form hervortreten".[353]

Die Zuverlässigkeit des Werkes beschäftigte das Staatsarchiv auch deshalb, weil im Hintergrund die Forderung der Familie Hardenberg auf Restitution des Manuskriptes stand. Damit war die Frage berührt, wie eigentlich der Staatshistoriograph gearbeitet hatte. Er hatte sich, wie Staatsarchivrat Hassel berichtete, zu Zeiten einer Abschrift bedient, die „nicht immer im buchstäblichen Sinne korrekt" war,

„und es lag in der Natur der Sache, daß einige Stellen des Originals, deren Mittheilung nicht opportun erschien, bei dem Abdruck fortgelassen werden mussten. Um jedoch den Text des Originals mit diplomatischer Genauigkeit zu fixieren – was allerdings im historischen Interesse geboten sein dürfte –, würde es genügen, die Handschrift vor der Abgabe an den Grafen Hardenberg noch einmal mit dem Abdruck zu kollationieren und alle von Ranke vorgenommenen Veränderungen in demselben zu verzeichnen".

Und Hassel fügte hinzu:

353 Es ging um die (Rück-)Gabe der Hardenberg-Manuskripte an die Familie, eigenhändiges Konzept Sybels, GStA PK, I. HA, Rep. 178 XIV Publikationen 3, Vol. 2; datiert 12. Nov. 1877.

„Wünschenswerth bleibt dann nur mehr[,] daß die Familie von Hardenberg sich verpflichte, die unterdrückten Stellen niemals zu veröffentlichen und überhaupt das Manuskript zu keiner Publikation irgendwelcher Art jemals ausser Händen zu lassen."[354]

Im Jahre 1880 hat Sybel dann tatsächlich das Staatsarchiv angewiesen, „das Manuscript der Hardenberg'schen Memoiren mit dem von Ranke publicirten Abdruck zu collationiren, und die im letzteren fortgelassenen Stellen in wörtlicher Abschrift mir thunlichst bald berichtlich vorzulegen".[355] Schon wenige Tage später war Hassel in der Lage, ein offenbar längst angefertigtes „Verzeichniß der in der Ausgabe der Hardenbergschen Memoiren von L. von Ranke fortgelassenen Stellen des Manuskripts anliegend ganz gehorsamst zu überreichen".[356] In der Tat gab es Auslassungen, die Ranke im Druck des Hardenberg-Textes auch ohne Kennzeichnung vorgenommen hatte. Die erste betraf die „contrastirenden Hauptzüge" der preußischen Politik seit 1786, die der Minister einer scharfen Kritik unterzog,[357] sowohl die im Westen wie auch die im Osten, z. B. die „zuvorkommende Unterstützung der Revolution in Polen, ja Bündnisse mit der Republik, welche die neue

354 Ebd. Bericht Paul Hassels, 6. November 1877, Ausfertigung, Hervorhebungen dort; nach einem Brief Rankes an Sybel, GStA PK, I. HA, Rep. 178 XIV Publikationen 3, Vol. 1, arbeitete er zumeist nach den Hardenberg-Originalen, von denen er sich für den Druck Abschriften anfertigen ließ.

355 GStA PK, I. HA, Rep. 178 XIV Publikationen 3, Vol. 2, Konzept eines Erlasses Sybels, Berlin 17. Juli 1880.

356 A.a.O., Bericht Hassels an Sybel, 21. Juli 1880, mit dem anliegenden „Verzeichnis derjenigen Stellen [...]"; daraus die folgenden Mitteilungen; abgedruckt unten im Anhang.

357 Bezug: Ranke, Eigenhändige Memoiren (Anm. 234), Bd. 1, S. 12 unten.

Verfassung“ – bis zur polnischen Maiverfassung von 1791 – „garantirten, in den Jahren 1789 und 1790, – und die Unterjochung dieses Landes 1792 und 1793 unter dem Vorwande, den Revolutionsgeist nicht aufkommen zu lassen“. Die Inkonsequenzen der preußischen Politik in dieser Epoche – in der der unter Friedrich II. angesammelte Staatsschatz vertan wurde –, „der unpolitische, dem preußischen Interesse besonders ganz zuwiderlaufende Kreuzzug von 1792 gegen Frankreich“ und der dann aber mit Rücksichten auf Landerwerb im Osten „unkräftig und schlecht geführte Krieg“ wurden scharf herausgestellt, überhaupt die unter Friedrich Wilhelm II. geführte „egoistische Politik“ sowie die – 1794 – „bis zur Verrätherei gestiegenen Bemühungen und Cabalen bei der Armee“. Er kritisierte „die Rolle eines Staats erster Ordnung – und die kleinliche Schmeichelei und Nachgiebigkeit, mit denen man wechselweise bald Frankreich, bald Russland entgegenging und deren Impulsionen folgte, so bald sie Ernst zeigten“. Friedrich Wilhelm III. – seit 1797/98 diesen Titel tragend – fand auch nicht die Gnade Hardenbergs, ebenso wenig die Scheu vor dem Kriege mit Frankreich – überall „Inconsequenz“ und Schwanken zwischen Ost und West. Es war eine Philippika, ohne freilich den schon seit der Mitte der 1790er-Jahre nicht unerheblichen Anteil zu reflektieren, den Hardenberg selbst an der großen Politik gehabt hatte.

„Wie sehr“, schreibt Hardenberg dann resümierend, „könnten diese contrastirenden Züge noch ausgemalt werden! Wer auf die Thatsachen aufmerksam achtet, die ich in dem Verlaufe dieser Memoiren angeführt habe und noch anführen werde, wird sie allenthalben bemerken und wem werden dann die Ursachen von Preußens schrecklichem Sturz nicht ganz klar vor Augen liegen? Preußens Genius beweint Unentschlossenheit und Entschluß."[358]

Sodann wies auch Hassel auf Auslassungen hin, die vor ihm schon Paul Bailleu notiert und die Ranke im Druck markiert hatte,[359] auch diejenige Stelle, in der ein Schriftstück des Königs scharf kritisiert wurde,[360] ferner eine gekennzeichnete Passage in Hardenbergs zweitem Memoirenband: „Wenn die Kraft nicht von oben herab kommt, wenn da Schwäche und Muthlosigkeit herrscht und allenthalben durchblickt, ist es unmöglich zu erwarten, daß die unteren Behörden sich anstrengen und ihre Pflicht thun, am allerwenigsten im Militär."[361]

Das also waren die inkriminierten Stellen, scharfe Urteile zwar, aber für das Bild der Epoche ohne wirklich neue Aspekte. Ranke ist es dann 1877 freigestellt worden, einen fünften Band mit weiteren Aktenstücken

358 „Verzeichnis" Hassel, Juli 1880, GStA PK, I. HA, Rep. 178, XIV Publikationen 3, Vol. 2, im Druck weggelassene Stellen aus dem Text Hardenbergs.

359 Vgl. oben Bailleu in Anm. 349, zu Ranke, Eigenhändige Memoiren (Anm. 234), S. 49 und S. 84; leichte Varianten bei Bailleu.

360 Auch Hassel gibt die bei Ranke a.a.O., S. 110 mit Punkten bezeichnete mehrzeilige Auslassung, die – schon bei Bailleu bemerkt – einen Brief Friedrich Wilhelms III. als „niederträchtig" qualifizierte, GStA PK, I. HA, Rep. 178, XIV Publikationen 3, Vol. 2.

361 Ranke, Eigenhändige Memoiren des Staatskanzlers Fürsten von Hardenberg, Bd. 2 (= Denkwürdigkeiten [...], Bd. 3), Leipzig 1877, S. 211; dazu die Abschrift bei Hassel wie zuletzt Anm. 360.

zu publizieren, mit dem er – noch mit dem Druckdatum 1877 – das Werk abrundete.[362]

Die Rezensionen machten Ranke aber nicht nur Freude; die Zweifel an der Aussagekraft der Memoiren Hardenbergs einerseits, an der Textdarbietung Rankes andererseits wurden schon erwähnt.[363] Ranke klagte über die „beschränkten und von Eifersucht eingegebenen Recensionen".[364] Wilhelm I. hat ihm für die ersten Bände mündlich und schriftlich gedankt und hat sie „sehr gut aufgenommen".[365] Daraufhin sandte der Historiograph weitere Exemplare an Bismarck und an verschiedene Regierungsmitglieder.[366] Nun freilich forderte Graf Hardenberg auf Neuhardenberg erneut die Memoiren seines Ahnen zurück, und wiederum wurden nun Regierung und Monarch mit dem Vorgang befasst. Der Vizepräsident des Staatsministeriums, Graf zu Stolberg-Wernigerode, berichtete an den Monarchen und fand, dass nun keine Bedenken gegen dieses Verlangen erhoben werden könnten, „wenngleich Ranke bei der Publikation einige wenige Stellen des Manuskripts, unter Bezeichnung der Lücken, mit Grund ausgelassen hat". Eine nachträgliche

362 Eigenhändiges Konzept Sybels vom 7. Februar 1877, auf Rankes Schreiben vom 21. November 1876, GStA PK, I. HA, Rep. 178, XIV Publikationen 3, Vol. 1; es ist im Oktober 1877 eingetroffen: Aus den Briefen Leopold von Ranke's (Anm. 268), S. 109.

363 Vgl. oben Anm. 343.

364 Das Schreiben Rankes an Geibel, 21. März 1879; in: Aus den Briefen Leopold von Rankes (Anm. 268), S. 120f, Nr. 144.

365 Ebd., S. 100f, Nr. 120: Ranke an Geibel, 16. Januar 1877; die schriftliche Antwort Wilhelms I. vom 6. Januar 1877 gedruckt bei: F. v. Ranke, Vierzig Briefe (Anm. 201), in: Deutsche Revue 30 (1905), S. 223f („gestern schon mündlich").

366 So Ranke in einem Brief an Sybel, 16. Januar 1877, GStA PK, I. HA, Rep. 178, XIV Publikationen 3, Vol. 1.

Veröffentlichung dieser Stellen sei nicht zu erwarten, sie gäben die bekannten Auffassungen Hardenbergs wieder, halt „nur in besonders herber Form". Weitere „Scripturen" Hardenbergs, die nun ebenfalls zurückgefordert würden, wollte Stolberg von der Rück-, oder besser: Übergabe ausgeschlossen wissen, zumal sich darunter auch ein Aufsatz „über die Persönlichkeit Seiner Höchstseligen Majestät, König Friedrich Wilhelms III." befände, „der nach meinem allerunterthänigsten Ermessen auf das Strengste secretirt werden muß". Auch die Tagebücher dürften nicht in den Familienbesitz übergehen.[367] Wilhelm I. hat den Bericht gründlich gelesen und in einer Marginalie gefordert, bei der Rückgabe der Memoiren müsse eine Erklärung der Familie verlangt werden, dass die bezeichneten Stellen nicht veröffentlicht würden.

Wilhelm I. wünschte daraufhin ferner, persönlich in die (weiteren) Skripturen des Staatskanzlers Einsicht zu nehmen, bevor über deren Rückgabe entschieden würde – worunter sich der bezeichnete Aufsatz und Teile der Tagebücher befanden. Am 7. September 1880 verfügte eine Ordre Wilhelms I., dass nur die Memoiren, aber ohne die „urkundlichen Beilagen und Inserenden"[368] ausgefolgt werden dürften, die Tagebücher aber nicht. Die geforderte Erklärung gab Graf Carl von Hardenberg im September

367 Ausfertigung: Immediatbericht des Grafen Stolberg, Berlin 6. August 1880, GStA PK, I. HA, Rep. 89, Nr. 19496; nach den Aktenstücken dieses Bandes auch das Folgende.

368 Die „Inserenda zu Hardenberg's Memoiren" befinden sich auch jetzt im Dahlemer Teil seines Nachlasses: GStA PK, VI. HA, NL Karl August von Hardenberg, unter L Inserenda 1–442 (L1–11), gefolgt von en „Pièces justificatives" (L 12–15).

1880 in aller Form ab.[369] Im Oktober bestätigte er den Empfang des Manuskripts der Memoiren Hardenbergs.[370]

– – –

Voreilige Urteile wurden über die Hof- und Staatshistoriographen, zumal über diejenigen Brandenburg-Preußens gesprochen, ohne dass bisher auch nur der Versuch unternommen wurde, ihre Praxis vom 17. bis zum späten 19. Jahrhundert zu analysieren. Dies gilt für die Historiker vor Ranke wie für die Staats- und die brandenburgischen Historiographen nach ihm, ebenso für deren Nachfolger, die noch in der ersten Republik ernannt worden sind.[371] Die auffällige Tatsache, dass die quasi-amtlichen Historiographen der Hohenzollern nicht einmal gehalten waren, über Brandenburgisches oder Preußisches zu publizieren, wirft ein markantes Schlaglicht darauf, dass das Verhältnis von Freiraum und Bindung epochenspezifisch zu bestimmen ist, dass vom Titel der Amtshistoriographen aber mitnichten schon auf ein starres historiographisches Untertanenverhältnis geschlossen werden darf. Leopold Ranke hat, wie gezeigt worden ist, gleich bei seiner Ernennung 1841 dieses Problem angesprochen, und er hatte

369 GStA PK, I. HA, Rep. 89, Nr. 19496, Abschrift, Neuhardenberg, 20. September 1880: gibt „die Erklärung ab, daß diejenigen Stellen jenes Manuscriptes, welche in dem durch den Geheimen Regierungs-Rath Dr. Leopold von Ranke herausgegebenen Werke [...] weggelassen worden sind, auch von mir oder meinen Erben nicht nachträglich veröffentlicht werden sollen."

370 Ausfertigung: Bericht des Grafen Hardenberg, 18. Oktober 1880, GStA PK, I. HA, Rep. 178, XIV Publikationen 3, Vol. 2.

371 Dazu Neugebauer, Die preußischen Staatshistoriographen (Anm. 1), S. 47–59 (Riedel, Droysen, Duncker, Treitschke, Schmoller, Koser, 1920er: Erich Marcks, Friedrich Meinecke, der als letzter der Reihe 1954 gestorben ist).

bis in sein hohes Alter um seine Wissenschaftsfreiheit zu kämpfen. Und er kämpfte, zum Schluss bei gewachsenem Gewicht seiner Position, dann doch erfolgreich.

Auch Ranke hat sich über lange Phasen seines produktiven Wissenschaftlerlebens mit ganz anderen als mit preußischen Themen befasst; es sind überschaubare Zeiten, in denen für ihn das Thema Preußen in der Arbeit dominierte. Und kaum war das Werk über Hardenberg vollendet, kehrte Leopold von Ranke zum Zentrum seines Schaffens zurück: zur Weltgeschichte.[372]

---

372 Leopold von Ranke, Weltgeschichte, 1. Tl., 2. Aufl. Leipzig 1881 – 9. Teil, Leipzig 1888; Rankes letzter selbst diktierter Satz: 7. Teil, Leipzig 1886, S. 190 (11. Jahrhundert).

Anhang
Quellen zu Leopold von Rankes *Hardenberg*

Die im Anhang publizierten Quellen, vor allem die hier mitgeteilten Briefe Leopold von Rankes, dokumentieren die Arbeit eines Staatshistoriographen an einem Werk, das exemplarisch die Produktionsbedingungen des Geschichtsforschers an einem staatlich gesetzten Thema deutlich werden lässt.

Der Schwerpunkt der ausgewählten Quellen liegt bei Stücken von Leopold von Ranke selbst. Der Kontext, die Überlieferung der Staatsseite, wird durch die monographische Darstellung hergestellt, sodass die Kommentierung darauf zu verzichten hatte, dort schon Gesagtes zu wiederholen. Die Briefe Rankes liegen durchweg in dessen Ausfertigung vor. Einige wenige Stücke sind bisher, aber nur aus (stark abweichenden) Konzeptüberlieferungen bekannt gewesen; dabei wurde übersehen, dass Leopold von Ranke bei der Herstellung der Reinschrift sich vom Entwurf zu entfernen pflegte, was sein Sohn, Friduhelm von Ranke, mit dem Hinweis andeutete, dass die von ihm erstmals publizierten Briefe möglicherweise so nie abgegangen sind.[373] Die hier vorgelegte Edition zeigt diese Differenzen auf und verweist die Ranke-Editorik auf das Problem, ohne Vergleich mit den Empfänger-Überlieferungen auf nicht ausreichend gesicherter Grundlage zu operieren.

373 Siehe das Zitat oben in Anm. 280.

Die mitgeteilten Stücke zeigen im Übrigen, dass kriegsbedingte Lücken der Überlieferung bisweilen geschlossen werden können. Die Forschung hatte noch vor Kurzem den „Verlust der ... Benutzer-Korrespondenz mit dem Kgl. Preuß. Geh. Staatsarchiv“, die „sich besonders im Zusammenhang mit der Herausgabe der Hardenbergschen Denkwürdigkeiten um 1874 noch einmal“ lebhaft „gestaltete“, beklagt.[374] Diese Lücke kann mit dem Fund der Stücke in der Überlieferung der preußischen Staatsarchive zumindest zu einem großen Teil als geschlossen angesehen werden. Mit der Publikation der von dem Archivar Paul Hassel festgestellten Differenz vom Druck Rankes zu dem Manuskript Hardenbergs wird die wissenschaftliche Verwendbarkeit dieser Edition gesteigert.

Die Wiedergabe der Dokumente erfolgt buchstabengetreu; Ergänzungen in der Interpunktion wurden angezeigt. Die Textdarbietung steht in der Tradition der von Johannes Schultze gegebenen Richtlinien[375] – Schlussformeln wurden bei Briefen Rankes mit aufgenommen, da sie für das Verhältnis zum Empfänger der Stücke Aussagekraft besitzen.

374 So. G. J. Henz, Leopold von Ranke (Anm. 4), Bd. 2, S. 286, und S. 289f, wo die Bestände der Repositur 178 fehlen.

375 Mehrfach gedruckt, z. B. Johannes Schultze, Richtlinien für die äußere Textgestaltung bei der Herausgabe von Quellen zur neueren deutschen Geschichte, in: Walter Heinemeyer (Hg.), Richtlinien für die Edition landesgeschichtlicher Quellen, Marburg/Köln 1978, S. 25–36.

Nr. 1

Denkschrift des Direktors der Staats-Archive, von Lancizolle, für den Ministerpräsidenten. Berlin, 14. April 1864

Ausf. gez. Lancizolle
GStA PK, I. HA, Rep. 178, XIV Publikationen 3, Vol. 1.

Die Memoiren des Staatskanzler Hardenberg

Gehorsamstes Promemoria betreffend die Memoiren des Fürsten Hardenberg – Seiner Excellenz dem Herren Präsidenten des Königlichen Staatsministeriums von dem Director der Staats-Archive überreicht.

Der Oberst-Lieutnant a.D. Graf v. Hardenberg, Besitzer des Fidiecommisses Neu-Hardenberg, hat unter dem 5. März d. J. darauf angetragen, daß die nach dem Ableben des Staatskanzlers Fürsten Hardenberg in das Königliche Geheime Staats-Archiv gelangen M e m o i r e n desselben, da nach dem Testament des Fürsten auch die Manuscripte desselben zu dem gedachten Fideicommiß gehören der fideicommißberechtigten Familie Hardenberg, restituirt werden möchten.

Der betreffende Sachverhalt ist folgender: Seit dem 27. Juni 1828 beruht in dem Geheimen Staats-Archiv ein mit den Siegeln des Ministeriums des Königlichen Hauses und des Ministeriums der auswärtigen Angelegenheiten verschlossenes Paket, welches eine von dem Fürsten Wittgenstein als Hausminister und dem Grafen Bernstorff als auswärtigem Minister unterzeichnete Aufschrift enthält, laut welcher eigenhändige Hardenbergische Memoiren darin verschlossen sind, deren Eröffnung nicht ohne Allerhöchsten Befehl erfolgen darf.

Eine Eröffnung hat noch niemals stattgefunden. Nach einem bezüglichen Bericht des damaligen Archiv-Directors, Wirklichen Geheimen Raths v. Raumer enthält dies Paket in deutscher Sprache geschriebene Memoiren des Fürsten Hardenberg aus dessen eigener Feder über die Geschichte der Jahre 1803, 5, 6 und 7 und französische, von dem geheimen Legationsrath Schoell verfaßte Uebersetzungen Hardenbergischer Memoiren über die Jahre 1803, 4 und 5. Der v. Raumer bemerkt, daß nach Befehlen des damals regierenden Königs Majestät die versiegelten Memoiren erst nach 50 Jahren (also nicht vor dem Jahre 1878) eröffnet werden sollten und bis dahin von Niemand dürften eingesehen werden. Eine bezügliche Allerhöchste Order oder sonst ein anderweitiges Zeugniß über den Erlaß solcher Befehle hat sich nirgend auffinden lassen, und beruth die Angabe des v. Raumer möglicherweise auf einer mündlichen Aeußerung des Königs.

Befiehlt des jetzt regierenden Königs Majestät auf Anlaß des obgedachten Ansuchens des Grafen Hardenberg die Eröffnung, so dürfte der Beschlußfassung über die weitere Behandlung dieser Papiere einer nähern

Prüfung ihrer Bedeutung für die Geschichte der betreffenden Zeitläufte und ihres Verhältnisses zu der bereits in der Literatur der Geschichte jener Zeit allgemein zugänglichen Kunde derselben voranzugehen haben. Professor Ranke, Königlicher Historiograph, dürfte in jeder Beziehung dazu die geeigneteste Persönlichkeit sein.

Es hat Graf Hardenberg übrigens bereits im Jahre 1861 das von ihm jetzt gestellte Gesuch an den damaligen Minister des Innern gerichtet, welcher dasselbe ressortmäßig an den Vorsitzenden des Staatsministeriums als Chef der Archivverwaltung abgegeben hat. Graf Hardenberg ist damals Seitens des Interimistischen Präsidenten des Staatsministeriums, Prinzen Adolf zu Hohenlohe, einfach auf die Bestimmung hingewiesen worden, daß ohne Allerhöchsten Befehl die versiegelt reponirten Memoiren nicht eröffnet werden dürften.

Außer dem gedachten Paket sind im Jahre 1829 dem Archiv 9 Portefeuills versiegelt und gleichfalls mit der Bestimmung, nicht ohne Allerhöchste Genehmigung entsiegelt zu werden, überwiesen worden, deren Inhalt in der betreffenden Cabinets-Ordre als Vorarbeiten des Geheimen Legationsraths Schoell zur Abfassung Hardenbergscher Memoiren bezeichnet ist. Höchst wahrscheinlich finden sich darin lauter einzelne Schriftstücke in Ur- oder Abschrift, die als Materialien zu dem gedachten Zweck haben dienen sollen.

Die nähere Kenntnißnahme erscheint wünschenswerth, da sich wohl Ergänzungen des Geheimen Staatsarchivs wenigstens aus einem Theil dieser Papiere ergeben dürften.

Endlich ist bei diesem Anlaß wohl erwähnenswerth, daß im Geheimen Staats-Archiv sich noch kurze Tagebücher von der Hand des Fürsten Hardenberg befinden, die sich über einen großen Theil seines Lebens bis kurz vor seinem Tode erstrecken. Es sind meist ganz kurze Notizen. Eine politische resp. historische Bedeutung ist nach Einsicht des Unterzeichneten diesen Tagebüchern nicht zuzuschreiben, und dürfte eine Ueberweisung an die Familie keinen Bedenken unterliegen. Von dem größen Theil derselben hat mein Amtsvorgänger eine Abschrift anfertigen lassen, die sich ebenfalls im Archiv befindet.

Nr. 2

Erlaß des Ministerpräsidenten Bismarck an Leopold Ranke. Berlin, 10. Juli 1864.[376]

Konz. von Lancizolle, m. Vermerk: „Im Mundum unterzeichnet Bismarck" GStA PK, I. HA, Rep. 178, XIV Publikationen, 3, Vol. 1

Auftrag zur Sichtung der Memoiren und Schriften Hardenbergs

Das Königl. Geh Staatsarchiv bewahrt seit dem Jahr 1828 eigenhändige Memoiren des Staatskanzlers Fürsten Hardenberg, welche in Gemäßheit einer Anordnung weyland Se. Maj. Königs Friedrich Wilh. III. versiegelt, mit der Bestimmung sie nur mit Allerhöchsten Genehmigung jemals zu eröffnen, daselbst niedergelegt worden sind. Des jetzt regirenden Königs Majestät hat auf meinen Antrag gegenwärtig die Entsiegelung und die nähere Sichtung des Inhalts dieser zeither noch von niemand eingesehen gewesenen Memoiren anzubefehlen geruht. Darüber [ist] ein sicheres Urteil zu gewinnen in wie weit ihr Inhalt, welcher sich über einen Theil des Jahrs 1803 und über

376 Die Lesung: 10. Juli 1864 ist eindeutig, mit dem Datum 10. Juni 1864 erwähnt bei: F. v. Ranke, Vierzig Briefe (Anm. 210), in: Deutsche Revue 30 (1905), S. 216.

die nächstfolgenden Jahre bis nach dem Abschluß des Tilsiter Friedens erstrecken, nach den zahlreichen seit jener Zeit erfolgten historischen Publicationen aller Art neuere, bisher nicht in die Oeffentlichkeit gekommene Tatsachen und Umstände von Bedeutung darbietet, insbesondere auch solche, (,) deren Veröffentlichung auch jetzt gegenwärtig im diesseitigen Staats-Interesse gegründeten Bedenken unterliegen möchte. Eine hierauf gerichtete Prüfung könnte keinem fachkundigerem und in jeder Beziehung zuverlässigen Gelehrten als Euer Hochwohlgeboren übertragen werden. Mit Allerhöchster Genehmigung ersuche ich Sie daher ergebenst unter Bezugnahme auf die Ihnen bereits von Seiten des Directors der Staatsarchive gemachten Mittheilungen und auf Ihre gegen denselben bereits ausgesprochene Bereitwilligkeit, in dem angedeuteten Sinn einer Durchsicht der gedachten Memoiren, mit Berücksichtigung der von ihrem Verfasser theils zu Insertion Anlage bestimmt gewesenen Schriftstücke und einer schriftlichen Darlegung des Ergebnisses sich zu unterziehen. [...]

Nr. 3

Bericht Leopold Rankes an den Präsidenten des Staatsministeriums, von Bismarck. Berlin, 3. Dezember 1864.

Ausf. gez. Ranke. GStA PK, I. HA, Rep. 178, XIV Publikationen 3, Vol. 1.

Die eigenhändigen Memoiren Hardenbergs.

Gehorsamstes Promemoria betr. die in den Königl. Geheimen Staats-Archiv asservirten eigenhändigen Memoiren des Staatskanzlers Fürsten Hardenberg, Sr. Excellenz dem Präsidenten des Staatsministeriums Herrn Staatsminister von Bismarck-Schönhausen befohlenermaßen überreicht von dem Professor Dr. Ranke. 3. Dez. 1864.[377]

Ew. Excellenz kennen selbst den Umfang der Papiere, welche aus dem Nachlaß des Staatskanzlers Fürsten Hardenberg in das geheime Archiv übergegangen sind. Nach der Absicht dieses großen Staatsmannes, dem viel daran gelegen war, bei der Nachwelt im guten Andenken zu bleiben, sollten sie dienen, um ausführliche Memoiren über sein Leben und seinen Antheil an den öffentlichen Geschäften abzufassen. Neben den gesammelten Aktenstücken finden sich bereits Vorarbeiten zu diesem Zwecke;

377 Rubrum von der Hand Lancizolles.

einzelne Zusammenstellungen in deutscher Sprache mehr aktenmäßig und amtlich gehalten und Ueberarbeitungen derselben in französischer Sprache durch den Geheimrath Schöll. So viel ich sie durchgesehen habe, sind sie jedoch dem Inhalt der Aktenstücke an Werth bei weitem nicht gleichzustellen, namentlich kann die Bearbeitung von Schöll, welcher den Staatskanzler in der ersten Person reden läßt, nach meinem Dafürhalten nicht als gelungen bezeichnet werden.

Von dem größten Werth dagegen sind die Aufzeichnungen Hardenbergs, welche in seiner Handschrift vorliegen. Sie enthalten eine zusammenhängende Erzählung der Ereignisse vom Jahre 1803 bis zum Jahre 1807. Wenn man unter Memoiren Darstellungen der eigenen Vergangenheit aus späterer Erinnerung, nachdem die Leidenschaften des Tages abgetobt haben, zu denken gewohnt ist, so fallen die Aufzeichnungen Hardenbergs nicht unter diesen Begriff, sie sind unmittelbar nach den unglücklichen Ereignissen von 1806 und 1807 im Sommer des Jahres 1808 in Tilsit, wohin Hardenberg aus seinem vorübergehenden Exil zunächst zurückgekehrt war, niedergeschrieben worden. Den nächsten Anlaß gaben im dazu Schriften die damals über die Ursachen der Katastrophe zahlreich erschienen: Zuerst kam die Schrift Ephraims über seine Verhaftung,[378] welche Hardenberg am 1. Februar in seinem Tagebuche berührt,[379] er war darin mit Glimpf behandelt, er erfuhr

378 Dazu O. Tschirch, Geschichte der öffentlichen Meinung (Anm. 88), Bd. 2, S. 217 Anm.

379 Vgl. die Edition von T. Stamm-Kuhlmann (Hg.), Tagebücher (Anm. 225), S. 563.

sogar einiges Neue daraus, aber die Ursache der Ungnade Napoleons gegen ihn war doch auf eine Weise erzählt, die er für unwahr erklärt und die ihn verletzte. Dann folgten die vertraulichen Briefe[380], die Feuerbrände[381], die Gallerie preußischer Charaktere[382], er bemerkte darin vor allem viel Bosheit und Galle. Endlich erschienen Lombards Matériaux[383], die ihn auf das Tiefste verwundeten. Er fand darin eine Verunstaltung der eigentlichen Verhältnisse, die um so verführerischer sein konnte, weil der Verfasser sehr eingeweiht war, eine tristis adulatio, namentlich auch Verunglimpfung seiner politischen Thätigkeit. Er dachte eine Protestation, eine ausführliche Widerlegung dagegen zu veröffentlichen.[384] Er schickte sich an berichtigende Anmerkungen zu den anzüglichsten Stellen niederzu-

380 (Friedrich von Cölln), Vertraute Briefe über die innern Verhältnisse am Preußischen Hofe seit dem Tode Friedrichs II., 6 Bde., Amsterdam-Cölln (recte: Leipzig) 1807–1809, hier bes. Bd. 2 1807; zu Cölln z. B. O. Tschirch, Geschichte der öffentlichen Meinung (Anm. 88), Bd. 2, S. 442; Johannes Ziekursch, Friedrich von Cölln und der Tugendbund, in: Historische Vierteljahrschrift 12 (1909), S. 38–76, S. 54f und passim.

381 O. Tschirch, Geschichte der öffentlichen Meinung (Anm. 88), Bd. 2, S. 442: 18 Hefte, 1807/08.

382 (Friedrich Buchholz), Gallerie Preussischer Charaktere. Aus dem Französischen übersetzt, Germanien 1808, zu Hardenberg S. 355–364. Otto Tschirch, Friedrich Buchholz, Friedrich von Coelln und Julius von Voß, drei preußische Publizisten in der Zeit der Fremdherrschaft 1806–1812, in: FBPG 48 (1936), S. 163–181, hier S. 164, S. 168; ders., Geschichte der öffentlichen Meinung (Anm. 88), S. 455f; A. Hofmeister-Hunger, Pressepolitik (Anm. 100), S. 189ff.

383 Zu den „Matériaux“ von Johann Wilhelm Lombard (deutsche Parallelausgabe: [J. W. Lombard], Materialien zur Geschichte der Jahre 1805, 1806 und 1807. Seinen Landsleuten zuereignet, Frankfurt-Leipzig, bei Friedrich Nicolai 1808), siehe O. Tschirch, Geschichte der öffentlichen Meinung (Anm. 88), Bd. 2, S. 462f; nach wie vor unverzichtbar: Hermann Hüffer, Die Kabinetsregierung in Preußen und Johann Wilhelm Lombard. Ein Beitrag zur Geschichte des preußischen Staates vornehmlich in den Jahren 1797 bis 1810, Leipzig 1891, S. 331–391.

384 Verderbte Korrektur: „verschicken“.

schreiben. Allein dies genügte weder ihm noch seinen Freunden. –

Eben unter diesen Eindrücken war es vielmehr, daß Hardenberg sich selbst entschlossen hat, eine historische Darstellung seiner Verwaltung zu verfassen. In seinem Vorwort beschäftigt es sich viel damit, ob eine Darstellung des eigenen Verhaltens unparteiisch und [nach der] Wahrheit ausfallen könne. Man sieht, wie sehr es ihm aber auch Ernst mit der Wahrheit war. Nothwendig mußte jedoch die Ausarbeitung das Gepräge des Augenblicks an sich tragen. Lombard, der vertraute Kabinetsrath des Königs, der den Vortrag über die auswärtigen Angelegenheiten während des hardenbergischen Ministeriums gehabt und hier meist in Opposition mit ihm gestanden hatte, war nun als Historiker dieser Epoche hervorgetreten. Ihm fiel nach Hardenbergs Ueberzeugung und nach der Meinung der Welt die größte Schuld an der Katastrophe zu, unmöglich konnte man ihm zugestehen die Meinung der Mitwelt und Nachwelt über ihre Ursachen zu bestimmen. Einen wichtigen Bestandtheil der vorliegenden Aufzeichnungen bilden demzufolge die Schilderungen der innern Zustände des Ministeriums und Kabinets in dem lebhaften Gefühl, daß aus diesen das erlittene Unglück hauptsächlich herzuleiten sei. –

Es war in der That ein überaus merkwürdiges Schicksal, daß gerade in dieser entscheidenden Epoche zwei Autoritäten Graf Haugwitz, welcher bisher das Ministerium verwaltet hatte, aber aus Gesundheitsrücksichten davon zurückgetreten war, ohne es jedoch definitiv aufzugeben, und Hardenberg, der nicht ohne den Einfluß des Grafen selbst an seine Stelle kam und die Geschäfte selbständig führte, aber dabei doch nicht als der einzige Minister der auswärtigen Angelegenheiten betrachtet wurde, mit einander zusammenwirken sollten. Bei schwierigen Fragen, über welche Hardenberg seine Meinung gebildet und bereits ausgesprochen hatte, wurde auch Haugwitz herbeigezogen, er entschied sich leicht im entgegengesetzten Sinne, aber in einem solchen, von dem er voraussetzte, daß er der des Königs sei. Zugleich führten die beiden Kabinetsräthe Lombard und Beyme eine sehr gewichtige Stimme in dem Kabinet, wie Hardenberg sagt, ein Nebeneinfluß, den er sich nie gefallen lassen wollte, dem sich aber Haugwitz willig unterwarf. Ueber diese Conflicte enthält die Schrift merkwürdige und unbekannte Mittheilungen, die sich in einer immer steigenden Verwerfung der Gegner bewegen. Es kann nicht anders sein, als daß der König, mit welchem Hardenberg nicht immer in Uebereinstimmung war und der diesen Einfluß duldete, vielfach berührt wird und nicht gerade immer in einem günstigen Lichte erscheint. Hardenberg schickt seinen Memoiren eine ausführliche Schilderung des Königs und der Königin voraus, die an sich sehr lesenswürdig in Bezug auf dem König doch dadurch unvollkommen wird, daß sie nur auf dem Eindruck jener Jahre beruht. Die spätere Entwicklung dieses Fürsten, seine Theilnahme am Krieg von 1813 und die Eigenschaften, die die Welt als dann an ihm bewundert hat, waren noch nicht zum Vorschein gekommen, nur von der Niederlage nicht von der Wiedererhebung konnte noch die Rede sein, so erscheint nur die Schuld, die der König an der erstern hatte oder haben mochte, nicht das Verdienst, das er sich später erwarb. Wenn von einer Publikation dieser Denkwürdigkeiten die Rede ist, so würde die Rücksicht auf das Königliche Haus erfordern, diesen Punkt Allerhöchsten Orts nicht unerwähnt zu lassen, manches darin würde selbst einer thatsächlichen Berichtigung bedürfen, die ganze Ansicht der Erweiterung. –

Wenn das Urtheil über diesen, den persönlichsten Theil der Memoiren zweifelhaft ausfällt, so muß dagegen den andern, der Darstellung der eigentlichen Politik, das größte Lob gespendet werden. Es mag sein, daß Manches von dem, was hier in der Erzählung vorkommt oder aus den Urkunden erhellt, nicht mehr unbekannt ist, denn seitdem ist viel publicirt, die Aktenstücke selbst sind von talentvollen Historikern durchgesehen und benutzt worden, allein das nimmt dem Werth der eigentlichen Darstellung nichts. Wenn die oben erwähnten Versuche die Urkunden für Memoiren zu benutzen (,) in den früheren Theilen hinter dem Material zurücktreten, so erheben sie sich hier weit über dasselbe. Man könnte diese Schrift selbst nicht von den Urkunden und Staatsschriften, die ihr beiliegen, losreißen, denn zuweilen wird der Leser darauf verwiesen, sie werden dann Nummer für Nummer citirt, auch an andern Stellen bilden die Auszüge aus dem originalen Schriftwechsel einen bedeutenden Theil der Darstellung, allein der Verfasser macht sie erst verständlich, gewährt uns das, was wir sonst so häufig vermissen, wenn wir Urkunden studieren, eine lebendige Anschauung der Verhältnisse, aus denen sie hervorgegangen sind. Ich habe diese Memoiren Wort für Wort durchgelesen und alles, was in neuerer Zeit Großes veröffentlicht worden ist, möglichst damit verglichen. Ich will Ew. Ecellenz nicht mit einer Aufzählung einzelner Abweichungen, die mir in den Sinn kamen (,) langweilen. Die Mühe, die ich mir gab, wurde durch eine Genugthuung belohnt, wie sie die Studien nur selten gewähren über einige der wichtigsten Momente. Denn welches größere Vergnügen kann es für den Historiker geben, als über eine große Epoche einen Mann zu hören, der in den Geschäften lebte, sie durchschaute und ein großes Talent besitzt, sie zu schildern. Die Ereignisse der Zeit erschienen, indem ich diese Blätter umschlug, in einem neuen Lichte. Ich bitte um die Erlaubniß darüber ein Wort hinzuzufügen.

Der Gegensatz zwischen Haugwitz und Hardenberg war nicht so persönlich, wie es scheint, noch weniger zufällig, er beruht auf der Abwandlung der Ereignisse in den verschiedenen Jahren. Haugwitz war der Mann der Neutralität, die bisher manchen Vortheil gebracht hatte und dem damaligen Sinn des Königs entsprach; der König wünschte vor allem, wie er sich einmal ausdrückt, Einseitigkeiten zu vermeiden in Behandlung der äußern sowohl die der innern Verhältnisse. Er sah die gegeneinanderstrebenden Interessen der großen Mächte, die nicht die seinigen waren, und er wollte sich keinem Fremden anschließen. Man nahm ein System des isolirten Staates an, der durch keine anderweitigen Rücksichten gebunden in jedem Augenblick nach allen Seiten hin freie Hand haben sollte. Eine Zeit lang war es gegangen (,) und man hatte manches erreicht. Allein die immer gewaltiger, und endlich überwiegende Position, welche Napoleon errang, und die sie wieder erneuernde allgemeine Feindseligkeit, dann sein Bruch mit England, und alles was damit zusammenhing, machten eine solche Stellung allmählig unhaltbar. England und Rußland verständigten sich, Oestreich neigte sich alle Tage mehr zu ihnen, ein neuer Gang des großen europäischen Krieges stand bevor, eben als Hardenberg als Minister in die großen Geschäfte eintrat. Die Idee und Ueberzeugung Hardenbergs war es nun, daß Preußen an diesem Verständniß der Mächte Theil nehmen müsse, um sich zu behaupten, Haugwitz indessen hielt an seinem alten System fest. Nicht als wäre er geradezu französisch gesinnt gewesen, aber er meinte durch ein gutes Verhältniß auch mit Frankreich den allgemeinen Frieden auf dem Continent zu erhalten. Im November 1803 war allerdings viel von einer zwischen Preußen und Frankreich zu treffenden Allianz die Rede. Thiers legt den größten Werth auf die Anerbietungen, die in dieser Beziehung von preußischer Seite geschehen sind, gleichfalls sei von einem Schutz- und Trutzbündnis zwischen den beiden Mächten für alle Zukunft die Rede gewesen. Die vorliegenden Mittheilungen aber beweisen, daß man nicht in diesem Sinn das Wort verstanden hat. Man wollte vielmehr eine Verbindung schließen, durch welche der allgemeine Frieden der continentalen Mächte befestigt werden und Napoleon selbst sich verpflichten sollte nicht über den Vertrag von Luneville hinauszugehen. Wohl ist es wahr, daß Rußland diese Annäherung ungern sah, und daß sie in Kaiser Alexander I. ein gewisses Mißtrauen hervorrief. Allein von einer eigentlichen Abwendung Preußens von Rußland war doch keineswegs die Rede. Bald darauf kam es zu den Declarationen vom Mai 1804, welche einen gemeinschaftliche Krieg gegen Frankreich in Aussicht stellen, sobald es, wie man fürchtete, Napoleon gefalle, im Norden um sich zu greifen. Beide Richtungen bestanden neben einander. Haugwitz war mehr für die eine, Hardenberg mehr für die andere. Bei dem bekannten Ereigniß der Wegführung Rumbolds[385] forderte Hardenberg den König auf, unmittelbar zu rüsten und selbst die Räumung Hannovers, das die Franzosen besetzt hatten, zu fordern. Der König theilte diese Ansicht jedoch nicht, aber damals war es, daß Haugwitz, der sich auf seinen Gütern aufhielt, von dem Könige um seinen Rath angegangen wurde. Haugwitz erklärte sich friedlich, ebenso waren die Kabinetsräthe gesinnt, nur so viel erreichte Hardenberg, daß das Schreiben, das man darüber an Napoleon erließ, in stärkeren Ausdrücken abgefaßt wurde, als es Lombard ursprünglich entworfen hatte, der die Aenderungen sehr übel empfand. Geringfügige Differenzen über ein paar Worte bekamen in Verhältnissen dieser Art, welche die Summe der europäischen Politik berühren, die größte Bedeutung, daß Preußen einen Augenblick eine feindselig erscheinende Haltung angenommen hatte – selbst in Paris

385 Vgl. dazu neuerdings: Brendan Simms, The Impact of Napoleon. Prussian high politics, foreign policy and the crisis of the executive, 1797–1806, Cambridge 1997, S. 159ff.

war von einer Möglichkeit des Krieges die Rede – und sich dann mit einer Erklärung begnügte, die ihrem Sinn nach friedfertig, doch einen ungewöhnlich rauhen Ton anschlug, war nicht eben die beste Politik. Napoleon gab nach, aber fühlte sich beleidigt. Der preußische Gesandte in Frankreich, Lucchesini, bemerkte auf der Stelle eine auffallende Erkältung der bisher vertraulichen Verhältnisse. Indessen aber waren die Schritte geschehen, die die dritte Coalition vorbereiteten. Der Vertrag zwischen Rußland und Oesterreich darüber wurde an Preußen noch nicht mitgeteilt, zunächst suchten es beide Mächte zu einem allgemeinen Verständniß herüberzuziehen. Man weiß dies vorlängst, allein es ist unbekannt geblieben, wie weit namentlich die Eröffnungen, welche Oesterreich an Preußen machte, hierbei gegangen sind. Hardenberg versichert, seit der Eroberung von Schlesien seien niemals ähnliche gemacht worden. Sie zielten nicht sowohl auf Beitritt zur Coalition als auf ein „defensives Concert". Dabei kam es vor allem auf ein Verständniß über die deutschen Angelegenheiten an, nicht allein in Fragen, die damals streitig wurden, z.B. über die Virilstimmen am Reichstag, die Verhältnisse der Reichsritterschaft, wollte man sich verständigen, sondern es ist auch eine Andeutung weitester Aussicht vorgekommen. Im Angesicht eines neuen Krieges gegen die französische Uebermacht hat Oesterreich den Antrag gemacht, die Autorität im deutschen Reich gewissermaßen mit Preußen zu theilen; schon damals ist die berufene Mainlinie zum Vorschein gekommen, sie sollte von Mainz an bis Bamberg gehen, von da sollte dann eine Linie bis Eger gezogen werden, alle Streitkräfte Deutschlands südlich von dieser Linie sollten der Disposition Oesterreichs, alle andern nördlich derselben der Dictatur Preußens unterworfen werden. Zu gleicher Zeit stand auch der preußische Staat mit Rußland im besten Vernehmen, es erweist sich [als] falsch, was in neuern Darstellungen von der schlechten Aufnahme, welche der damalige preußische Abgeordnete Zastrow in Petersburg gefunden habe, gemeldet wird. Die Schreiben Alexanders, von welchen wir hier Kunde erhalten, sind sehr eingehend, nur das letzte Wort über die Coalition wollte der Kaiser nicht sagen, ehe er des allgemeinen Einverständnisses von Preußen sicher sei. Doch kam man bereits soweit (,) dem französischen Kaiser gemeinschaftlich Vorschläge zur Befestigung des Friedens zu machen. Zastrow sollte Novosilzof[386], der beauftragt war, Bestimmungen hierüber nach Paris zu bringen, begleiten und ihn dabei unterstützen.

Genug schon in diesen Zeiten Ende 1804 Anfang 1805 bemerkt man die Grundlinien zur Vereinigung der drei Mächte zu der späteren großen Allianz, die erst acht Jahre später geschlossen wurde, doch war alles noch schwankend und unbestimmt. Hardenberg selbst wurde noch einmal irre. Seine persönliche Vorliebe für diese Allianz in dieser Epoche ist unzweifelhaft, dennoch hat er sich zuweilen nach der entgegengesetzten Seite hingeneigt. Denn in diese Verhandlungen griffen Verhältnisse ein, die Preußen fern

386 Vgl. L. v. Ranke, Denkwürdigkeiten (Anm. 296) Bd. 5, S. 654; Otto Friedrich Winter (Hg.), Repertorium der diplomatischen Vertreter aller Länder, 3. Bd., Graz/Köln 1965, S. 567.

lagen, namentlich spielten die orientalischen Differenzen darin eine grosse Rolle; den größten Stein des Anstosses bildete der Besitz Hannovers. Im Jahre 1805 bot Napoleon dem Könige von Preußen Hannover an, Hardenberg, eingeborener Hannoveraner, war im Grunde dafür, denn er hielt den Wechsel der Regierung für vortheilhaft für seine Landsleute und für höchsterwünscht für den preußischen Staat. Dazu hätte nun aber der engste Anschluß an die napoleonische Politik gehört. Preußen hätte sogleich Hannover und die mecklenburgischen Häfen besetzen müssen um diese den Engländern [zu] verschließen. Es ist sogar davon die Rede gewesen, daß der Kurfürst von Sachsen nach Polen versetzt und ein Theil von Böhmen an Preußen gebracht werden sollte. Mit einem Wort, weit aussehende Vergrößerungsabsichten traten bei der Möglichkeit einer französischen Allianz in den Horizont. Es erhellt nicht, daß Hardenberg sie mit Bestimmtheit ergriffen hätte; nur in dem Falle, daß man der Verbindung gegen Napoleon nicht beitrat, würde er für besser gehalten haben, mit demselben verbunden sich auf das Kräftigste aufzustellen. Aber weder das Eine noch das Andere war zu erreichen. Haugwitz war jetzt selbst gegen eine so enge Verbindung mit Frankreich. Das System der Neutralität blieb nochmals überwiegend. Der König zeigte sich in einer Conferenz sogar ungeduldig, wenn man ihn von derselben abführen wollte. In diesem Sinn war es, daß man auf der einen Seite die Forderung der Russen, ihren Marsch durch Schlesien nehmen zu können ablehnte, auf der anderen aber auch den Franzosen die Betretung des preußischen Gebietes zu verweigern entschlossen war. Da geschah der Durchmarsch der Franzosen durch das anspachische Gebiet, vor dem man sagen kann, daß er die Politik des isolirten Staats über den Haufen warf und ihr ein Ende machte, ohne daß man sich jedoch dessen damals in Berlin bewußt geworden wäre. Aus den Memoiren von Hardenberg erhellt darüber besser als sonst, welchen Eindruck die Verletzung der Ehre des Staates, die in dem Durchmarsch lag, in Berlin hervorbrachte, wie aber auch da die Gegensätze der beiden Parteien lähmend einwirkten. Kaiser Alexander erschien in Berlin und sein Gedanke war, daß das schlagfertige preußische Heer im Rücken Napoleons sofort in das westliche Deutschland vordringen sollte, was dem Kriege allerdings eine andere Wendung hätte geben können. Aber in dem preußischen Staate gab es zwar nicht, wie man gesagt hat, eine französische aber eine antirussische Partei, die ihren Ausdruck in Haugwitz fand, der von dem Kaiser Alexander mit einer gewissen Mißachtung behandelt worden war. Hierdurch verstimmt und unter der Einwirkung der indeß erfochtenen Siege der Franzosen ließ sich Haugwitz, der selbst zu Napoleon geschickt wurde, um ihm Bedingungen zu stellen, durch die er in seine Schranken zurückgetrieben worden wäre, vielmehr zu dem Vertrage von Schönbrunn verleiten, durch welchen sich Preußen nun doch auf die Seite Napoleons stellte.

Die Memoiren bieten manches Neue über die Berathungen in Berlin in diesem entscheidenden Augenblick dar, unter andern ergeben sich auch die besonderen Motive von Haugwitz. Er dachte seinen Gegnern im Innern durch eine große That die Spitze zu bieten und sich wieder zum alleinigen Meister der Politik zu machen, dazu kam aber auch noch ein besonderer Ehrgeiz. Er hatte nichts dagegen, daß das deutsche Reich aufgelöst wurde, die Idee alsdann ein norddeutsches Kaiserthum zu stiften, rührt von ihm her. Er meinte Napoleon ganz zu kennen und versicherte dessen unbedingte Vorliebe für Preußen. –

Das einzige Mittel (,) sich bei demselben Rücksicht zu verschaffen, wäre gewesen, eine starke Armee gerüstet im Felde zu erhalten. Hardenberg versichert, daß der Beschluß der Entwaffnung, den man faßte, ohne sein Vorwissen geschehen sei. Wie schrecklich wurde man aber bald darauf enttäuscht! Wenn man die soeben bekannt gemachte Correspondenz Napoleons durchsieht, so stellt sich heraus, daß weder die eine noch die andere Partei eine richtige Vorstellung von der Haltung Napoleons hatte, der nur seine eigenen Gesichtspunkte, welche die Welt umfaßten, ohne alle Rücksicht auf andere verfolgte und stark genug war, um dem preußischen Staate seine Politik aufzuerlegen oder wenn er sich dessen weigerte, ihn zu vernichten. In diesen Zeiten seit dem Frühjahr 1806 stand Hardenberg schon nicht mehr in der Mitte der Geschäfte. Seine Aufzeichnungen, deren vornehmster Werth zwischen dem Frühjahr 1804 und dem Frühjahr 1806 liegt, verlieren alsdann an Interesse. Die letzten Motive, durch welche Preußen vermocht wurde, den Kampf mit Napoleon aufzunehmen, sind Hardenberg nicht bekannt geworden. Er beklagt selbst, daß er darüber auch später nicht sich vollständig habe unterrichten können, da Haugwitz die Papiere des auswärtigen Ministeriums, die er bei sich hatte, auf der Flucht in Graudenz verbrannt habe. Das Interesse, das die Memoiren gleichwohl auch in dieser Zeit noch darbieten, beschränkt sich mehr auf die innern Angelegenheiten, welche in einer Klarheit, die für den Historiker erfreulicher ist als für den Patrioten hervortreten. Der Ursprung der Remonstrationen vom Mai 1806 gegen die Verfassung des Kabinets, in denen der König eine Art von Meuterei sah, erscheint hier deutlicher als bisher. Hardenberg hatte wenigstens indirect mehr Antheil daran, als man meint.

Ueber den Krieg finden sich einige vortreffliche Reflexionen und Bemerkungen, wie über 1806, so und noch mehr über 1807. Auch auf die politischen Unterhandlungen der Zeit fällt manches neue Licht. Man sieht aus Hardenberg, wie ganz falsch es ist, wenn noch die neuesten und besten französischen Geschichtsschreiber bei der Zurückweisung der napoleonischen Anträge auf einen Seperatfrieden der Königin eine entscheidende Einwirkung zuschreiben wollen. Es war ganz der Gedanke des Königs. Friedrich Wilhelm hatte im Jahre 1805 zwischen Beitritt zur großen Allianz und Behauptung des isolierten Staates und der Annäherung an Frankreich geschwankt, nachdem das letzte ihn zum Ruin geführt hatte, kehrte er zu dem ersten zurück und nahm die nicht abgebrochenen Verbindungen mit Rußland nunmehr mit Entschlossenheit wieder auf. Unter dem Einfluß des Kaisers Alexander trat dann auch Hardenberg, zu dem dieser Fürst unbedingtes Vertrauen hatte, im April 1807 wieder in die Geschäfte ein. Die ganze Verwaltung (,) ausgenommen das Militärwesen (,) wurde ihm übertragen. Von dieser Zeit an erheben sich die Mittheilungen Hardenbergs wieder auf die Höhe ihrer früheren Bedeutung. Ich denke, nirgends finden sich die Ereignisse des russisch-preußischen Krieges besser entwickelt. Im Tagebuch von Schladen[387] liest man manches Verwandte, Einschlägige, bei Hardenberg ist alles zuverlässiger, deutlicher. Worauf ich aber noch größeren Werth lege, das ist die Erneuerung der politischen Verhandlungen mit den großen Mächten, die sogleich in voller Tragweite erscheinen. Auch England, denn die Irrungen über Hannover waren nun factisch beigelegt, nahm lebhaften Antheil daran. Der englische Gesandte Hutchinson, obwohl durch eine Ministerialveränderung in England gelähmt, war doch sehr eifrig dabei. Er hatte sehr ausgedehnte, auch auf die Zahlung von Subsidien sich erstreckende Vollmacht. Ebenso war Österreich zur Mitwirkung bereit. Von den deutschen Angelegenheiten war wieder in erster Reihe, obgleich in anderem Sinn als 1805, die Rede. Wenn man nach dem Ursprung des deutschen Bundes fragt, so wird er in dieser Zeit zu finden sein. Man sprach jetzt von einem deutschen Bund mit völlig gleichem Interesse Oesterreichs und Preußens, von dem man hoffte, er würde einst so stark werden, um sich gegen Rußland und Frankreich zu behaupten. Denn obgleich mit Rußland verbündet (,) wollte man doch nicht von seiner Uebermacht abhängig werden,

387 Nachweis bei: Oscar von Lettow-Vorbeck, Der Krieg von 1806 und 1807, 4. Bd., Berlin 1896, S. VII.

noch dem Schwanken seiner Absichten sich aussetzen. Aus Hardenbergs Aufzeichnungen sieht man noch mit größerer Evidenz als bisher, daß es eine Bewegung in der russischen Armee war, durch welche Kaiser Alexander zum Frieden veranlaßt und gleichsam genöthigt wurde. Großfürst Constantin, der mit der Armee fühlte, soll dem Kaiser sogar das Schreckbild eines ähnlichen Schicksals, wie es ihr Vater, Kaiser Paul, erfahren hatte, vor Augen gestellt haben. Genug Kaiser Alexander änderte sein ganzes System mit einem Schlag. Er traf einen Waffenstillstand mit Napoleon, von welchem Preußen ausgeschlossen war. Nicht übel sagt Hardenberg: Das Steuerruder war dem Kaiser entrissen, er suchte es wieder zu gewinnen, indem er das Schiff in der Richtung leitete, welche die demselben gegeben hatten, die das Steuer ihm nahmen. Hierauf folgte nun der unglücklichste aller preußischen Friedensschlüsse. Hardenberg und Schladen geben dabei dem General Kalkreuth, der dem Könige durch seine Sarkasmen imponirt hatte und sich in die Geschäfte drängte (,) viele Schuld. Ich kann nicht glauben, daß die geschickteste Unterhandlung etwas wesentliches daran geändert hätte. Aus den Noten und Briefen Napoleons ergiebt sich, mit welcher unerbittlichen Consequenz sich sein System über den Norden hin ausdehnte. Hardenberg wollte er nicht in dem preußischen Ministerium sehen, weil er die französische Nation beleidigt habe. Er meinte das Verhalten Hardenbergs nach dem Marsch durch Anspach. Zum Ersatz für ihn nannte Napoleon Schulenburg, Zastrow oder Stein. Hardenberg gelang es, die Einwendungen des

Königs gegen Stein zu beseitigen, er fand Gehör mit seinem Rath, die Stelle, welche er bisher inne gehabt hatte, mit Vertrauen an Stein zu übergeben. Er selbst begab sich nach Riga. Hiermit endigen diese Memoiren, welche der Verfasser als eine Zusammenstellung seiner Geschäftslaufbahn bezeichnet, die sich aber zum Range einer historischen Schrift erheben. Sie zeugen von einem durch das Studium der Akten gebildeten Geist und einer großen, die Welt in ihrem wichtigsten Interesse umfassenden Anschauung und gediegenen Gesinnung; sie sind sehr gut geschrieben. In deutscher Sprache giebt es keine Denkwürdigkeiten, die diesen an Werth gleichzusetzen wären, aus andern Nationen ist nichts hervorgegangen, was man ihnen unbedingt vorziehen dürfte. –

Von ähnlichem Werth sind die Berichte und Denkschriften Hardenbergs überhaupt, und zwar sowohl in dieser wie der frühsten Zeit seines Antheils an den Geschäften. Sie sind so voluminös, und die Zeit, in der ich sie benutzen kann, war bisher so beschränkt, daß ich sie bei weitem noch nicht alle habe durchgehen können: aber schon jetzt kann ich mit voller Zuversicht aussprechen, daß eine Zusammenstellung der Denkschriften, Berichte und Ausarbeitungen Hardenbergs den wichtigsten Beitrag zur Geschichte des preußischen Staates bilden würde, der überhaupt an das Licht treten könnte. –

Ehrerbietigst[388] Ew. Excellenz gehorsamer und ergebener Leop Ranke

Berlin 3. Dez. 1864.

388 Von hier ab eigenhändig v. Ranke.

Nr. 4

Erlaß des Ministerpräsidenten von Bismarck an L. Ranke. Berlin, 15. Dezember 1864

Konz. gez. Bismarck, mit dessen Korrekturen. GStA PK, I. HA., Rep. 178, XIV Publikationen 3, Vol. 1.

Verfahren mit den Memoiren Hardenbergs

Bismarck dankt für Rankes Bericht über die Aufzeichnungen des Fürsten Hardenberg, *die er* mit Interesse gelesen und sage Ihnen für die eingesandte Bearbeitung meinen verbindlichen Dank. In ihrer gefälligen Zuschrift ist besonders hervorgehoben, daß die Friedrich Wilhelm III. betreffenden Theile nicht ohne allerhöchste Genehmigung zu publiciren sein werden.

S. M. hat sich auf einen vorläufigen mündlichen Vortrag hiermit einverstanden erklärt, *daß ihm die* betreffenden Theile der Memoiren, unter Anzeichnung der besonders frivolen Stellen *zugeleitet werden sollen. Darauf soll* Allerhöchste Order *dann ergehen.*

Nr. 5

Brief Leopold Rankes an Bismarck, Berlin 5. Februar 1865

Eigenhändige Ausfertigung, GStA PK, I. HA, Rep. 178, XIV Publikationen 3, Vol. 1.[389]

Vorschlag einer Edition für die Epoche Hardenbergs.

Ew. Excellenz habe ich die Ehre anbei Hoch-Ihrem Auftrag gemäß eine Abschrift derjenigen Stellen aus den eigenhändig hinterlassenen Denkwürdigkeiten des vereweigten Statskanzlers Fürsten von Hardenberg über seine Geschäftführung in den Jahren 1803 bis 1807 zu überreichen, von denen es den Herren Archivaren und mir erforderlich scheint, daß sie vor aller Vorbereitung einer Publication zur allerhöchsten Kenntniß gebracht werden. Wir fügen Copie einer Aufzeichnung hinzu, in welcher der Verfasser für die Herausgabe seines Memoires ausdrücklich zur Bedingung macht, daß dadurch dem König und dem Staat kein Schade zugefügt werde.

Ich bin weit entfernt, dem Urtheil Ew. Excellenz oder gar der Entscheidung Sr. Majestät vorgreifen zu wollen: doch darf ich vielleicht eine Reflexion für den Fall hinzufügen, daß es auch Rücksicht auf das geheiligte Andenken

389 Auf dem Stück ein Vermerk: „Hr. Pr. Ranke um Rücksprache zu bitten."

König Friedrich Wilhelms III. nicht rathsam erscheinen soll, zur Zeit zur Publication zu schreiten. Dabei würde nach meinem Dafürhalten auch ein Nachtheil sein.

Die Memoiren Hardenbergs beweisen, daß in der Periode des Unglücks, die sie umfassen, die Preußische Politik, die ich keineswegs durchaus rechtfertigen will, doch in der That bei weitem besser war als ihr Ruf, wie ich in meinem früheren Briefe ausgeführt habe. Die Intentionen, aus denen später die Einstellung hervorging, so wie die Schwierigkeiten mit denen wir noch heute zu kämpfen haben, lassen sich schon damals erkennen. Ähnlich verhält es sich mit der ganzen Epoche der politischen Verwicklungen und der Kriege, die seit dem Ausbruch der französischen Revolution eingetreten sind. Auch für diese liegt in den von Hardenberg gesammelten und in das Archiv übergegangenen voluminösen Papieren und Heften ein reiches Material vor. Die Denkschriften Hardenbergs aus diesen Jahren sind von hohem Rang. Außerdem besitzt das Archiv vieles andre (,) das der Mittheilung würdig und für dieselbe geeignet ist im Original. Ich würde für historisch wichtig und selbst, wenn ich es sagen darf, für politisch rathsam halten, eine Auswahl dieser Urkunden neuester Zeit zu publiciren, mit der nöthigen Rücksicht, aber ohne große Ängstlichkeit; in diese ließe sich dann auch der ganze Hauptinhalt der eigenhändigen Denkwürdigkeiten aufnehmen.

Es wäre ein Unternehmen, das für die Regierung Sr. Majestät und zugleich der Verwaltung Ew. Excellenz ein unvergängliches historisches Denkmal bilden würde. Für die Geschichte der auswärtigen Verhältnisse des Staates würde dadurch eine feste Grundlage gebildet werden.

In tiefer Verehrung unterzeichne ich mich
Ew. Excellenz gehorsamer und ergebener Diener
Leop. Ranke
Berlin 5. Februar 1865

Nr. 6

Bericht Leopold Rankes an Bismarck,
Berlin 15. Februar 1865.

*Eigenhändige Ausfertigung und Abschrift:
GStA PK, I. HA, Rep. 178,
XIV Publikationen 3, Vol. 1.; Abschrift: I. HA, Rep. 89,
Nr. 19496.*

Der Auftrag an Ranke.

Ew. Excellenz erwiesen mir vorgestern Abend die Ehre, mich zu einer Besprechung über die Hardenberg'schen Memoiren zu Sich zu bescheiden; das Resultat zu welchem Ew. Excellenz dabei kamen, war folgendes

1. Aus den im Staatsarchiv aufbewahrten Papieren des Staatskanzlers Fürsten Hardenberg soll eine Auswahl des historisch Wichtigen publiziert werden. Diese Publication soll die gesammte Geschäftslaufbahn des großen Staatsmannes in Preußischen Diensten umfassen: sie soll aus den Denkschriften, Korrespondenzen und Aufzeichnungen Hardenberg's bestehen, mit Ausschluß der Versuche Schölls, Memoiren in französischer Sprache zusammenzusetzen: sie soll durchaus authentisch sein und zu dem Zweck geschehen, die Preußische Politik in jener Epoche in ihren Beziehungen zu den großen Mächten und zu

Deutschland zu erläutern und in das rechte Licht zu stellen. Die Folge der Aktenstücke soll der chronologischen entsprechen.

2. Von allen hierzu vorliegenden Materialien bilden die eigenhändigen Aufzeichnungen Hardenbergs über seine Amtsführung in den Jahren 1803 bis 1807 ohne Zweifel das wichtigste Stück. Trotz einiger persönlicher Bedenken, die sich hierbei erheben könnten, haben Sr. Majestät der König in wahrhaft königlicher Gesinnung eingewilligt, daß diese Aufzeichnungen in ihrem ganzen Umfang, wie sie vorliegen, gedruckt werden. Nur etwa an drei oder vier Stellen soll das Verletzende des Ausdrucks, das aus momentaner Erregtheit hervorging, gemildert werden, ohne jedoch der historischen Wahrheit Abbruch zu thun, welche sorgfältig gewahrt werden soll.

3. Ew. Excellenz sprachen die Ueberzeugung aus, daß die nachgelassenen Schriften eines Staatsmannes, welche von dessen amtlichen Geschäften handeln, dem Staate angehören: nicht der hinterbliebenen Familie; denn der Minister sei der Verwalter der Staatsgeschäfte, in denen seine politische Persönlichkeit aufgehe. Die Publikation soll demgemäß nicht als ein Privatunternehmen auftreten, sondern unter öffentlicher Autorität geschehen. Ich würde folgenden Titel, der freilich etwas lang ist, vorschlagen:

Der Staatskanzler Fürst von Hardenberg in seiner amtlichen Thätigkeit. – Denkschriften, Korrespondenzen und eigene Aufzeichnungen Hardenberg's aus seiner Geschäftslaufbahn und über dieselbe. –

Eins oder beides – denn von vorherein müßte der Standpunkt unzweifelhaft festgestellt werden.

Wenn es Sr. Majestät dem König und Ew. Excellenz gefallen sollte, den ehrerbietigst Unterzeichneten mit der Ausführung dieses eben so wichtigen als schwierigen Werkes zu beauftragen, so würde derselbe nur im Voraus bemerken, daß nicht Alles, was dabei zum Vorschein kommen und in die Öffentlichkeit treten wird, allgemein gefallen kann; er würde fortdauernder Allerhöchster Protektion und Nachsicht bedärfen. Die Vorbereitungen könnten baldigst beginnen. Die eigentliche Arbeit könnte aber, anderweiter Verpflichtungen halber, nicht vor künftigem Winter ernstlich in Angriff genommen werden. Sie würde die erforderlichen Einleitungen und Erläuterungen begreifen.

Dem Herrn Director des Geheimen Staatsarchivs müßte wohl eine Allerhöchste Ermächtigung zugehen, dem Unterzeichneten die Aktenstücke in vollem Umfange ohne Rückhalt mitzutheilen und diesem selbst eine Autorisation, sich derselben nach seinem besten Wissen zu bedienen.

Mit tiefster Verehrung
Ew. Excellenz
ergebener und gehorsamer Diener
Leop. Ranke
Berlin, 15. Februar 1865

Nr. 7

Immediatbericht Bismarcks,
Berlin 23. September 1867.

Ausf. gez. Bismarck, GStA PK, I. HA, Rep. 89, Nr. 19496

Das Verfahren bei der Publikation der Memoiren Hardenbergs.

Ew. Königliche Majestät haben vor drei Jahren geruht, die Entsiegelung der Denkwürdigkeiten des Staats-Kanzlers Fürsten von Hardenberg anzuordnen, welche auf Befehl weiland König Friedrich Wilhelms III. im Geheimen Staatsarchiv niedergelegt worden waren. Nachdem hierauf Ew. Königlichen Majestät Weisung gemäß das Gutachten des Professors von Ranke erfordert und für die Publikation dieser Papiere ausgefallen war, erhielt derselbe auf Ew. Königlichen Majestät Befehl am 13. Februar 1865[390] den Auftrag: „aus den im geheimen Staatsarchiv aufbewahrten Aufzeichnungen, Denkschriften und Correspondenzen des Fürsten von Hardenberg eine die Geschäftslaufbahn des Fürsten im preußischen Staatsdienste umfassende Auswahl zusammenzustellen, um die preußische Politik

390 Vermerk von dritter Hand an dieser Stelle: „vom Präsidenten des Staatsministeriums". – Und zwar mündlich; vgl. in dieser Edition oben den Bericht Rankes vom 15. Februar 1865.

jener Epoche in ihren Beziehungen zu den europäischen Mächten und zu Deutschland zu erläutern und in das rechte Licht zu stellen.“ Diese Zusammenstellung ist gegenwärtig so weit vorgeschritten, daß mit dem Drucke derselben nach der Versicherung des Dr. von Ranke zu Anfang des nächsten Jahres begonnen werden kann, und liegt somit dem ehrfurchtsvoll Unterzeichneten ob, Ew. Königlichen Majestät Entscheidung über die Art der Veröffentlichung zu erbitten.

Die einfachste Art der Publikation wäre ohne Zweifel, deren Herbeiführung und Besorgung dem Dr. von Ranke und zwar in der Weise zu überlassen, daß demselben freigestellt würde, das Verlagsrecht des Werkes, welches nach Angabe des Dr. von Ranke sechs bis sieben Bände ausfüllen wird, einem Buchhändler seiner Wahl zu übertragen. In dem mit Letzterem zu vereinbarenden Kaufpreise würde dann dem Dr. von Ranke zugleich die Vergütung für seine Mühe und Arbeit zu Theil werden, dem Staate aber würden keinerlei Kosten erwachsen und die Staatsregierung würde der Verpflichtung überhoben sein, mit dem Dr. von Ranke wegen Honorirung der Arbeit in Verhandlung zu treten. Andererseits sprechen jedoch gewichtige Gründe gegen dieses Verfahren. Es dürfte zunächst kaum angemessen erscheinen, ein Werk, dessen Substanz dem Staate gehört, welchem der Dr. von Ranke in seiner Eigenschaft als Historiograph des preußischen Staats nur den historischen Rahmen giebt, dessen Titel nach dem Vorschlage des Dr. von Ranke „Der Staats-Kanzler Fürst von Hardenberg in seiner amtlichen

Thätigkeit“ lauten würde, welches in Ewr. Königlichen Majestät Auftrage und im Interesse des Staates zur Klarstellung seiner Politik in einer schwierigen und bewegten Zeit publicirt wird, in der Art der Veröffentlichung einer lediglich aus der privaten Forschung und aus der Feder des Gelehrten hervorgegangenen Arbeit gleichzustellen. Weiter aber würde die Ueberlassung des Werkes zum Behufe der Veröffentlichung an den Dr. von Ranke im Grunde eine thatsächliche Uebertragung des Eigenthums an denselben sein. Die Uebertragung erscheint kaum thunlich, nachdem den Nachkommen des Fürsten von Hardenberg die Uebereignung der hinterlassenen Denkwürdigkeiten des Fürsten wiederholt versagt worden ist. Endlich spricht gegen die Aushändigung des Werkes an den Dr. von Ranke die Möglichkeit, daß derselbe das Ende der Arbeit oder des Druckes nicht mehr erlebe, sowie der Umstand, daß späterhin neue Ausgaben nöthig würden. In dem einen wie in dem anderen Fall darf sich die Staatsregierung nicht außerhalb jeder Einwirkung auf das Werk gestellt finden.

Die Publikation unter Autorität der Staatsregierung und auf Kosten des Staats würde diese Uebelstände vermeiden, aber sie würde zugleich eine nicht unerhebliche Aufwendung, mindestens einen starken Vorschuß aus Staatsmitteln erfordern und weiterhin schwierige und lästige Berechnungen verursachen. Sie würde ferner den Nachtheil haben, daß die bedenklichen, Ewr. Königlichen Majestät bereits vorgelegten Stellen der eigenhändigen

Aufzeichnung des Fürsten von Hardenberg noch schwerer in's Gewicht fielen.

Hiernach scheint es sich dem ehrfurchtvoll Unterzeichneten am meisten zu empfehlen, eine Form der Publikation zu wählen, welche der Staatsregierung einen fortdauernden Einfluß auf das Werk sichert, ohne daß dieselbe direct dabei thätig wäre und unmittelbar hervorträte. Die Staatsregierung könnte in diesem Sinne mit einer angesehenen preußischen Verlagshandlung in Beziehung treten, um dieser zwar nicht das dem Staate zustehende Eigenthum des Werkes, wohl aber dessen Druck unter Bedingungen zu übertragen, welche die Interessen des Staats sicher stellten. Als Gegengewähr für den über die Druckkosten weit hinausreichenden Gewinn, welchen diese Publikation, deren Anziehungskraft nicht zweifelhaft ist, dem Verleger in Aussicht stellt, wäre zugleich eine gewisse Summe auszubedingen, aus welchen zunächst das Honorar für den Dr. von Ranke, wie die Kosten einer besonders sorgfältigen Correctur der französischen Stücke bestritten werden könnten. Falls sich dann noch etwa ein Ueberschuß ergäbe, würde Ewr. Königlichen Majestät Verfügung über diesen einzuholen sein. Der Fürst von Hardenberg hatte den aus der Publikation seiner Denkwürdigkeiten zu erzielenden Gewinn laut der ehrfurchtsvoll in Abschrift angeschlossenen Notiz[391] vom 5. November 1808 seiner Frau zugedacht. Wenn diese Bestimmung auch durch die späterhin erfolgte Ueberlassung

391 Die Abschrift liegt bei, ebenfalls: GStA PK, I. HA, Rep. 89, Nr. 19496; das Stück ist abgedruckt bei: L. v. Ranke (Hg.), Eigenhändige Memoiren (Anm. 234), Bd. 1, S. VIIIf.

der Denkwürdigkeiten an den Ober-Regierungs-Rath Schöll hinfällig sein wird, habe ich dennoch geglaubt, diesen Umstand nicht unerwähnt lassen zu sollen.

Die vorstehenden Erwägungen werden den unterthänigsten Antrag rechtfertigen:

Ew. Königliche Majestät wolle dem ehrfurchtsvoll Unterzeichneten allergnädigst Ermächtigung erteilen, nach voraufgegangener Ermittelung sowohl bei dem Oberhofbuchdrucker von Decker als bei anderen Verlagen, unter welchen Bedingungen dieselben bereit seien, den Verlag des vorgedachten Werkes zu übernehmen, den bezüglichen Vertrag nach Maßgabe der Anerbietungen und der Solidität der betreffenden Verlagshandlung abschließen zu lassen.

Nr. 8

Bericht Rankes (an den Staatsarchivdirektor Max Duncker). Berlin, 5. September 1874

Ausf. gez. Ranke. GStA PK, I. HA, Rep. 178, XIV Publikationen 3, Vol. 1.

Die Vorarbeiten Schölls. Stand der Arbeiten

Ew. Hochwohlgeboren zeige ich an, daß die Durchsicht und Bearbeitung der mir anvertrauten Originalien zu den Denkwürdigkeiten Hardenbergs nahezu beendet habe.

Die von Schöll abgefaßten Memoires in französischer Sprache umfassen die Jahre 1794 bis 1802. Sie enthalten eine sehr schätzbare Arbeit, die jedoch nicht sowohl aus Mittheilungen des Staatskanzlers entsprungen, als aus den öffentlichen Aktenstücken zusammengesetzt ist.

Die Frage würde nun sein, ob diese Arbeit, die eine ganze Reihe von Bänden ausfüllen würden, sich noch heute zur Veröffentlichung eignet. Ich halte es nicht für rathsam: die Aktenstücke, welche Schöll benutzte, sind großentheils deutsch, und man würde die Veröffentlichung derselben in deutscher Sprache lieber sehen, als in der französischen Überarbeitung. Dadurch daß Schöll den Aktenstücken die Form von persönlichen Memoiren gab, während sie doch nur Auszüge aus aktenmäßigen Vorlagen sind, hat sein Werk eine fast unerträgliche Weitschweifigkeit bekommen. Schöll liebt ferner die Blüthezeit der Restaurationspolitik. Er gab der Politik des Staatskanzlers selbst mehr Hinneigung nach dieser Seite hin, als sie ursprünglich hatte. Ich glaube nicht, daß sich dieses Werk noch heute auch nur eines partiellen Beifalls erfreuen würde.

Soll man es aber darum bei Seite legen? Es enthält so viel Neues, Wissenwürdige[s], für die Mittheilung Geeignetes, daß es eine Pflicht ist, den wesentlichen Inhalt desselben an die Öffentlichkeit zu ziehen. Ich habe nun versucht den wesentlichen Inhalt dieser Schöll'schen Memoiren in einem engern Rahmen zusammenzufassen und diese mit dem Früheren und dem Späteren zu combiniren.

Das Frühere entnehme ich aus einigen Aufzeichnungen, die von Hardenberg selbst herrühren, Briefen, die sich von ihm vorfinden, und Aktenstücken über sein braunschweigisches Ministerium, die sich in Wolffenbüttel fanden. Die Zusammenstellung derselben gewährt einen eigenthümlichen Einblick in die Bestrebungen, die vor der französischen Revolution abwalteten.

Diesem ersten Theil schließen sich die Auszüge aus Schölls Mittheilungen an, welche der Baseler Frieden und die Begründung der Demarkationslinien umfassen. Hardenberg hat dabei eine hervorragende Rolle gespielt, obwohl er bei Weiten nicht der leitende Staatsmann war.

Aber die Nachrichten, die man findet, die Dokumente auf die man stößt, sind historisch von der größten Bedeutung. Diese Mittheilungen bilden einen zweiten Theil der beabsichtigten Publikation. Sie haben den Charakter von Denkwürdigkeiten, streifen aber nahe an der Geschichte.

Auch die folgenden Jahre 1797-1802 sind von Schöll bearbeitet worden, obwohl Hardenberg, der dann auf sein Ministerium in Anspach verwiesen war, keinen wesentlichen Antheil an der Geschäftsführung hatte. Es würde dem Plane widersprechen, wenn man dem Autor der Memoiren hierbei folgen wollte. Hardenberg tritt ganz in de Hintergrund, und die Mittheilungen reichen doch nicht hin, eine historische Überzeugung zu begründen, wozu eine Durchforschung der Archive von Wien, Paris und Petersburg, selbst von London erforderlich wäre. Ohne in das Detail der Unterhandlungen einzugehen, habe ich nun das Wesentliche, was diese Aktenstücke über die preußische Politik dieser Jahre darbieten, aus denselben darzustellen gesucht.

Ich bin bis auf die Zeit gelangt, in welcher die eigenen deutschgeschriebenen Denkwürdigkeiten des Staatskanzlers eintreten. Da das damalige Unglück durch die glorreiche Erhebung der späteren Zeit ausgeglichen ist, so kann man aus dieser Rücksicht keine Bedenken gegen die Veröffentlichung entnehmen, doch muß, da sie mancherlei Anstößiges und selbst Verletzendes enthalten, über den vollständigen Druck noch eine besondere Entscheidung erfolgen.

Für meine eigene Zusammenstellung übernehme ich die volle Verantwortlichkeit, und nur von dieser ist zunächst die Rede. Die Bearbeitung ist soweit gediehen, daß der Druck in den bevorstehenden Wintermonaten erfolgen könnte.

Ich bitte Sie nun, hochverehrter Herr Geheimrath, dieser Angelegenheit Ihre gütige Beachtung und Fürsorge zu widmen.

Einige Scrupel macht es mir allerdings, daß das neue Werk nicht als Privatarbeit, sondern unter öffentlicher Autorität publicirt werden soll. Wenn das aber einmal beschlossene Sache ist, so füge ich mich und erwarte nur die näheren Anordnungen.

Nr. 9

Brief Leopold von Rankes an den Archivdirektor Max Duncker. Berlin, 17. Oktober 1874

Ausf. gez. Ranke,[392]*, GStA PK, I. HA, Rep. 178, XIV Publikationen 3, Vol. 1.*

Keine Auftragsarbeit der Regierung.

Ew. Hochwolgeboren haben mich durch ihre gütige und eingehende Antwort vom 2ten Oktober[393] auf mein Schreiben vom 5. September zu lebhaftem Danke verpflichtet. Doch treten mir aus derselben einige in der Sache liegende Schwierigkeiten noch stärker hervor, als es in der mündlichen Diskusion geschah.

Die Publikation würde zwei sehr verschiedene Bestandtheile haben, den einen bilden die Hardenbergischen Aufzeichnungen, die der Autor als Memoiren bezeichnet hat; sie werden im Auftrage oder, wenn wir so sagen sollen, auf Veranlassung der Regierung publicirt; - den andern bildet meine Ausarbeitung, die sich zwar auf die mir

392 Von dem Schreiben Rankes an Duncker, 17. Okt. 1874, gibt es eine unter demselben Datum eingeordnete Druckfassung, die von dem oben archivalisch überlieferten Text stark abweicht: vgl. F. von Ranke, Vierzig Briefe (Anm. 210), hier: Deutsche Rundschau 30 (1905), S. 219f, Nr. 27, und danach ein Auszug bei: W. P. Fuchs (Hg.), Briefwerk (Anm. 6), S. 527; – F. von Ranke druckte offenbar nach Konzepten, die Leopold von Ranke bei der Mundierung sehr stark veränderte; vgl. dazu oben im Text Anm. 280.

393 Liegt in der o. g. Akte aus Rep. 178.

mitgetheilten Vorlagen, namentlich die Schöllschen Memoires begründet, aber doch gar Vieles enthält, wovon in keiner dieser Vorlagen etwas enthalten ist; sie ist eine historische Darstellung, wie meine anderen Bücher. Es würde, ich gesteh es, mir unangenehm sein und den Eindruck schwächen, wenn auf dem Titel zu lesen wäre: es erschiene im Auftrag der Staatsregierung. Man würde daraus auf einen Einfluß derselben bei der Abfassung schließen, der in der That nicht Statt gefunden hat. Niemand schreibt Geschichte im Auftrag; meine jetzige Arbeit ist allein auf die Sache gerichtet gewesen und frei von jeder particularistischen Rücksicht. Ich sollte glauben, es würde genügen, wenn ich meinen Titel „Historiograph des preußischen Staates", den ich bei keinem meiner Bücher erwähnt habe, hier meinem Namen hinzufügte. Der Historiograph hat geschrieben nach den vorliegenden Urkunden und seinem besten Ermessen: das muß genügen.

Ich stelle mir die Sache so vor: Das Werk erscheint in zwei Abtheilungen, am besten in zwei Bänden in Quarto: denn eine von gewöhnlichen Büchern gleich äußerlich zu unterscheidende Publikation müßte es werden. Der Haupttitel könnte die Worte enthalten: Denkwürdigkeiten u.s.w., auf Veranlassung der Regierung herausgegeben. Für den ersten Theil, der meine Ausarbeitung enthalten müßte, würde, wie gesagt, die Erwähnung meiner Stellung als Historiograph des Staates genügen. Der Stoff, wie er mir vorliegt, würde etwa einen mäßigen Quartband füllen und für die Aufnahme der wichtigsten urkundlichen Beilagen Raum lassen. Der zweite Theil, das eigenhändige

Memoire Hardenbergs enthaltend, würde mit den Inseranda und Pièces justificatives ebenfalls einen Quartband füllen. Das Gesamtwerk würde nun allerdings als Ganzes nur auf den Wunsch der Regierung reproducirt werden können. Für meine Ausarbeitung würde ich mir die Freiheit vorbehalten, sie nach Verlauf einiger Zeit besonders drucken zu lassen; namentlich sie in die Sammlung meiner Sämtlichen Werke aufzunehmen, die ohne dieselbe defekt sein würde.

Nicht, weil mir viel daran läge, aber weil es zum Entwurf eines buchhändlerischen Contrakts nothwendig ist, erwähne ich noch die Frage, wie es mit dem Honorar gehalten werden soll. In München lag bei der historischen Commission der Fall vor, daß die königliche Munificenz den Bearbeitern der Geschichte der Wissenschaften ein reichliches Honorar zugestand, welchem dann der Buchhändler ein buchhändlerisches hinzufügte; bei den späteren Ausgaben fällt der erste natürlich weg. Das doppelseitige Verhältniß, das in unserem Falle eintreten würde, macht eine ähnliche Auskunft wünschenswürdig.

Ohne eine vorläufige Übereinkunft zwischen der Regierung, welche Sie selbst, verehrter Geheimer Rath, repräsentiren, und dem Verfasser läßt sich mit keiner Buchhandlung eine Unterhandlung anknüpfen. Sie wissen, daß meine Absichten auf die alte preußische Firma Duncker & Humblot gehen, deren Eigenthümer in diesem Augenblick durch Krankheit genöthigt worden ist, sich nach der Schweiz zu begeben; aber in Kurzem wird er zurückkommen; im Voraus hat er sich sehr geneigt erklärt, die Publikation zu übernehmen. Rathsam würde es sein, alle Äußerlichkeiten der Würde der Sache gemäß mit ihm festzusetzen. Aber vor Allem und für Alles bedarf es Ihrer Beistimmung. Ohne dieselbe läßt sich kein Schritt zu einem Vertrage thun; der auf dieser Grundlage entworfene Vertrag müßte Ihnen vorgelegt und höchsten Orts, wie Sie andeuteten, genehmigt werden.

Ich bitte also, Ew. Hochwolgeboren, diese Bemerkungen Ihrer gütigen Erwägung zu würdigen.

Nr. 10

Brief Leopold von Rankes an Max Duncker. Berlin, 12. November 1874[394]

Ausf. gez. Ranke. GStA PK, I. HA, Rep. 178, XIV Publikationen 3, Vol. 1.

Die „Freiheit des Historikers".

Ew. Hochwolgeboren haben in ihrem gütigen Schreiben vom 26ten October[395] die Schwierigkeit, die in der Verbindung einer historischen Darstellung, welche volle Freiheit des Historikers voraussetzt und einer durch den Staat veranlaßten Publikation, wie die der Hardenberg'schen Memoiren ist, liegt, wohl gewürdigt. Wenn ich sie recht verstehe, so würde jetzt Ihre Meinung sein, daß meine Arbeit vollkommen unabhängig als ein besonderes Buch wie meine übrigen Schriften erscheinen und dagegen den Denkwürdigkeiten selbst eine skizzirte Einleitung vorausgeschickt würde. Das hat jedoch auch für mich die Schwierigkeit, daß meine Arbeit eben als Einleitung zu den Denkwürdigkeiten gedacht ist, und nur eine andere Gestalt bekommen hat, als vor der An-

394 Unter demselben Datum ein Brief an Max Duncker, der aber von der obigen Ausfertigung stark abweicht, bei: B. Hoeft/H. Herzfeld (Hg.), Neue Briefe (Anm. 130), S. 614f.

395 Liegt im Konzept in obiger Akte der Rep. 178.

sicht der Aktenstücke, welche mir mitgetheilt worden sind, ins Auge gefaßt worden war. An einer so gearteten fragmentarischen Publikation würden die Leser wenig Freude haben, ein skizzirter Auszug aus derselben würde vollends unbefriedigend erscheinen. Ich wiederhole daher meinen ursprünglichen Vorschlag, nach welchem die Gesammtpublikation in zwei stattlichen Bänden in Quarto erscheinen soll, der erste würde eine Darstellung mit den unentbehrlichsten aktenmäßigen Belegen enthalten und folgenden Titel führen: Hardenberg(,) Geschäftslaufbahn des späteren Statskanzlers Fürsten Hardenberg und die preußische Politik bis zum Frieden von Tilsit von L. von Ranke, Historiographen des preußischen Staates. – Einleitung zu der von dem Staatskanzler eigenhändig geschriebenen Denkwürdigkeiten. Der zweite würde diese Denkwürdigkeiten selbst mit allen diplomatischen Belegen enthalten, zugleich auch die Denkschrift über die Regeneration des Staates[396], welche damals in Zusammenhang mit den Denkwürdigkeiten ausgearbeitet worden ist, und auf welche auch die Einleitung Bezug nehmen mußte. Für den ersten Theil leiste ich auf jedes Honorar, das buchhändlerische ausgenommen, Verzicht, die Hauptsache ist die Publikation des zweiten, über welche ich mit dem Buchhändler in Verbindung treten würde, um einen allseitig annehmbaren Contrakt zu Stande zu bringen und der Staatsregierung vorzulegen. Über eine spätere Ausgabe der Denkwürdigkeiten hätte die Staatsregierung allein zu verfügen; mir bliebe vorbehalten, meine Darstellung

396 Siehe oben Anm. 341.

besonders erscheinen zu lassen und in meine Werke aufzunehmen. Leider ist der Buchhändler, auf den mein Augenmerk gerichtet war, von seiner Erholungsreise noch nicht zurückgekehrt, doch kommt es vor allen Dingen auf die Genehmigung des vorgelegten Planes an, ohne welches sich mit demselben doch Nichts definitives verabreden ließe. Genehmigen Ew. Hochwolgeboren den wiederholten Ausdruck der ausgezeichneten Hochachtung, mit der ich bin Ew Hochwolgeboren ergebenster[397] L. von Ranke.

397 Ab hier (einschließlich) eigh. von Ranke.

Nr. 11

Brief Leopold von Rankes an Max Duncker. Berlin, 17. November 1874.

Ausf. gez. Ranke. GStA PK, I. HA, Rep. 178, XIV Publikationen 3, Vol. 1.

Kopien und Originale aus dem Archiv.

Ew. Hochwolgeboren danke ich für das gefällige Erbieten, die Copierung der nicht in den Druck zu gebenden Aktenstücke nunmehr beginnen zu lassen; es stimmt ganz mit meinen Wünschen überein. Unter den Papieren, die bereits in meinen Händen sind, finden sich auch einige Originale; ich könnte dieselben augenblicklich nicht gut entbehren, werde sie Ihnen aber nachträglich bezeichnen; es sind ihrer nur wenige.

In Kurzem, denke ich, wird Herr Geibel hier erscheinen. Bei der Verhandlung mit ihm werde ich den Ihnen zuletzt mitgetheilten Plan zu Grunde legen, wie sich versteht, mit aller Discretion, und Ihnen dann weitere detaillirte Vorschläge einreichen.

Mit vorzüglicher Hochachtung Ew. Hochwolgeboren ergebener Diener Ranke.

Nr. 12

Brief Leopold von Rankes an Max Duncker. Berlin, 30. November 1874.

Ausf. gez. Ranke. GStA PK, Berlin-Dahlem, I. HA, Rep. 178, XIV Publikationen 3, Vol. 1.

Verhandlungen mit dem Verlag durch Ranke. Verlagsvertrag für das Hardenberg-Werk.

Ew. Hochwohlgeboren verfehle ich nicht anzuzeigen, daß der Inhaber der Firma Duncker & Humblot, Herr Geibel mich dieser Tage besucht hat. Ich setzte ihm den Stand der Sache auseinander und legte ihm die Manuscripte vor, sowohl das meine, soweit es reicht, als die Abschrift des Hardenberg'schen Memoire, sowie Ihre eigenen letzten brieflichen Äußerungen. Herr Geibel ging auf das Unternehmen ein; er sprach sich für den simultanen Druck beider Abtheilungen und deren gleichzeitige Publikation aus, mit Vorbehalt der eventuellen Trennung derselben bei dem Verkauf; er erklärte sich sehr bereit, dem Ganzen eine würdige Ausstattung zu geben. Wir haben den Andeutungen Ew. Hochwohlgeboren gemäß zwei verschiedene Verträge entworfen, von denen ich Ihnen den zweiten, der sich auf die eigenhändigen Memoiren, welche als Eigenthum der Staatsregierung betrachtet werden, bezieht, ergebenst vorlege.[398]

Die zweite Abtheilung bietet eine besondere Schwierigkeit dadurch dar, daß pièces justificatives und Inserenda in einer großen Zahl vorliegen die den Umfang derselben stark anschwellen werden[399]. Herr Geibel ist bereit, sie ebenfalls abzudrucken, doch habe ich ihm versprochen, nicht auf den Abdruck jedes Dokumentes zu bestehen; manche sind bereits veröffentlicht; andere können ohne Schaden ungedruckt bleiben.

Ich ersuche nun Ew. Hochwohlgeboren, den Entwurf zu prüfen, und, wenn Sie demselben beistimmen, die Genehmigung desselben durch die Königliche Staatsregierung zu bewirken. Ich brauche nicht hinzuzufügen, wie sehr ich Ew. Hochwohlgeboren für die baldige Erledigung dieser Angelegenheit dankbar sein werde.

Mit vorzüglicher Hochachtung Ew. Hochwohlgeboren ergebenster Diener

L. v. Ranke.

---

398 Liegt im o. g. Bestand bei; vgl. Aus den Briefen Leopold von Ranke's (Anm. 268), S. 65f.

399 So! Wohl entfallen: lassen.

Nr. 13

(2.) Schreiben Leopold von Rankes an Max Duncker.
Berlin, 30. November 1874.

Ausf. gez. Ranke. GStA PK, I. HA, Rep. 178, XIV Publikationen 3, Vol. 1.

Aktenstücke aus dem Archiv.

Wenn ich, verehrter Herr Geheimer Rath, dem beiliegenden Schreiben noch ein Wort hinzufügen darf, so ist es die Bitte, mir die Inserenda zu den eigenhändigen Memoiren, insofern sie nicht bereits in den Händen eines Copisten sind, mir gütigst zugehen zu lassen. Ich bedarf derselben dringend für meine Arbeit, die einen größeren Umfang gewinnt, als ich anfangs glaubte. Ranke.

Nr. 14

Brief Leopold von Rankes an Max Duncker. Berlin, 12. Dezember 1874[400]

Ausf. gez. Ranke. GStA PK, I. HA, Rep. 178, XIV Publikationen 3, Vol. 1.

Der Umfang des Werkes.

Ew. Hochwohlgeboren danke ich für die gütige Mittheilung zu den Hardenberg'schen Memoiren; ihr Umfang und ihre Bedeutung übersteigen meine Erwartung. Mit denselben vereinigt werden die Memoiren ein imposantes Ganze[s] bilden und mehr Eindruck machen, als ich bisher voraussetzte; sie werden dem gemachten Voranschlage zufolge 70 bis 80 Druckbogen Groß-Octav ausfüllen. Und wie Vieles läßt sich ihnen, wenn die Staatsregierung will, noch in der Folgezeit hinzufügen.

Meine Einleitung wird allerdings ebenfalls einen ansehnlichen Umfang haben; allein da, wo sie mit den Memoiren coincidirt, doch nur eben vergleichsweise geringer; meine Darstellung wird nur summarischer Natur sein. Ich bin selbst erbötig, wenn die Staatsregierung es so lieber sieht, mit dem Jahre 1806 abzubrechen. Wenn ich

400 Vgl. den stark differierenden Text bei: B. Hoeft/H. Herzfeld (Hg.), Neue Briefe (Anm. 130), S. 616f – dort offenbar nach dem so nie mundierten Konzept.

zuletzt auf den Gedanken kam, weiter zu gehen, so rührt das daher, daß alle Keime der späteren großen Ereignisse sich schon in der früheren Epoche finden; und daß die Geschäftslaufbahn Hardenbergs doch wenigstens soweit erzählt werden müßte, bis er Staatskanzler wird. Bestimmen Sie nun selbst den terminus ad quem; ich lasse Ihnen die Wahl zwischen 1806 und 1813. Nur um das Eine bitte ich, mir baldigst eine Entscheidung auszuwirken, damit nicht die Zeit vergeht, in welcher die Arbeit zu Stande gebracht werden kann. Bedenken Sie mein hohes Alter

Mit vorzüglicher Hochachtung Ihr L. v. Ranke

Nr. 15

Brief Leopold von Rankes an Max Duncker.
Berlin 8. Januar 1875

Ausf. gez. Ranke. GStA PK, I. HA, Rep. 178, XIV Publikationen 3, Vol. 1.

Weiterführung des Werkes bis zum Jahr 1813.

EW Hochwohlgeboren zeige ich ergebenst an, daß Herr Geibel die von Ihnen im Namen der Staatsregierung normirte Summe des Honorars für das Hardenberg'sche Memoire, 46 Mark statt 30 pro Bogen angenommen hat. Ich empfange soeben ein Telegramm darüber, und, insofern wäre wohl Nichts dagegen zu erinnern, wenn der Druck baldigst beginnen würde. Ich würde nur bitten, mir die bereits gemachten Abschriften der Inserenda und auch das Original des Memoires selbst zu Collation zugehen lassen zu wollen. Nur muß ich nun selbst auf die erste Fassung des Titels, nach welcher meine Arbeit bis 1813 gehen sollte (,) zurückkommen; die mir mitgetheilten letzten Bände der Schöllschen Bearbeitung enthalten neuen reichen, höchst beachtungswerthen Stoff, der schlechterdings nicht unbenutzt bleiben darf. Ich denke es nun so einzurichten, daß in dem ersten Bande des ganzen Werkes meine Arbeit bis 1806 zum Abdruck kommt, hierauf das

Memoire Hardenbergs, endlich die Fortsetzung meiner Arbeit bis 1813, besser wüßte ich es nicht zu machen. Ich hoffe, auf Ihre Übereinstimmung mit diesem Plane. Sollten Sie selbst Ihre Funktion bereits[401] eingestellt haben, so würde doch Ihre fernere Vermittlung in dieser Sache mir unschätzbar sein. Persönliche Verhältnisse machen es dringend für mich, jeden Aufschub zu vermeiden. Ich rechne auch hierbei auf Ihr gütiges Fürwort.

Mit ausgezeichneter Hochachtung Ew. Hochwohlgeboren ganz ergebenster

L. v. Ranke

401 Textverlust durch enge Bindung. – Zum Ausscheiden Max Dunckers aus dem Amt des Archivdirektors zum Jahreswechsel 1874/75 vgl. mit den hier nicht zu erörternden Details die Lit. in Anm. 278.

Nr. 16

Brief Leopold von Rankes an Max Duncker.
Berlin 15. Januar 1875.

Ausf. gez. Ranke. GStA PK, I. HA, Rep. 178, XIV Publikationen 3, Vol. 1.

Das Honorar für die Hardenberg-Edition betreffend.

Ew. Hochwohlgeboren erinnern sich, daß dieselbe Frage, welche Sie jetzt im Namen Sr. Excellenz des Herrn Vice-Präsidenten des Staatsministeriums an mich gerichtet haben, einst schon von meiner Seite in Anregung gebracht worden ist, die Frage nehmlich, ob die Staatsregierung mir ein Honorar für die Bearbeitung der Hardenberg'schen Memoiren zuzugestehen veranlaßt sei, oder nicht. Mir schwebte dabei das Verhältniß vor, welches bei den Arbeiten der historischen Commission in München in Bezug auf die Bearbeitung der Geschichte der Wissenschaften obwaltet; außer dem buchhändlerischen Honorar hatte König Maximilian II. eine das erste ansehnlich übertreffende Remuneration für die Autoren bewilligt. Ich habe jedoch von ähnlichen Anforderungen Abstand genommen und bin weit entfernt, bei der Herausgabe der Denkwürdigkeiten Hardenbergs eine Geldbewilligung der Regierung zur Bedingung zu machen, das buchhändlerische Honorar kann nicht sehr bedeutend sein, da das umfangreiche Werk mit seinem Urkundenapparat auf keine große Verbreitung bei dem deutschen Publikum rechnen darf. Aber ich will mich mit demselben ohne Widerrede begnügen; ein rechtlicher Anspruch an die Regierung steht mir nicht zu. Doch ist es mir lieb, daß die Frage auch an höchster Stelle erhoben worden ist. Dem Herrn Staatsminister und Vice-Präsidenten des Staatsministeriums danke ich für die besondere Rücksicht, die er mir dabei beweist, und bitte ihn, nach seinem eigenen Ermessen jetzt oder künftig dabei zu verfahren. Mir war es nur darum zu thun, der historischen Wahrheit und der deutschen Nation einen Dienst zu leisten.

Mit ausgezeichneter Hochachtung

Ew. Hochwohlgeboren ergebener Diener

L. v. Ranke

Nr. 17

Brief Leopold von Rankes an Max Duncker. Berlin, 25. März 1875

Ausf. gez. Ranke. GStA PK, I. HA, Rep. 178, XIV Publikationen 3, Vol. 1.

Keine Verantwortung für den Textstand der Memoiren.

Ew. Hochwohlgeboren übersende ich anbei den von mir unterschriebenen Vertrag über den Druck des Hardenberg'schen Memoirenwerkes zurück. Ich bemerke nur noch ausdrücklich, daß ich für die zweite Abtheilung, - die eigenhändigen Memoiren – bezüglich ihres Inhalts keine Verantwortung übernehme. Dieselben werden so abgedruckt werden, wie die Archiv-Verwaltung, Eigenthümerin des Manuscripts, es bei der letzten Correctur bestimmt. Der Druck der ersten Abtheilung schreitet schon voran. Es wäre zu wünschen, daß der erste Band der zweiten Abtheilung mit der ersten zugleich im Druck vollendet werde.

Hochachtungsvoll Ew. Hochwohlgebohrenen
ergebenster v. Ranke.

Nr. 18

Brief Leopold von Rankes an Max Duncker.
Berlin, 28. März 1875.

Ausf. gez. Ranke. GStA PK, I. HA, Rep. 178, XIV Publikationen 3, Vol. 1.

Das „Regulativ" Hardenbergs

Ew. Hochwohlgeborn erinnern mich an eine Bemerkung des Staatskanzlers, die auch mir erinnerlich ist, von der ich aber weder Copie, noch Original in Händen habe. Ich werde ihrer in meinem Vorwort Erwähnung thun, da sie mir eben ein Regulativ[402] für den Herausgeber enthält, Zugleich bitte ich die Wiederaufnahme des Druckes baldigst anordnen zu wollen, zumal da in den kommenden Sommermonaten die Correctur, insofern sie mir überlassen ist, leicht auf Schwierigkeiten und Verzögerungen stoßen könnte.

Mit hochachtungsvoller Ergebenheit
Ew. Hochwohlgeboren
gehorsamster Diener Ranke.

402 Die „Bemerkung" Hardenbergs, datiert Tilsit, 5. November 1808, in Rankes Vorrede zu: ders. (Hg.), Eigenhändige Memoiren (Anm. 234), S. VIII f.; Abschrift in GStA PK, I. HA, Rep. 89, Nr. 19496.

Nr. 19

Bericht des Unterstaatssekretär Schuhmann an Bismarck. Berlin, 31. März 1875.

Eighd. Ausf., gez. Schuhmann, GStA PK, I. HA, Rep. 178, XIV Publikationen 3, Vol. 1.

Hardenberg-Edition und Kontrolle der Staatsregierung

Schuhmann berichtet an Bismarck als preußischem Ministerpräsidenten über das Vorhaben der Publikation der Memoiren Hardenbergs, mit Hinweis auf die Beauftragung Rankes 1865 und den Immediatbericht vom 23. September 1867.[403] *Bismarck hatte daraufhin vom König* die Allerhöchste Ermächtigung erhalten, *mit dem Ober-Hofbuchdrucker von Decker in Verhandlungen* über den Verlag des Werkes *zu treten. Ranke sollte den* Archivalien nur den historischen Rahmen geben. *Ihm sollte aber nicht gestattet werden*, die Herausgabe ... selbständig zu gestalten, sondern eine Form der Publikation zu wählen, welche der Staatsregierung einen fortdauernden Einfluß auf das Werk sicherten, ohne daß dieselbe direkt dabei thätig wäre und unmittelbar hervor träte.

403 Oben gedruckt als Nr. 7.

Ranke hat nun mitgeteilt, daß er weitere Archivbestände herangezogen habe und für das Werk die Autorschaft ... in Anspruch nehme. *Er habe unterdessen* den Plan völlig verrückt *und vollendete Tatsachen geschaffen. Schuhmann verweist auf Rankes* Stellung in wissenschaftlichen Kreisen, *die* eine rücksichtsvolle Behandlung der Angelegenheit *erforderlich mache.*

Schuhmann berichtet ferner über den Stand der Verlagsverhandlungen.

Die eigenhändigen Memoiren des Staatskanzlers mit Belegstücken *würden* unter Weglassung der bedenklichen Stellen *herausgegeben werden.* Der Einfluß der Regierung ist stark genug, um einen Mißbrauch bei der Veröffentlichung zu verhindern.

Der Verlag des Werkes ist an das Haus Duncker und Humblot übergegangen.

Nr. 20

Immediatbericht des Ministerpräsidenten Bismarck. Berlin, 7. April 1875.

Ausf. gez. Bismarck. GStA PK, I. HA, Rep. 89, Nr. 19496.

Veränderung des Projektes durch L. von Ranke

Auf Ewr. Kaiserlichen und Königlichen Majestät Befehl wurden die im Geheimen Staatsarchiv niedergelegten Papiere des verewigten Staatskanzlers Fürsten von Hardenberg am 21. April 1864 durch den ehrfurchtsvoll Unterzeichneten entsiegelt und danach am 13. Februar 1865[404] dem Professor von Ranke der Auftrag ertheilt, aus denselben eine Auswahl der historisch wichtigen Denkschriften, Correspondenzen und Aufzeichnungen Hardenbergs in chronologischer Folge zu publizieren, welche die gesammte Geschäftslaufbahn dess Fürsten in preußischen Dienste umfasse.

Da Professor von Ranke somit nur die Einleitung und den geschichtlichen Rahmen zu den Aufzeichnungen, Denkschriften und Berichten des Staatskanzlers zu geben hatte, da die Möglichkeit vorlag, daß das vorgerückte Lebensalter des Dr. von Ranke die Vollendung der Arbeit,

404 Siehe oben den Bericht Rankes vom 15. Februar 1865; Nr. 6.

für die er in einem Maße, wie kein anderer befähigt und vorbereitet ist, verhinderte, da endlich den Nachkommen des Fürsten von Hardenberg die wiederholt beantragte Aushändigung der Papiere in Rede [!] versagt worden war, gestattete ich mir, als Professor von Ranke im September 1867 anzeigte, daß seine Arbeit druckfertig werde, Ewr. Majestät vorzutragen: durch die Archivverwaltung den Verlagsvertrag abschließen, aus der Summe, durch welche der Verleger das Verlagsrecht erkaufe, sowohl das Honorar des Professor von Ranke als sonstige Kosten bestreiten zu lassen und über etwa verbleibenden Ueberschuß Verfügung vorbehalten zu wollen.

Durch Allerhöchste Order vom 26. September 1867[405] wurde mir die Ermächtigung, diesem Vorschlage gemäß zu verfahren und „nach voraufgegangener Ermittelung sowohl bei dem Oberhofbuchdrucker v. Decker als bei anderen Verlegern den bezüglichen Vertrag nach Maßgabe der Anerbietungen und der Solidität der betreffenden Verlagshandlung abschließen zu lassen."

Noch sieben volle Jahre verliefen, bevor Dr. von Ranke meldete, daß seine Arbeit nahezu vollendet sei. Die Aufgabe habe sich ihm jedoch bei der Arbeit dahin umgestaltet, daß die Publikation nunmehr aus zwei ganz verschiedenen Hälften bestehen werde. Für die Zeiträume, für welche der Staatskanzler eigenhändige Memoiren nicht ausgearbeitet (,) d. h. für die Jahre 1793 bis 1803 sowie für die Jahre 1808 bis 1813, habe er selbständige historische

405 Konzept Mühlers zu einer Kabinettsorder, dat. Baden-Baden, 26. September 1867, in der o. g. Akte.

Darstellungen zu verfassen gehabt, welche zwar auf die mitgetheilten Vorlagen und Urkunden begründet, jedoch durchgängig seine eigenen Arbeiten seien. Die Darstellung des erstgedachten Zeitraums werde die Einleitung, die des zweitgedachten die Fortsetzung der eigenhändigen Memoiren des Staatskanzlers bilden.

Unter diesen Umständen, denen man sich fügen muß, damit die Früchte einer zehnjährigen Arbeit des p. von Ranke nicht verloren gehen, wird der frühere Plan wegen der Art der Veröffentlichung des Werkes modificirt werden müssen, weil der Autor als Herausgeber zu nennen ist und der Titel des Buches einer Aenderung dahin bedarf.

Es sind deshalb mit dem p. von Ranke Verhandlungen geführt worden, die jetzt zu einem die Interessen des Staates sichernden und allseitig befriedigenden Abschlusse gelangt sind.

In der Voraussetzung des Allerhöchsten Einverständnisses mit diesem Abkommen werde ich dessen wegen der unentbehrlichen Mitwirkung des p. von Ranke der Eile bedürftige Ausführung anordnen, Falls Allerhöchstdieselben nicht einen eingehenden Vortrag über den Gegenstand vorher zu befehlen geruhen sollten.

Nr. 21

Bericht des Staatsarchivars Paul Hassel an den Direktor der preußischen Staatsarchive, Heinrich von Sybel.
Berlin
12. August 1876.

Ausf. gez. Hassel; Vermerk: „Vertraulich". GStA PK, I. HA, Rep. 178, XIV Publikationen 3, Vol. 1.

Amtliche Geschichtsschreibung „nicht ehrenvoll".

Hochgeehrter Herr Direktor!

Nach Ihrer Abreise ist es mein erstes Geschäft gewesen, mich mit Herrn von Ranke wegen der von ihm gewünschten Titeländerung in Verbindung zu setzen. Ranke hatte zur Zeit, wo der Contrakt wegen der „Hardenberg'schen Denkwürdigkeiten" vereinbart wurde, seine Zustimmung dazu ausgesprochen, daß die ganze Publikation, sowol die Memoiren selbst wie seine eigenen Ausarbeitungen, mit dem Titelvermerk: „auf Veranlassung der Königlich Preuss. Staatsregierung" in die Oeffentlichkeit träte. Die Folge war, daß eine aus drückliche Bestimmung hierüber in dem von dem Fürsten-Reichskanzler persönlich genehmigten Vertrag aufgenommen wurde (Extrakt aus den bez. Paragraphen des Vertrages füge ich bei). Plötzlich ist nun Ranke, - wie mir scheint: auf Betrieb seines Verlegers, der kürzlich in Berlin war, - anderen Sinnes geworden: er wünscht, daß die Angabe des officiellen Ursprungs der Publikation bei den Abtheilungen I und III seines Werkes (Ranke's Darstellungen) fortfalle und nur auf das Titelblatt der Abtheilung II (Memoiren) gesetzt werde. Sein vornehmstes Argument ist, daß die Abtheilungen I und III durch die im Vertrag festgesetzte Bezeichnung einen amtlichen Charakter erhielten, was ihm in seiner Eigenschaft als Autor nicht angenehm oder vielmehr, wie er sich aus drückte: „nicht besonders ehrenvoll" sei. Daß Ranke nun aber die Erwähnung der Staatsregierung wo möglich ganz vermieden haben möchte, zeigt die Titelprobe zur Abtheilung II, die er mir gestern noch nachträglich übersandt hat. Statt „auf Veranlassung der Staatsregierung pp" steht dort: „unter Mitwirkung der Verwaltung des Königl Preuß. Geh. Staatsarchivs". Die Einschaltung mit Bleistift hat Dr. Bailleu erst hinzugefügt, der mir jedoch zugleich die mündliche Bestellung machte, daß es Ranke am liebsten sei, wenn dieselbe auch noch fortbliebe.

Nach meinem geh[orsamen] Ermessen würde es höchst bedenklich, ja geradezu unthunlich sein, den Rechtsboden des vom Fürsten gezeichneten Vertrages so ohne Weiteres erschüttern zu wollen. R. fühlt dies selbst, er ist daher der Meinung, daß man an den Reichs Kanzler berichten müsse. Ob dies jetzt opportun wäre, oder ob man nicht besser die Rückkehr des Fürsten nach Berlin (im Oktober) erwartete, stelle ich anheim. Man würde dann jedenfalls ferner Ranke, wie den Verleger aufzufordern haben, ihre Anträge schriftlich zu entwerfen und zu motiviren

– was allerdings, glaube ich, namentlich dem Herrn Geibel etwas schwer werden wird.

(...).

Nr. 22

Leopold von Ranke
(an den Staatsarchivdirektor Heinrich von Sybel).
Berlin, 8. November 1876.

Ausf. gez. Ranke. GStA PK, I. HA, Rep. 178, XIV Publikationen 3, Vol. 1.

Beschleunigung der Produktion und fünfter Band.

Hochverehrter Herr und Freund! Die offizielle Theilnahme, die Sie der Publication der Hardenberg'schen Denkwürdigkeiten widmen, gewährt mir eine große innere Genugthuung; ich bringe Ihnen dafür meinen herzlichen Dank dar. Aber, wie es zu gehen pflegt, bin ich noch nicht am Ende meiner Bitten. Mein Wunsch wäre, das Werk bis zum 1. Januar 1877 in einem präsentablen Exemplar in die Hände zu bekommen, um es dem Kaiser bei Gelegenheit des seltenen und seiner Stellung wohl einzigen Festes des siebzigsten Jubiläums[406] zu überreichen oder überreichen zu lassen. Der erste und zweite Band sind bis auf das Vorwort bereits fertig, der vierte wird, wie mir der Buchhändler schreibt, ebenfalls vollendet werden. Es liegt nur noch an dem dritten, mit dem aber auch die Setzer in wenigen Wo-

406 Gemeint ist der siebzigste Jahrestag seines Eintritts in die Armee, so L. v. Ranke am 3. November 1876 (an Geibel): Aus den Briefen Leopold von Ranke's (Anm. 268), S. 95.

chen zu Stande zu kommen denken. Es kommt nur noch auf die rechtzeitige Einsendung der Correcturen des dritten Bandes an, deren letzte in dem Archiv besorgt wird, sodaß ich Ihr gütiges Fürwort in Anspruch nehme, um dieselbe zu beschleunigen. Der Buchhändler bemerkt, daß die letzten Bogen große Correcturen erfahren haben, und daß ähnliche fernerhin nicht nöthig sein müssen, wenn es zum Ziel kommen soll. Ueberdies aber bringt er noch eine andere Frage in Anregung. Zuweilen sind in den Noten Aktenstücke angekündigt, die sich wegen ihres Umfanges unter dem Text nicht beibringen ließen. Die Absicht ist immer gewesen, noch einen besonderen Band von Aktenstücken nachzureichen, nicht allein die angeführten, sondern auch andere, welche von Hardenberg selbst nicht als inserenda, sondern als besondere Beilagen beigelegt worden sind. Ich bitte nun um Ihre Genehmigung für die Beifügung dieser Aktenstücke in einem besonderen Bande. Die Publication dieses fünften Bandes kann dann noch mehr in den Händen des Archivs bleiben. Ich wollte das noch nicht definitiv festsetzen, ohne Ihnen davon Nachricht zu geben. Das Vorwort des zweiten Bandes wird Ihnen noch vor dem Druck zugehen.

Genehmigen Sie, mein theurer und verehrter Freund, den wiederholten Ausdruck der Gesinnungen, die ich vom ersten Augenblick unserer Bekanntschaft für Sie gehegt habe, und bleiben Sie auch mir gewogen.

Von[407] Herzen der Ihre

Ranke

407 Von hier ab eigenhändig von Ranke.

Nr. 23

Brief Leopold von Rankes an Heinrich von Sybel.
Berlin, 13. November 1876.

Ausf. gez. Ranke. GStA PK, I. HA, Rep. 178, XIV Publikationen 3, Vol. 1.

Das Erscheinen der Bände.

Hochverehrter Herr und Freund!

Es versteht sich, daß ich von einer Publication des dritten Bandes, die nach Ihren gütigen Mitteilungen eine übetreilte sein würde, abstrahire. Schwerer wird es mir (,) auf die Publication eines fünften Bandes, der die größeren Aktenstücke umfassen sollte, Verzicht zu leisten. Das ist nur dann möglich, wenn die dafür zurückgelegten Aktenstücke dem dritten Bande noch hinzugefügt werden, was dann die Vollendung desselben noch weiter hinausschiebt. Unter diesen Umständen fasse ich einen anderen Gedanken, der mir bisher bereits vorschwebte, ernstlicher auf: wenn Sie keine Einwendungen dagegen machen, so würde ich die Buchhandlung dahin zu vermögen suchen, den ersten zweiten und vierten mit Vorbehalt der Nachlieferung des dritten auszugeben. Ich würde dann zur Feier des 1. Januar 1877 doch auch beitragen können. Ueberdies aber, wenn sich die Publikation meiner eigenen Arbeit verzieht, so setze ich mich der Unannehmlichkeit aus, daß neue Mittheilungen erscheinen, die ich hätte benutzen müssen und alsdann doch nicht mehr benutzen könnte.

Die Vorreden beider Bände sollen Ihnen vorgelegt werden. Ich frage ob Sie dieselben in der Handschrift oder in einem ersten vorläu[figen] Abzug zu sehen wünschen.

Von Herzen und auf immer
der Ihrige L. v. Ranke.

Nr. 24

Brief Leopold von Rankes an Heinrich von Sybel.
Berlin, 16. November 1876.

Ausf. gez. Ranke. GStA PK, I. HA, Rep. 178, XIV Publikationen 3, Vol. 1.

Korrektur und Fertigstellung der Publikation.

Hochgeehrter Herr und Freund!

Ich übersende Ihnen hierbei die beiden Vorreden noch in der Handschrift, bitte Sie aber, dieselben recht bald durchzusehen und mir Ihre Bemerkungen darüber mitzutheilen. Die Buchhandlung wünscht auf das dringendste, sie sobald wie möglich in die Hand zu bekommen. Nach einem Briefe, den ich soeben erhalten habe, bleibt Herr Geibel dabei, daß die Publication ungetheilt erfolgen müsse und noch in diesem Jahre, wenigstens bis zum 15. Januar des folgenden, fertig gestellt werden könne, selbst mit Einschluß der fehlenden Aktenstücke, deren nicht zu viele sind. Er will den Abdruck der sämmtlichen noch in seinen Händen befindlichen Texte, die zu den eigenhändigen Memoiren gehören, noch in der laufenden Woche ans Archiv einsenden. Die erste Correctur soll dann bereits in Leipzig vollzogen sein. Alles, was für die weiteren Correcturen, von meiner Seite geschehen kann, bin ich erbötig, zu übernehmen; Herr Geheimer Archivrath Dr. Hassel mag dafür selbst das Nöthige anordnen. Für das allseitige Interesse wäre es gewiß am besten, baldigst zu Ende zu kommen, wenn es nur möglich ist.

Mit herzlicher Ergebenheit der Ihre

Ranke.

Nr. 25

Brief Leopold von Rankes an Heinrich von Sybel.
Berlin, 21. November 1876.

Ausf. gez. Ranke. GStA PK, I. HA, Rep. 178, XIV Publikationen 3, Vol. 1.

Aktenbeilagen und Inserenda.

Hochgeehrter Herr und Freund!

Bei der Inbetrachtnahme der noch für die Hardenberg'sche Publikation unentbehrlichen Aktenstücke stellte sich doch heraus, daß es gegen die Erwartung, die ich wenigstens einen Augenblick hegte, unmöglich sein wird, sie in den dritten Band aufzunehmen. Sie sind sehr zahlreich und werden noch viel Arbeit fordern, um sie mittheilen zu können. Die für die Inserenda bestimmten Aktenstücke, für die unter dem Text auf eine Aktensammlung bereits verwiesen ist, betragen an Zahl 83; sie sind von der größten Wichtigkeit und von einigem Umfang; darunter sind namentlich die Berichte des Grafen Haugwitz vom Jahre 1805. Damit ist aber die Aufgabe noch nicht gelöst: Hardenberg hatte den Inserenda noch eine Reihe von pièces justificatives hinzugefügt, die zuweilen zu seinem Texte eine nicht geringere Beziehung haben, als die Inserenda. Ich erwähne nur ein Memoire von Lucchesini über das Verhältniß zu Frankreich, welches er mit Anmerkungen begleitet hat und welches in einer seiner Staatsverwaltung gewidmeten Sammlung unmöglich weggelassen werden konnte. Auch an sich aber lag es in dem ursprünglichen Plane, die wichtigsten dieser Beilagen mitzutheilen. Man hatte keine Ahnung davon, wieviel Raum sie einnehmen würden. Für einen nicht sehr starken Band ist also noch hinreichender Stoff vorhanden; das Werk würde ohne einen solchen unvollständig bleiben. Ob nun in denselben aber noch einige andere Stücke aufgenommen werden sollten, die zur festeren Begründung meines Textes gehören, namentlich aus der Haugwitz'schen Epoche, das überlasse ich Ihrer eigenen Beurtheilung aus historischem Standpunkt.

Z. B. würden die Denkschriften des Prinzen Heinrich eine Reproduction des originalen Textes sehr verdienen. Ich würde nichts aufnehmen, als was mir in der Schöll'schen Sammlung vorlag, und mich in Acht nehmen, einer anderweitigen Publication, welche das Archiv selbst beabsichtigt, im mindesten in den Weg zu treten. Das ist aber erst eine Sache späterer Erwägung; fürs erste lassen Sie uns dabei stehen bleiben, daß zur Vollendung der Hardenberg'schen Publication noch ein Nachtrag von Aktenstücken, der in die vier Bände nicht aufgenommen werden kann, unerläßlich ist.

Von Ihren mir freundschaftlichst mitgetheilten Bemerkungen nehme ich die, wobei die Geldsache erwähnt wird, sehr gerne an. Ueber die erste in Bezug auf die Entsiegelung, bleibe ich bei meiner Angabe stehen: so ist mir die Sache damals von den betheiligten Personen mitgetheilt worden. Und mit Vergnügen sehe ich aus der Note Ihres Büreaus, daß sie sich mit meiner Angabe verträgt.

Ich nehme das Anerbieten des Herrn Geheimen Archivrath Dr. Hassel, die zu dem vierten Bande bestimmten Inserenden so weit fördern zu wollen, als es ohne ein ängstliches Zurückgehen auf anderweitige Redaction der Originale möglich ist, dankbar an. Denn was mir vorlag, waren großentheils selbst Originale, und ich habe davon deshalb Abschriften für die Presse machen lassen.

Bei der Anordnung dieser Dinge zähle ich nach wie vor auf Ihre bewährte Freundschaft, Güte und Sympathie.

Ganz der Ihrige

Ranke.

Nr. 26

Brief Leopold von Rankes an Heinrich von Sybel.
Berlin.
16. Januar 1877.

Ausf. gez. Ranke. GStA PK, I. HA, Rep. 178, XIV Publikationen 3, Vol. 1.

Bismarcks Anteil an dem Werk über Hardenberg.

Hochgeehrter Herr und Freund!

Sie haben wahrscheinlich heute das von mir für Sie bestimmte Exemplar des Hardenberg empfangen, vielleicht auch bereits alle für das Archiv bestimmten. Unter den, die Sie von denselben mir noch überlassen könnten, möchte ich auch das für den Fürsten Bismarck bestimmte gezählt wissen; ich werde ihm sofort selbst ein solches übersenden, was, wie ich glaube, der Anstand erfordert, da er am Anfang und am Ende der Sache persönlichen Antheil genommen hat. Aber mir liegt daran, da Sie von Seiten des Archivs den Grafen Hardenberg befriedigen, was dann wohl zu einigen Correspondenzen führen könnte, von denen ich an besten nichts erfahre. Sie versprachen mir schon, dem Minister Camphausen ein Exemplar zu schicken. Wäre es vielleicht auch mit dem Minister Falk möglich? Denn dem geistlichen Ministerium verdanke ich es doch, daß ich so viele Zeit dieser Arbeit habe widmen können.

Mit herzlicher Ergebenheit der Ihre Ranke

Nr. 27

Schreiben Heinrich von Sybels an Leopold von Ranke. Berlin, 7. Februar 1877.

Eighd. Konzept gez Sybel, auf Rankes Brief vom 21. Nov. 1876. GStA PK, I. HA, Rep. 178, XIV Publikationen 3, Vol. 1.

Der fünfte Band.

Verehrter Herr und Freund!

Wie schon früher bemerkt, steht es ganz in Ihrem Ermessen, einen fünften Band zu geben oder nicht. Unter den von Ihnen bezeichneten Voraussetzungen wird das Archiv natürlich überall das Seinige zur Unterstützung Ihrer Arbeit thun. Ebenso zweifle ich nicht an einer entsprechenden Bereitwilligkeit Hassels, falls ihm seine eigene, zur Zeit stark angespannte litterarische Thätigkeit[408] Muße läßt.

Ganz der Ihrige

Sybel

408 Vgl. aus diesen Jahren: Paul Hassel, Geschichte der Preußischen Politik 1807 bis 1815, 1. T.: 1807. 1808 (= Publicationen aus den K. Preußischen Staatsarchiven. 6 Bd.), Leipzig 1881 (mehr nicht erschienen).

Nr. 28

Bericht des Archivrats Paul Hassels an Heinrich von Sybel. Berlin 21. Juli 1880

Ausf. gez. Hassel. GStA PK, I. HA, Rep. 178, XIV Publikationen 3, Vol. 2.

Die Auslassungen in der Edition der Memoiren Hardenbergs.

Seiner Hochwohlgeboren dem Direktor der Königlichen Staatsarchive, Herrn Geheimen Ober-Regierungs-Rath Dr. von Sybel.

Ew. Hochwohlgeboren verfehle ich nicht, in Erledigung der Verfügung vom 17. d. Mts, ein Verzeichniß der in der Ausgabe der Hardenberg'schen Memoiren von L. von Ranke fortgelassenen Stellen des Manuscripts anliegend ganz gehorsamst zu überreichen.

Es liegt von Kanzleihand dabei das

Verzeichnis derjenigen Stellen des Manuscriptes der Denkwürdigkeiten Hardenberg's, welche in dem von Ranke veröffentlichten Abdruck fortgelassen sind.

Bd. 1, Seite 12 fehlt vor dem Alinea Zeile 2 von unten:

Will man die contrastirenden Hauptzüge dieser Politik seit dem Tode des grossen Friedrichs bis zum Sturz der Monarchie kurz zusammenfassen: hier sind sie.

Die Eroberung Hollands zur Aufrechterhaltung der oranischen und englischen Partei 1787 und die absichtliche, vertragswidrige und treulose Unthätigkeit, mit der man 1794 die Aliierten aus diesem Lande verjagen ließ und mit einer schlagfertigen Armee in der Nähe ruhig zusah, daß die Unabhängigkeit eines Staats verloren ging, von dessen selbständiger Erhaltung – gleichviel welche Partei darin die Oberhand hatte – die Sicherheit Preußens und des ganzen Nordens so wesentlich abhing. Die Vorbeilassung jeder Gelegenheit, wo es späterhin möglich gewesen wäre, diesen großen Zweck wieder zu erreichen.

Die Zuvorkommende Unterstützung der Revolution in Polen, ja Bündnisse mit der Republik, welche die neue Verfassung garantirten, in den Jahren 1789 und 1790 – und die Unterjochung dieses Landes 1792 und 1793 unter dem Vorwand, den Revolutionsgeist nicht aufkommen zu lassen.

Die mächtigen und Friedrichs nachgelassenen Schatz so sehr angreifenden, aber ohne Erfolg gebliebenen Rüstungen zum Kampf gegen Österreich, die Begünstigung der Unruhen und des Aufruhrs in Belgien, Ungarn und Lüttich – und die unter einem antirevolutionären Aushängeschild von Bischoffwerder eingeleiteten Unterhandlungen in Florenz, Wien und Pillnitz, die neuen Verbindungen mit Rußland, wodurch ein Antheil am Raube Polens als der Preis für den Angriff Frankreichs bestimmt wurde, und die Allianz mit dem Wiener Hofe.

Der unpolitische, dem preußischen Interesse besonders ganz zuwiderlaufende Kreuzzug von 1792 gegen Frankreich – und der mit einseitiger Rücksicht auf jene Erwerbung Südpreußens und mit wechselseitigem Mißtrauen unkräftig und schlecht geführte Krieg zwischen, die Unterhandlungen zwischen Dumouriez und Le vertueux Manstein und der unselige und schimpfliche Rückzug aus der Champagne.

Die danach aufs neue beschlossene angestrengte Fortsetzung des Kriegs im Jahre 1793 – und das in den Umgebungen des Königs unterhaltene Mißtrauen gegen Österreich, die bei ihnen immer herrschend gebliebene egoistische Politik und die hiernach geleiteten Operationen des Feldzugs.

Die Allianz mit England und Holland im Jahre 1794 – und die sogar bis zur Verrätherei gestiegenen Bemühungen und Cabalen bei der Armee, welche ihren Zweck nur zu vollkommen erreichten, die kaum geschlossene Verbindung sogleich im Keime zu verderben und die übernommenen Verpflichtungen unerfüllt zu lassen.

Der Baseler Frieden mit Bestimmung einer Neutralitätslinie und versprochenen Schutz für die darin begriffenen Länder, insonderheit für das nördliche Deutschland – und die Gleichgiltigkeit, mit der man diese Neutralität obseiten Frankreichs gleich darauf brechen sah und den Schutz niemand gewährte.

Die Convention von 1796 mit der französischen Regierung – und daß man auf deren Erfüllung nie hielt.

Die Besetzung der schönen Palatinate von Krakau, Sandomir u.s.w. in Polen – und daß man sie nicht behauptete und sich eine schlechte Begrenzung gefallen ließ, da die Beibehaltung jener Palatinate doch, wenn nur einige Festigkeit gezeigt wurde, so leicht war.

Die Rolle eines Staats erster Ordnung – und die kleinliche Schmeichelei und Nachgiebigkeit, mit denen man wechselweise bald Frankreich, bald Rußland entgegenging und deren Impulsionen folgte, sobald sie Ernst zeigten.

Die Gelegenheiten, welche sich ergaben, Europens Unabhängigkeit und die unserige zu retten – und ihre leidige Versäumung, insonderheit 1799, als Österreich und Rußland Italien erobert hatten und siegreich bis an Frankreichs Grenzen gedrungen waren, als Bonaparte aus Ägypten vertrieben wurde, und unsre und unserer Verbündeten Heere fertig an Hollands Grenzen standen, wo Friedrich Wilhelm der Dritte, der vor kurzem den Thron bestiegen hatte, die größte Erwartung erregte und durch kraftvolle Entschlossenheit und Festigkeit, verbunden mit weiser Mäßigung, ewigen Ruhm hätte erringen, den Ausschlag geben und der Welt wahrscheinlich einen billigen und sicheren Frieden sichern können, wogegen man sich mit gutmüthiger Sorglosigkeit von dem französischen Geschäftsträger einschläfern ließ und das schon halb gezogene Schwert wieder einsteckte.

Unsere feindliche Besetzung des bisher mit uns zu Schutz der Neutralität verbündeten Hannovers im Jahre 1801, sobald der auf einmal französisch gewordene Kaiser Paul es von uns verlangte – und die Inconsequenz, mit welcher wir schwankend zwischen beiden Systemen blieben und mit dem Tode Pauls die Verfolgung des zuletzt angenommenen sogleich furchtsam wieder aufgaben.

Die so oft wiederholten Wahrheiten, daß der preußische Staat mehr als irgend ein anderer zurückgehe, wenn es sich nicht mit seinen Nachbarn verhältnißmäßig vergrößere und dahin strebe, bessere, festere Grenzen und eine consolidirte Masse zu erlangen – und die Nachlässigkeit, die Schwäche und die Inconsequenz, mit der man die Gelegenheiten dazu entweder versäumte, oder zu spät ohne hinreichende Kenntniß und Nachdruck handelte und sich zuletzt mit Entschädigungen begnügte, die dem Staat statt neuer Stärke nur zerstreute Flecken in buntem wunderlichem Gemisch gaben, größten theils nur gemacht, um ihn besonders im Kriege zu schwächen und zu compromittiren.

Die Neutralität des nördlichen Deutschlands und die Aufstellung des preußischen Schutzes und eines entschiedenen Einflusses auf solches als Hauptsystem, ein mühsam eingeleiteter bewaffneter Bund zur Behauptung desselben – und die schimpfliche Aufgebung dieses Systems bei der ersten Anforderung Frankreichs, die Duldung der Besetzung des Hannöverischen im Jahre 1803, des ohne allen Zweifel ganz neutralen Cuxhavens und des Ausflusses der Elbe und Weser, die ersten entscheidenden Schritte zu Preußens eigenem Fall.

Verbindungen mit Frankreich und zugleich Verbindungen mit Rußland, als beide Mächte schon äußerst gespannt und immer im Begriff waren, ganz zu brechen, ohne entschiedene Facta, französischer Seits auf gar keinem sicheren Grunde beruhend, so wie sie denn auch, so oft es dieser Macht gefiel, von ihr ungeahndet gebrochen wurden.

Beharrlichkeit bei dem unhaltbaren Neutralitätssystem, als der Streit im Jahre 1805 zum Ausbruch kam und man sich durchaus zu rechter Zeit für den einen oder den andern Theil hätte erklären sollen, und die hieraus nothwendig geflossenen Anstalten, dieses System aufrecht zu erhalten, als Rußland uns zwingen wollte, es zu verlassen.

Zu späte Allianz mit Rußland und Österreich und Traktaten mit England 1805, als der gewaltsame Einbruch Napoleons in das Ansbach'sche endlich das Neutralitätssystem des Königs störte, auch Preußens Ehre und Unabhängigkeit in demselben Augenblicke aufs Spiel setzte, wo es solche gegen Rußland mit Kraft behauptete und mit Frankreich in freundschaftlichen Unterhandlungen stand.; - und die Ergreifung halber, zögernder, den Zweck unausbleiblich vernichtender Maßregeln und heimliche Untergrabung des öffentlich aufgestellten Systems.

Allianz mit Frankreich um den Preis Hannovers, erworben ohne Ehre und Schwertschlag auf Kosten einer freundschaftlichen Macht, mit der man eben im Begriff war, sich enge zu verbinden, gegen Abtretung alter treuer Provinzen – und ganz unzeitiger leichtsinniger Bruch dieser Verbindung in dem unglücklichen Jahre 1806.

Im Jahre 1805 Besorgnis, den Kampf nicht bestehen zu können, als Österreich, Rußland, England und Schweden, Sachsen und Hessen mit uns verbunden waren, und zahlreiche Truppen dieser Mächte uns zur Seite standen, auch dann noch, als Napoleon, obgleich Sieger, dennoch geschwächt dastand – und die unbegreifliche Arroganz eben derjenigen, die kurz vorher jene Besorgnisse so hoch anschlugen, diesen Kampf 1806 allein bestehen zu wollen, ohne einmal mit England und Schweden Frieden gemacht, ohne sich der russischen Hülfe versichert zu haben, mit nicht einmal ganz aufgestelltem preußischen Heere, ohne versorgte Festungen, ohne Maßregeln, in den polnischen Provinzen Ruhe zu erhalten.

Wie sehr könnten diese contrastirenden Züge noch ausgemalt werden! Wer auf die Thatsachen aufmerksam achtet, die ich im Verlaufe dieser Memoiren angeführt habe und noch anführen werde, wird sie allenthalben bemerken (,) und wem werden dann die Ursachen von Preußens schrecklichen Sturz nicht ganz klar vor Augen liegen? Preußens Genius beweint Unentschlossenheit und Entschluß – in diesen wenigen Worten schilderte sie ein Aufsatz im Hamburger politischen Journal gegen Ende des Jahres 1806 sehr richtig und schön.

Band 1 Seite 49 fehlt vor der letzten Zeile von unten folgende Stelle: Die Briefe welche sich die beiden Monarchen (Friedrich Wilhelm III. und Alexander) schrieben waren alle eigenhändig, nur mit dem Unterschiede, daß der Kaiser sie selbst entwarf, obgleich der auch wohl oft schriftliche Vorträge seines Ministers zu Grunde legen mochte, daß die Briefe des Königs aber aus der üppigen Feder des Geheimen Kabinetsraths Lombard flossen und dem einfachen Charakter des Königs meist ganz zuwider waren. Einzelne Ausdrücke änderte dieser doch zuweilen mit sehr richtiger Beurtheilung, und würde er oft angemessenere Wort geschrieben haben, als die schönen großen Phrasen seines Sekretärs.

Band 1, Seite 84, Zeile 8-13von oben, steht an Stelle des Gedruckten im Manuskripte Folgendes:[409]

Er (Friedrich Wilhelm III.) sah ein, daß der Monarch nicht die Procente berechnen muß wie ein Handelsmann, und äußerte nun lebhaft dem Wunsch, das Hannöversche einst gegen seine westfälischen Provinzen einzutauschen, so sehr er vorhin und oft mit Unrecht gegen dergleichen Vertauschungen gewesen war, die für seinen Staat wesentliche Vortheile gehabt haben würden. Wenn zum Beispiel die Vertauschungen mit Bayern, die ich im Jahre 1802 in Absicht auf einen Theil der fränkischen Provinzen bei den damaligen Vergleichshandlungen so dringend in Antrag brachte, genehmigt worden [wären – W. N.], so würde u.s.w. (wie im Abdruck).

Bd. 1, Seite 110 im Anfang, an der durch Punkte markierten Stelle, fehlen folgende Sätze:

War es möglich – der Ausdruck ist nicht zu stark – niederträchtiger zu schreiben? Man nannte in Paris die Handbriefe des Königs an Napoleon, die diesem nur zu oft ähnlich gewesen waren, spottweise les elégies de Frédéric-Guillaume.

Band 2, Seite 211, an der durch Striche markierten Stelle fehlt folgender Satz:

Wenn die Kraft nicht von oben herab kommt, wenn da Schwäche und Muthlosigkeit herrscht und allenthal-

409 Vgl. L. v. Ranke (Hg.), Eigenhändige Memoiren (Anm. 234), Bd. 1, S. 84, Zeile 8–14: „(Dieser Kauf) würde für seinen Staat wesentliche Vortheile gehabt haben, wie auch die Vertauschungen mit Baiern, die ich im Jahre 1802 in Absicht auf einen Theil der fränkischen Provinzen bei den damaligen Vergleichs-Verhandlungen so dringend in Antrag brachte. Wären sie genehmiget worden, so wäre der gewaltsame Durchmarsch der Franzosen im Jahre 1805 nicht erfolgt."

ben durchblickt, so ist es unmöglich zu erwarten, daß die untern Behörden sich anstrengen und ihre Pflicht thun, am allerwenigsten im Militär.

Nr. 29

Allerhöchste Kabinettsorder an den Vizepräsidenten des Staatsministeriums.
Schloß Babelsberg, 7. September 1880

Ausf. gez. Wilhelm, kontrasign. Graf Stolberg. GStA PK, I. HA, Rep. 178, XIV Publikationen 3, Vol 2.

Rückgabe der Memoiren

Auf Ihren Bericht vom 6. v. Mts.[410] will Ich hiermit bestimmen, daß dem Grafen Carl von Hardenberg das eigenhändige Manuscript der Memoiren des Staatskanzlers Fürsten von Hardenberg mit Ausschluß der urkundlichen Beilagen und Inserenden, als dessen Fidicommißerben, zurückgegeben werde. Dagegen sind die im Geheimen Staatsarchiv befindlichen Tagebücher des Fürsten dort weiter aufzubewahren, und ist der Aufsatz desselben über meines in Gott ruhenden Herrn Vaters Majestät in der reglementsmäßigen Weise zu secretieren.

410 Konz. in der o.g. Akte aus Rep. 178. – die Ausfertigung des Immediatberichtes (gez. Stolberg) in der Akte des Zivilkabinetts: GStA PK, I. HA, Rep. 89, Nr. 19496.

Nr. 30

Brief Leopold von Rankes an Heinrich von Sybel. Berlin, 1. Mai 1881.

Ausf. gez. Ranke. GStA PK, I. HA, Rep. 178, XIV Publikationen 3, Vol. 2.

Wiederabdruck der Rigaer Denkschrift in der Werkausgabe.

Hochgeehrter Herr und Freund.

In dem dritten Bande der neuen Ausgabe meines Hardenberg[411] schien es mir von Anfang an wünschenswerth, die Denkschrift Hardenbergs wieder abdrucken zu lassen, welche als eines der wichtigsten Dokumente für die preußische Geschichte es wohl verdient, allgemein bekannt zu werden. Aber dann fing ich doch an zu besorgen, daß es vielleicht der Archivverwaltung unangenehm sein werde, wenn dieselbe nochmals abgedruckt würde, obwohl sie nicht zu dem Werke der Denkwürdigkeiten gehört, welches von dem Archiv für die große Ausgabe vorbehalten ist. Ich möchte nichts ohne Ihre Beistimmung thun. Herr Geibel schreibt mir soeben, daß die Denkschrift bereits wieder abgesetzt sei; er ist aber bereit, den Satz zu cessie-

411 Siehe L. v. Ranke, Hardenberg und die Geschichte des preußischen Staates (Anm. 236), Bd. 3, S. 361–444.

ren, wenn ich Bedenken dagegen habe. Ich lege das nun ganz in Ihre Hand. Sollten Sie den Abdruck mißbilligen, so wird derselbe unterbleiben. Mir ist es eigentlich gleichgiltig, aber meinem Publikum möchte es erwünscht sein, die Denkschrift in die Hände zu bekommen, zumal da es ohne Aufschlag des Preises geschehen wird.

Ich bitte Sie, verehrter Freund, um baldige Entscheidung.

Mit herzlicher Ergebenheit und Verehrung
der Ihre
Ranke

Auf dem Stück von der Hand Sybels: resp. 4/5. der Antrag wird genehmig.

Überall im Buchhandel erhältlich

Dominik Juhnke
Leopold Ranke
Biografie eines Geschichtsbesessenen
ISBN 978-3-86408-187-3

Heinz Duchhardt
Der Alte Ranke
Politische Geschichtsschreibung im Kaiserreich
ISBN 978-3-86408-297-9

Heinz Duchhardt
Ranke-Studien
Neue Aspekte der Ranke-Forschung, Bd. 1
ISBN 978-3-86408-305-1